本书由江西省高校高水平学科（社会学）经费资助

Identity and Politics of the Production

身份认同与生产政治

——国企变迁中的劳动关系研究

郑庆杰　著

中国社会科学出版社

图书在版编目(CIP)数据

身份认同与生产政治：国企变迁中的劳动关系研究／郑庆杰著.—北京：中国社会科学出版社，2015.10

ISBN 978－7－5161－7342－8

Ⅰ.①身… Ⅱ.①郑… Ⅲ.①国有企业－企业改革－劳动关系－研究－中国 Ⅳ.①F279.241

中国版本图书馆CIP数据核字(2015)第296763号

出版人 赵剑英
选题策划 宫京蕾
责任编辑 宫京蕾
责任校对 邓雨婷
责任印制 何 艳

出 版 中国社会科学出版社
社 址 北京鼓楼西大街甲158号
邮 编 100720
网 址 http://www.csspw.cn
发行部 010－84083685
门市部 010－84029450
经 销 新华书店及其他书店

印刷装订 北京市兴怀印刷厂
版 次 2015年10月第1版
印 次 2015年10月第1次印刷

开 本 710×1000 1/16
印 张 15.75
插 页 2
字 数 235千字
定 价 59.00元

谨以此书献给我辛勤劳作的父母！

认同问题，不是我们是谁或我们来自何方，而是我们可能成为什么，我们是被如何再现的，是如何应付我们该怎样再现自己的问题。

——斯图亚特·霍尔

真正的问题是认同是如何、从何处、由谁以及为什么而产生的。

——曼纽尔·卡斯特

认同政治是一场建构、控制、承认和解构的斗争。

——查尔斯·泰勒

序　言

郑庆杰是我2008年带的博士研究生，记得入学伊始导师和学生见面的时候，他就跟我说在而立之年开始全职攻读硕士、博士，拖家带口实为不易，并期望能在接受学术训练的前提下，按时完成学业。成家之后攻读博士学位的年轻人在我带过的学生里面不在少数，如何处理好学业和家庭之间的关系，对他们来说要比一般学生付出更多的努力。如今，学生在博士学位论文的基础上做了精细修改，将要付梓，邀我作序，只好勉为其难了，一则学力有限，可能对学生的研究成果不能作出客观的全面评价；二则对学生的研究照顾不周，虽有切磋，但基本上是指导性意见，未能恪尽导师之责。今为本书作序，不免有惶恐之感。

本书的研究主题是中国劳动领域中的劳资关系。郑庆杰博士的学位论文选题，是依据读博前多年的社会阅历和生活体验，并在读博期间阅读大量文献后逐步形成的。作者曾经在企业和媒体工作多年，非常了解公司企业经营管理的运作过程和发展机制，尤其是对于基层工人的生存处境、生活状况、生计遭遇、生产过程，有着非常深切的体验和全方位的了解。而多年的媒体生涯，也使作者可以从政府、社会等多维的视野和角度观察与反思生产制造业领域的公司企业组织和产业工人之间的矛盾和冲突。可以说，这篇博士学位论文的形成起点，是基于作者多年以来对社会现实的深度体验和敏锐观察的积淀，是问题导向的思考和选择的结果。这个选题不仅仅体现着学术的思考进路，还包含着作者深切的现实关怀、强烈的价值取向以及对社会公正的呼吁和渴望。

中国成为“世界工厂”之后，产业工人和资方之间围绕劳动权益和保障引发了很多社会问题，并导致迄今为止仍然经常发生工人维权和抗争事件。这些事件的类型、规模和激烈程度千差万别，但其共同特点是，无论是微观层面公司企业的正常生产生活秩序，还是宏观层面的社会秩序，无论是参与维权抗争的工人，还是作为雇用方的企业主或资方，还有面临维持社会秩序稳定的第三方政府，都受到了影响。层出不穷的劳资矛盾和冲突，使正常的生产和生活秩序失去了动态的稳定和均衡。如何分析和解决这类劳资争端，就成为学界普遍关注的焦点问题。

我的博士研究生大部分都把研究主题集中在社会分层与流动领域，先后几届博士研究生的论文选题形成了从文化资本、学校教育到工厂规训的“家庭—学校—工厂”社会阶层再生产系列研究论文。本书就是其中之一，集中关注国有企业工人的身份认同与生产政治。

随着资本主义的发展与兴盛，自马克思开启劳资关系的研究以来，全球学者在这片领域不断地进行研究耕耘，有关工人主体性研究是其中一个重要的议题。他们或是从劳动过程之中解读分析资本对于劳动的控制和支配，或是从历史文化的路径探讨阶级意识的形成，或是从文化、消费、市民社会领域讨论“文化霸权”……都在致力于探讨为什么伴随着资本主义的发展，工人并没有出现马克思所预言的阶级对抗，工人的主体性何在？

布洛维认为工人的主体意识被资本俘获了，在《制造同意》一书中，布洛维认为工人的主体意识面对劳动过程中的资方通过“赶工”游戏、内部劳动力市场、内部国家三个方面形成了劳动过程中的“霸权”，工人已经从抗争主体转变为主动的“同意”并参与到劳动过程之中进而完成资本的再生产。在其后续研究中，布洛维提出“生产政体”理论模型，通过对多地区、多国家、多体制、多文化的比较，他认为在不同历史阶段、不同国家和市场力量的组合条件下，会形成市场专制型、霸权型、官僚专制型、集体合作型四种政体类型。这就形成了布洛维的生产政治理论。而本书的研究主题就是接续生产政治的研究思路。

选题之初以及博士学位论文的写作过程中，作者时常跟我探讨的一个问题就是从 1978 年到 2008 年这 30 年的国有企业改革实践中，工人群体的命运沉浮是有目共睹的，问题在于究竟在什么样的条件下或什么样的因素、机制和过程，使工人能够稳定地面对自身被时代变革裹挟其中的身份地位和命运处境。也就是说，劳动关系或劳资关系稳定抑或紧张，究竟与工人自我的身份认同存在什么的关联。本书认为布洛维的生产政治理论只涉及工人被建构了“同意”之后的主体性消失和对资本再生产的参与，但是并没有认识到工人被建构后自我内化的身份认同所具有的“双刃”效应。身份认同作为“双刃剑”的另一面，对于工人而言，隐藏着解放的政治意蕴，即工人不仅仅满足于“我们是谁”，更要追问“我们何以如此”和“我们可能会成为谁”，这样的追问恰恰构成了工人维权和抗争行动的动因之一。

本书选择某国有企业在改革变迁过程中的工人身份认同与生产政治，意在考察不同历史阶段随着改革的条件和情境发生变化，国有企业劳动关系（劳资关系）领域中，工人与国家、与作为国家委托代理人的管理者（干部群体）、与资方之间的关系，经历了怎样的变化和起伏，并逐渐呈现出从“基本融洽”“疏离”到“对立”的变迁轨迹。伴随着这个过程，国企工人对自我的身份认同是如何被国家、市场、意识形态和企业文化、其他群体所建构，而自我又如何加以认知并被同化进而支配了工人的社会行为。

过去60年的国有企业改革历史，不仅仅是宏观层面上国家波澜壮阔的现代化进程中的一幅画卷，更是微观层面工人经历了自身物质的匮乏与丰裕、生存生活的安全保障与风险、自我身份的定位与归属、心理和精神层面的自信自尊的获得与失去、自身命运的起伏不定与重构的过程。本书将该国企过去60年的变迁分为改革之前国企全面计划体制阶段（1949—1978）、改革初期（1978—1992）、全面市场化阶段（1992—2009）、民营企业阶段（2003—2009）四个时期。并从国家和市场的介入与隐退、劳动过程、身份认同与建构、劳资关系的类型四个方面分别加以论述。

对于本书研究所论及的问题，值得提及的是作者对于身份认同这一独特的主体性研究视角。众所周知，工人个体的身份认同一定是嵌入在社会互动关系中形成的，那么从国家宏观制度设置、市场竞争的外部结构力量，到中观企业组织层面的劳资关系中的“工人内群体”和“资方外群体”，再到微观层面的工人个体自我身份认同所需要的基础要素

（包括资源的满足、身份归属、自信自尊、自我价值和意义感等），作者力图形成一个统一的逻辑分析框架，或为后续研究提供启发和参照。

本书有启发性的观点是认为工人的身份认同不仅是作为被建构的对象，而且也可能是推动工人改变和重构自身命运的行为动力，也即要实现“我能成为谁”的身份认同重构。劳资关系的稳定与冲突，与工人身份认同的稳定与否直接相关，而身份认同稳定与否的背后，是国家和市场或分立或合力携手所形成的外部框架或结构能否为社会互动关系中的劳资双方提供一套稳定的互动规范和行为框架，使双方能够在一种公正、稳定、可预期的交往规则中形成互动，并维持劳资关系结构的相对动态均衡。工人的身份认同，不仅仅是获得资源再分配的多寡问题，更是获得劳资互动规则建构的参与权、制定权问题，即工人要求的不仅仅是分多少蛋糕的问题，而是制定公正分配蛋糕规则的参与权和制定权问题。劳资关系失衡的背后，其实是权利的失衡，而权利的缺失与赋予，取决于微观层面个体行动和宏观外部结构的关联互动是否顺畅，并影响到劳资关系到底是阶级对抗式还是在公正规则制度框架内的协商式对话。

作者在读博期间，始终充满了学术热情，广泛涉猎和阅读了大量的学术著作和经典文献，并具有独立思考和研究问题的能力。在博士学位论文写作过程中，师生之间经常会对一些问题进行“激辩”，作者充满工人阶级“豪情”的话语和观点给我留下深刻的印象，当然也是我所乐见的。

无疑，任何一部作品在完成之后都会有一些遗憾。本书在资料掌控和方法等方面或许还存在些许不成熟或值得商榷的地方，但有关工人主体性研究以及与此有关的作为工人阶级主体的产业工人研究，在我国还有很大的学术空间。当学界将劳工研究主要集中在低端产业链中的工人阶级命运时，我国先进制造业中的产业工人命运也应该是劳工研究的重要组成部分，从而构成整体上的中国工人阶级研究。

仇立平

2014 年 10 月秋日于沪

目　录

第一章　导论

一　问题的提出

个体在社会之中，性别、年龄、民族、种族、信仰、阶层无一不是一种身份归属，社会通过其制度赋予个体在社会中一定的位置和角色，以及伴随角色和身份而来的一套权利、义务、责任。与此同时，伴随上述身份衍生出来的还有与他人的互动关系、与群体的身份认同和归属关系，与其他群体的差异和区别。无论是在个体自我层级还是在人际层级、群际层面，身份是一个凝结型集簇，它汇聚着个体和群体的利益、情感、意义和价值承诺。

现代社会的分化和复杂化日趋加深，社会的变迁引发制度的变迁，而制度的变迁，包含着对于身份和角色的重新定义和阐释。制度定义、规范着人们的行为。制度存在的稳定性，能给人类的行为以一定的规则，使人际的互动保持一种可预期性和确定性。制度规范行为的前提是制度自身的稳定性以及制度自身有一些明确的规范。当一个社会中的制度本身在发生变迁的时候，当一个社会中的制度试图重新定义社会角色和社会地位，重新规定这些角色和地位的行为规范的时候，人们的行为也就会不可避免地产生迷茫和无所适从。① 这对于中国工人在过去60年的社会主义建设和改革中的命运浮沉和身份变迁来说，在被时代巨变的浪潮裹挟着自主或不自主的犹豫、迷失、前行、重新定位自我、重构身份认同等方面，有着最明显的反映和体现。

1949年以后，中国共产党面对全新的国家和百废待兴的社会，根据延安模式和革命根据地的经验，结合中国现代化的历史使命，通

① 胡伟、李汉林：《单位作为一种制度》，《江苏社会科学》2003年第3期。

过国家对于权力和资源的控制，对中国社会秩序进行了全面化的自上而下的控制，开始了全能国家控制的——单位制时代。[①] 在这种体制下，个体的身份被嵌入单位之中，单位组织对于国家来说是也嵌入性的。因此，嵌入性关系也存在于个体、单位和国家之间。通过资源的分配和控制，个体、单位、国家三者之间构成了依附和支配的单向嵌入链条。身份的确定，是通过政治地位上的给予、福利（就业、医疗、养老等）制度上倾斜等一系列保障措施加以实施的。

1978 年开始，中国开始实施改革开放，国家大一统的全能控制模式逐渐放开、松动。在国有企业领域，从企业方面来说，企业在经济体制改革过程中，逐渐由原来无所不包的全能型单位转变为以追逐利益最大化为目标的营利性组织。原来由企业担负的很多社会职能逐渐分化到社会上，企业办社会的模式正在实现转变。从政府方面来说，随着国家现代化的进程，政府的职能也需要转化，因为政府已经不能实施全面化的管理，所以原来那种垂直化全面支配和控制型的街道体制管理模式必须进行调整，管理重心需要下移。同时，政府需要提供市场所无法提供的公共产品和公共服务，因此，政府也在主动或被动的状态下逐渐实现自身职能从经济管理型向公共服务型的转变。

国有企业单位制逐渐将社会和政治职能分离出去之后，是否就可以在市场中顺畅地自行运转了呢？现实的答案是国有企业改革远没有完结，国有企业的生产场域绝不仅仅只是经济职能发挥的舞台。经济所在，一定是政治经济关系所在。

从国有企业改革初始，国企生产场域的内部分化就在逐步加深。从厂长负责制、承包责任制到国有企业产权制度改革，从股份制改造到管理层持大股乃至 MBO（管理层收购），在 1978—2009 年这 30 多年改革期间，国有企业作为一个经济组织，在国家、市场的合力下，发生了质的变化。国企内部在全面计划体制下的身份认同以及相关关系，集中表现在工人和作为国家委托代理人的管理层（干部）两个群体的身份内涵、身份认同、群体认同和群际差异日渐加大，工人从

① 路风：《中国单位体制的形成和起源》，《中国社会科学季刊》1993 年第 4 期。

政治意义上的领导阶级和国有企业的主人，到市场地位的每况愈下，进而变为生产要素市场上的劳动力要素；从产权归属的全民所有到股份制改造中的边缘化，直至彻底改制民营后的被雇用身份，工人群体的经济利益、社会地位、组织中的角色身份都发生了变化，面对这些变化，工人身份从中心到边缘、从辉煌到暗淡。近年来以国企工人为主体的群体冲突事件发生的次数和激烈程度逐年攀升，面对这类冲突，是直接地称之为阶级对抗和社会运动，还是作为一般群体冲突？它仅仅是改革近期利益冲突的表现吗？还是多年身份分化积累的结果？在1949—1978年之间全面计划体制阶段、全面市场化改革阶段、改制为民营企业等几个历史时期中，宏观层面的国家体制改革和制度设置、中观层面的企业组织变革和所有权以及治理结构的转换、其他群体的存在、传统和新型文化的意识形态建构，通过各种各样的方式和机制对工人的身份认同进行了建构。在这个过程中，面对自身身份的变迁，工人如何维续和改变、重建自己的身份认同？而这又如何推动了生产政治的变迁？

改革的过程中，在工人个体自我身份分化的同时，他们也形成了国企工人的群体认同。每一个内群体的认同对应的是一个与之在社会地位、利益、价值取向等方面均呈现不一致的外群体。这个外群体被调查对象称为“当官的”，这个群体成分复杂、层次众多。由于在改革过程中，工人和管理层（干部）双方的关系逐渐呈恶化状态，所以围绕着地位、利益、权力、观念的对抗在每个阶段均有所呈现。在现阶段，工人维权的群体冲突显示出工人群体认同的形成和群际差异、群际冲突的明朗化。而在现有的政治空间中，工人群体没有真正代表利益的组织能够进行协商、斡旋和谈判，因此这类劳资矛盾的积聚和非正常解决，为社会秩序的不稳定和社会冲突埋下了隐患。这些现实问题的存在和日渐尖锐化，为社会科学研究提出了亟待研究的新课题，在这个过程中，工人身份认同的一致、群体身份和认同的形成、群体间冲突的凸显和升级，能够成为工人阶级意识形成的建构基础吗？怎样的影响因素和机制才能缓解这种冲突，促进群际冲突的降温、矛盾的妥协、问题的和解？双方能否在共识基础上形成新的“超越性认同"[①]，怎样实现？群际和谐如何可能？对于这些问题的回答，关系着改革开放30年之后，不同群体间矛盾的沟通、协商和共识的达成，关系着社会冲突解决路径的取向、关系着社会秩序的维系和再度整合。

二 国内外文献述评

（一）工厂生产政治研究

1. 阶级形成以及当前中国工人阶级的再形成

（1）国外阶级形成相关研究

国外关于阶级形成理论，目前分古典阶级理论和文化历史进路两类研究视角。

第一，古典的阶级形成理论。

马克思认为工人阶级的形成分为两个阶段：自在阶级（Class in Itself）和自为阶级（Class for Itself）。[②] 他认为："经济条件首先把大批的居民变成工人。资本的统治为这批人创造了同等的地位和共同的利害关系。所以，这批人对资本来说已经形成了一个阶级，但还不是自为的阶级。在斗争（我们仅仅谈到它的某些阶段）中，这批人逐渐团结起来，形成一个自为的阶级。他们所维护的利益变成阶级的利益。而阶级同阶级的斗争就是阶级斗争。"这可以作为阶级形成的古典理论。马克思没有明确界定两个阶段转换的标准，对于从自在阶级到自为阶级的形成过程存在理解上的异议和革命实践上的分离，不同理论观点上出现了论争，并开启了后续两派的争论。19世纪欧洲无产阶级革命的不断失败，使得对这一论点产生怀疑，为什么工人阶级没有形成统一的阶级意识？列宁认为工人阶级无法内在自我形成阶级意识，工人的社会主义意

---

① ［美］查尔斯·蒂利：《欧洲的抗争与民主1650—2000》，陈周旺、李辉、熊易寒译，上海人民出版社2008年版，第54页。

② ［德］马克思：《哲学的贫困》，人民出版社1962年版，第134页。

识“只能从外面灌输进去”[①]。卢森堡持相反的观点，认为阶级斗争的动力来自群众的首创，而非领导者们的发明。[②]

第二，文化历史进路的阶级研究。

汤普森（Thompson，E. P.）开启了从文化、历史的视角研究阶级形成的先河。他认为阶级是一种历史现象，是在人与人之间相互关系中发生的。当一群人从共同经历中得出结论，感到并明确说出他们之间有共同利益，他们的利益与他人不同，那么阶级就产生了。阶级觉悟就是把阶级经历以文化的方式加以处理，体现在传统习惯、价值体系、思想观念和组织形式中。[③] 工人阶级的形成，表现在阶级意识的成长、政治和工业组织的成长，工人阶级也是当时历史政治环境观念的产物，工人阶级被别人形成，也在形成自己。[④] 汤普森通过把阶级经历、共同阶级行动纳入分析框架，同时考虑历史和文化、宗教信仰、生活水平等对阶级形成构成影响的因素，大大丰富了以往马克思主义者的“经济决定论”和“还原论”模式，但是汤普森的主要理论仍然认为阶级意识产生于生产关系之中。

霍布斯鲍姆（Hobsbawm）认为汤普森结论的局限性源于研究对象的历史阶段性。[⑤] 他认为工人阶级的形成应该分三个阶段：工人阶级以独立生活方式和世界观出现的工业化早期转型时期、工人阶级与其他阶级分离时期、工人阶级与其他阶级分离相对下降时期。卡兹尼尔森和泽尔博格（Katznelson Ira、Zolberg Aristide）认为单独英国的阶级形成阶段论不具有普遍意义[⑥]，通过对 19 世纪法、德、美三国工人

① 列宁：《怎么办》，见《列宁全集》第六卷，人民出版社 1986 年版，第 29 页。

② 转引自［美］凯斯·E. 福格森《阶级意识与马克思主义辩证法：一个艰难的综合》，1980，http://www.wyzxsx.com/Article/Class17/200803/33987.html。

③ ［英］汤普森：《英国工人阶级的形成》（上），钱乘旦、杨豫、潘兴明、何高藻译，译林出版社 2001 年版，第 1—2 页。

④ 同上书，第 211—215 页。

⑤ Hobsbawm Eric, *Workers: Worlds of Labor*, New York: Pantheon Books, 1984, p. 56.

⑥ Katznelson, Ira, Zolberg (eds): Working-class Formation: Nineteen-Century Aristide (eds.), *Working-Class Formation: Nineteen Century Patterns in West Europe and the United States*, Princeton: Princeton University Press, 1986, p. 14.

阶级形成的考察，他们把古典阶级理论中的自在阶级和自为阶级两个要素扩展为四个：资本主义结构、生活方式、意识倾向和集体行动，进而对阶级形成阶段进行了细化分析。

洛克伍德（Lockwood）认为阶级意识的形成与在社会上所处不同结构位置相关，也就是工作和生活社区。物质生活条件是形成阶级意识和文化价值观的基础。①

具海根（Hagen Koo）认为在儒家文化圈的影响下，传统文化家长制意识形态、儒家权威主义、国家独裁权力对于韩国20世纪后半叶工人阶级的斗争发展发挥着积极和消极双重作用，这一论点为既往通用西方的以资本和剥削来解释阶级形成的理论纳入了新的文化变量。②

萨维基（Savage）认为洛克伍德和文化研究学派的观点严重存在经济决定论（或还原主义）和静态、不变、固定的缺陷，已不适合第二次世界大战后期的个人主义兴起的历史变化，在一个竞争环境中"工人阶级"作为统一的身份再也不能被共享了。③ 第二次世界大战后的状况恰恰是工人阶级与其他阶级分离程度逐渐下降的阶段，并被其他身份所分割、分化、个体化、碎片化的过程。④

裴宜理（Elizabeth. J. Perry）认为，工人阶级是在罢工斗争中的各种力量（党派、血缘、地缘、帮派、产业和工作条件）参与所形成的合力中形成的，这较以往研究又增加了新的变量因素。⑤

通过以上理论嬗变的脉络可以看出，他们共同的理论思路是阶级经历通过文化、思想、习俗、组织形成阶级觉悟（阶级意识）然后在行动中形成阶级。不同的理论家通过不断地增加不同历史阶段、国

---

① Lockwood, D., *The Blackcoated Worker: A Study in Class Consciousness xford*, Clarendon Press, 1989.

② ［韩］具海根：《韩国工人——阶级形成的文化与政治》，梁光严译，社会科学文献出版社2004年版。

③ Mike Savage, *Class Analysis and Social Transformation*, Open University Press, 2000.

④ Gary Taylor, Spencer Steve, *Social Identities: : Multidisciplinary Approach*, esby, Routledge, 2004.

⑤ ［美］裴宜理：《上海罢工：中国工人政治研究》，江苏人民出版社2001年版，第73—80页。

别、其他影响阶级、工人阶级内部分化等影响因素，对从自在的客观阶级到进一步主观上认知和形成行动取向（intention）的自为阶级非断裂式、渐进化的形成过程进行了细化研究，并形成了宏观结构和微观层面的双重考察，使得阶级形成的理论日渐丰富。正如斯波恩（spohn）所言，在一系列国别和地区研究的历史社会学的展开中，阶级形成理论经过近30年的发展，已从原来的自在阶级—自为阶级古典模型转向了国家、地区间并涉及经济、社会结构以及文化等因素影响的多元复杂研究，实现了对古典模型的超越[①]。但我们会看到，随着阶级形成理论的日渐丰富，如何解释共同的物质生活方式、环境、文化下工人从“自在”向“自为”的转变中，身份的多元作为一个重要的影响因素开始出现，裴宜理通过多元身份作为必要条件之一得出了工人一致行动和阶级形成的结论，而泰勒、斯迪文（Taylor、Steve）却通过多元身份的得出了工人无法形成一致行动进而无法形成“自为”意义上的阶级。因此，工人作为多元身份的载体，在何种意义上导致了工人的行动与否和阶级的形成与否？这是一个需要我们追问和拓展的研究进路。接下来，我们来看一下当前中国工人阶级再形成领域的相关研究。

（2）当前中国工人阶级的再形成相关研究

近年来，随着社会结构的复杂与分化，阶层化已经日渐明显并有继续扩大差距之势，在学术界相关研究中，重新返回阶级分析的呼声日渐高涨。众多学者先后提出“把工人带回分析的中心”[②]“把工人阶级带回分析中心”[③]，中国社会结构已有“断裂”之险[④]；仇立平认为对于当前中国的社会结构与分层研究，要用“阶级分析”方法来

---

① Spohn, Willfried, *Toward a Historical Sociology of Working – Class Formation Critical Sociology*, 1990, Vol. 17.

② Michael Burawoy, *The Politics of Production: Factory Regimes under Capitalism and Socialism*, London: Verso, 1985, pp. 1 – 21.

③ 沈原：《社会转型与工人阶级的再形成》，《社会学研究》2006年第2期；沈原：《市场、阶级与社会》，社会科学文献出版社2007年版，第165页。

④ 孙立平：《断裂》，社会科学文献出版社2003年版。

分析，并提出“回到马克思”[①]；“重返阶级分析”的本质是社会不平等的必然逻辑[②]。

目前中国学界的“重返马克思”“重返阶级分析”的理论走向是从当前中国改革现实境况和分层研究之间存在的张力中生发出来的。阶层分析和阶级分析，这两种理论范式间的转换，既有其理论范式自身学理的逻辑解释力，也有其国内外的社会发展环境的变化所致。之所以目前提出的“重返马克思”“重返阶级分析”需要引起重视，是因为阶级理论范式的核心关注社会不平等，是建立在冲突论的视角上的，而中国目前的社会结构和分层的发展，资本的力量、国家的权力在市场建立和社会转型的过程中所形成的不平等和日见明显化的阶级分化和冲突，只有用阶级分析理论，才能更好地分析现状，把握未来的社会发展趋势。[③]

对于中国阶级现状，众多学者先后提出，在改革开始之后，主流话语逐渐将“阶级”话语从主流意识形态中抹去，而此时在市场改革利益分化加剧并日益悬殊的过程中，阶级分化日渐显著，问题在于为什么一个以马克思主义为意识形态指导的社会主义国家，要在此时有意地消弭阶级理论？[④] 有学者认为答案在于新兴精英阶层和资本意图对阶级结构和关系进行重构，祛除阶级分析，是他们为掩盖其阶级地位和社会特权而采取的一项政治策略。中国的阶级历史先是被国家、其次是市场所取代，如此，阶级就被遮蔽和消声了。[⑤]

① 仇立平：《回到马克思：对中国社会分层研究的反思》，《社会》2006 年第 4 期；仇立平：《阶级分析：对中国社会分层的另一种解读》，《上海大学学报》（社会科学版）2007 年第 2 期。

② 彭恒军：《重返阶级："世界工厂"的必然逻辑》，《兰州学刊》2008 年第 6 期。

③ 冯仕政：《重返阶级分析》，《社会学研究》2008 年第 5 期。

④ Lee, Ching Kwan, "From Organized Dependence to Disorganized Despotism: Changing Labor Regimes in Chinese Factories", *The China Quarterly*, 157, No. 3, 1999, pp. 75 - 90；仇立平：《回到马克思：对中国社会分层研究的反思》，《社会》2006 年第 4 期；潘毅：《中国女工——新兴打工阶级的呼唤》，明报出版社有限公司 2007 年版，第 17 页。

⑤ 潘毅：《中国女工——新兴打工阶级的呼唤》，明报出版社有限公司 2007 年版，第 17 页。

对于在中国改革和全球资本主义语境下中国工人阶级再形成的状况，有学者认为中国“工人阶级转型”分为三种模式：流动农民工的形成、社会主义工人的再造、下岗工人的消解①，其中后两个模式集中关注国企场域工人阶级的再形成。这方面的研究目前分为两种理论观照。

第一种理论认为中国工人阶级的再形成已经启动。

这种理论认为，国企工人阶级再形成的中心地带在于生产过程之外的社区生活而非工厂车间生产过程之中。

此类观点认为老工人是在国家推动的市场改革进程中，逐渐脱离了原来的国家社会福利保障体系之后，在下岗、退休、离职的道路上，逐渐形成了结社能力而非结构能力。② 市场转型时期国企工人的群体认同和阶级意识并非在生产过程之中产生的，而是在生产过程之外产生的。工人群体认同和阶级意识伴随着既往单位体制下的福利利益的丧失和制度剥夺（包括劳动关系、工资制度、社会保障和福利制度等方面），这种群体认同与阶级意识是在改革过程中对制度赋权的诉求和行动的过程与基础上形成的。③

还有观点认为中国工人阶级再形成源于工人行动不能被体制容纳和制度化，因此已经启动。随着中国变成“世界工厂”，马克思意义上的工人阶级形成问题被提到了日程。如果工人的行动被导向体制内，为现存体制所容纳，那么工人阶级就不会形成；如果工人的行动被导向体制外，与现存体制对立，那么工人阶级难免会形成。鉴于目前体制的合理回应能力与动力之不足，工人阶级的形成过程已经启动④。

第二种理论主张工人无法形成集体意识和群体行动。

---

① Lee, Ching Kwan, “From Organized Dependence to Disorganized Despotism: Changing Labor Regimes in Chinese Factories.”, *The China Quarterly*, 157, No. 3, 1999, pp. 75－90.

② 沈原：《社会转型与工人阶级的再形成》，《社会学研究》2006 年第 2 期。

③ 吴清军：《西方工人阶级形成理论述评》，《社会学研究》2006 年第 2 期；《国企改制与传统产业工人的转型》，博士学位论文，清华大学，2007 年；《市场转型时期国企工人的群体认同与阶级意识》，《社会学研究》2008 年第 6 期。

④ 许叶萍：《全球化背景下的劳资关系》，北京邮电大学出版社 2007 年版，第 336 页；许叶萍、石秀印：《工人阶级形成：体制内与体制外的转换》，《学海》2006 年第 4 期。

这类观点认为工人的身份被组织依附型的“权威”制度文化中的关系所分割；被市场和制度所选择和分割；被不同性质的单位体制所分割。这在一定程度上阻碍了工人阶级凝结一致的行动。[①]

以上两种主张的交集在于如何看待现有国企领域工人阶级已经形成的问题，或者相反，工厂生产领域又存在什么力量，致使工人无法形成一致行动，进而无法形成阶级行动？

2. 关于劳动过程的研究

布洛维把生产政治分为宏观层面的国家和市场、微观层面的劳动力再生产和劳动过程四个要素。在国企生产场域的生产政治中，劳动过程是重要的一环，目前国内外学术界关于劳动过程的研究大致可分为三个视角。

（1）阶级论视角

马克思认为，劳动力是一种特殊的商品，这种特殊性表现为劳动力与实际劳动的区别。[②] 劳动力即劳动能力，它只有在劳动过程中表现出来、发挥出来才能成为实际的劳动。而当劳动力在资本的控制下、在劳动过程中发挥作用时，不仅能再生产出劳动力自身的价值，而且还能生产出一个超额价值，即剩余价值。因此，资本主义生产实质上就是剩余价值的生产、剩余劳动的吸取。马克思认为资本主义采取两种方式进行剩余价值的剥削，一种是简单靠延长工作日来生产剩余价值，即生产绝对剩余价值；另一种是靠缩短必要劳动时间，提高劳动生产力和生产效率来榨取剩余价值。为了使这两种方式在劳动过程中得到有效的控制，将劳动力、劳动对象、劳动工具进行高效率的结合，资本家往往采取简单生产、分工合作、机器大生产三种劳动过程组织方式。马克思认为，在这个过程中，随着生产力的发展，劳资双方必将逐渐分化为两大对立的阶级，工人阶级逐渐从自在阶级变为

---

① ［美］华尔德：《共产党社会的新传统主义》，龚小夏译，（香港）牛津大学出版社1996年版，第24页；刘爱玉：《制度变革过程中工人阶级的内部分化与认同差异》，《福建省委党校学报》2004年第1期；冯仕政：《单位分割与集体抗争》，《社会学研究》2006年第2期。

② 马克思：《资本论》第一卷，人民出版社1972年版，第295页。

自为阶级并联合起来，展开无产阶级对资产阶级的斗争，最终无产阶级取得胜利。但是历史和现实都没有通过实践给出一个对于马克思的预言来说的肯定答案。

布雷弗曼（Harry Braverman）继续了对于劳动过程的研究，并首次将其形成一个理论体系。布雷弗曼的研究沿着马克思的异化劳动理论展开。他最大的贡献在于详细分析和展示了资本主义是如何将剥削、榨取剩余价值的方式和手段变化、隐形、渗透到生产过程的每一个环节和角落中的。①

布雷弗曼认为“劳动过程是创造使用价值的过程，也是创造资本扩大利润的过程”②，一方面，他用工匠工艺和局部劳动这对概念来说明，随着劳资双方自由契约的签订，对劳动力在使用过程中的控制权转移到了资本家手中，他们把劳动过程细分化、程序化，这样“就可以剥夺工人的工艺知识和自主的控制权，使工人面临一种新的劳动过程，工人只起到齿轮和杠杆的作用”③，进而完全丧失了传统工匠艺人对于整个劳动过程的控制能力。布雷弗曼用“概念”和“执行”的分离对这个过程的发生进行了分析。他认为人在行动之前对于行动有一个整体的筹划、想象和把握的过程，这是人区别于动物之所在。但是在资本主义劳动过程中，由于采用了以泰罗制为代表的科学管理方式，概念过程和执行过程分离了④，在生产过程中，定量和标准化的劳动动作规定以及时间规定使工人完全成为外界设计的劳动指令的执行者，由此劳动过程中的工人主观因素逐渐消失，劳动越来越客观化，工人在客观劳动里也被异化为劳动机器。

布雷弗曼的理论被认为是只考虑了工人阶级在劳动过程中如何被控制、异化的过程，而忽视了工人抗争主体性的存在。⑤

---

① ［美］布雷弗曼：《劳动与垄断资本》，商务印书馆1973年版。

② 同上书，第49页。

③ 同上书，第123页。

④ 同上书，第44页。

⑤ Michael Burawoy, *The Politics of Production: Factory Regimes under Capitalism and Socialism*, London: Verso, 1985, pp. 21－69.

弗里德曼（Friedman，A. L.）提出了“直接控制”和“责任自治”两个概念，来说明资本对于劳动过程的控制是如何适应工人阶级的反抗而发生转型的。直接控制指在劳动过程中采取强制性的方式、严密监督、强化惩罚等手段去控制劳动力的变化范围，这隐含了把工人作为自私、偷懒的经济人假设；责任自治指管理层给予工人以充分的灵活性，给予他们以地位、权威和责任以拥有充分的自治空间，进而能赢得工人对公司的忠诚。弗里德曼认为，这两个概念在实际劳动过程中会因历史阶段、劳动力抗争强度、内外部劳动力市场变化等各种条件的变化发生变形，应该把它看作一个分布两端的连续统。①

爱德华兹（Edwards，R.）从资本家单方面考察了控制模式的转换。他提出简单性控制和结构性控制两种模式。前者是在早期资本主义阶段，通过等级制和直接控制两种形式进行劳动过程的控制，但是随着公司的发展、竞争环境的复杂、工人抗争的增强，进入垄断资本主义阶段之后，资本家需要转换为结构性控制，也就是把控制方式嵌入在技术过程和官僚控制两种并行的过程之中。通过整个生产过程的技术化分割，每个工人都被嵌入在技术程序的位置中，进而形成一个外在客观力量的结构性控制模式。在官僚控制下，规则和程序成为一种组织控制技术，规则决定了工人的权利，程序决定了工人的诉求。凡是遵守工作规则行为，以可靠、可信任、可预测的方式来完成工作任务的行为，能够内化企业目标与价值的行为均受到公司的表彰。②

爱德华兹同弗里德曼一样，过分强调了资方对于工人的控制而忽视了工人抗争的实践，仍然缺乏主体性的研究。但是二者的研究集中在资方和工人在劳动过程中的互动关系上，尽管强调的重点不同，但是可以作为从注重分析劳动过程、结构化的研究视角向工人主体性聚焦、微观研究视角的过渡阶段。

布洛维（Michael Burawoy）认为，以上学者过分强调了劳动过程的强制，而没有看到劳动过程中工人主体的认同，他与前述各位学者

① Friedman, A. L., *Industry and Labour*, London: The Macmillan Press Ltd., 1977, p. 78.

② Edwards, R., *ContestedTerrain*, New York: Basic Books, Inc., 1979, pp. 148 – 152.

的冲突论立场是一致的，只不过更换了考察问题的视角，他的研究目的同样是解释为什么工人的阶级抗争没有发生。他认为，资产阶级和无产阶级的斗争之所以没有实现，是因为在垄断资本主义阶段劳动过程中工人阶级的主动“同意”的形成，劳动过程控制方式已经从“工厂专制主义”转向了工人的“自愿性顺从”。[①] 他通过“赶工”游戏、内部劳动力市场、内部国家三个方面的分析，形成了他的劳动过程“霸权”论。后期，布洛维提出“生产政体”理论模型，通过对多地区、多国家、多体制、多文化的比较，他认为在不同历史阶段、不同国家和市场力量的组合条件下，会形成市场专制型、霸权型、官僚专制型、集体合作型四种政体类型。

“生产政体”包括了对工厂和劳工进行研究的四个基本要素：劳动过程、劳动力再生产模式、市场竞争、国家干预。[②] 劳动过程指工人在工作现场的直接生产活动以及在这种生产活动中建立的各种社会关系、政治关系；劳动力再生产模式是指工人用以维持自身劳动能力的再生产和其家庭生存的不同方式。以上两个维度都是微观层面的。市场竞争和国家干预是具体的工厂制度外部的两个宏观层面因素。市场竞争是指市场竞争压力会迫使资本家不断地改进技术和调整生产组织；国家干预包括国家提供的各种制度安排，包括产业制度、福利制度、就业保障制度乃至国家直接参与的治理手段。各式各样的工厂和工人正是在这些制度背景下运作、劳作的。[③]

对于 1978 年之后改革中国企领域的生产政治关系，李静君认为改革初期国有企业工人总体表现为集体懈怠，但是改制之后市场支配力量的急速进入却形成了工厂场域的“失序专制主义”。[④] 平萍认为

---

① ［美］布洛维：《制造同意》，李荣荣译，商务印书馆 2008 年版，第 44—54、214 页。

② Michael Burawoy, *The Politics of Production: Factory Regimes under Capitalism and Socialism*, London: Verso, 1985, p. 17.

③ 沈原：《社会转型与工人阶级的再形成》，《社会学研究》2006 年第 2 期。

④ Lee, Ching Kwan: “From Organized Dependence to Disorganized Despotism: Changing Labor Regimes in Chinese Factories”, *The China Quarterly*, 157, No. 3, 1999, pp. 75 - 90.

转型期国企车间政治的模式既不是华尔德的“庇护—依附”关系，也不是李静君的“失序专制主义”，而是一种“对抗式联盟”关系。[①]刘爱玉认为李静君对国企改革初期的“集体懈怠”（集体无行动）的解读已经不适合目前的改制阶段，她提出，面对制度的正负面的规制（正式制度和非正式制度）和市场力量的选择，工人的行动出现分化，分别表现出退出、服从与吁请的选择，总体表现为无集体行动。[②]游正林认为刘爱玉的“无集体行动”过于浅表化，更多的隐形化的日常抗争则没有得到关注，主张当前更深入分析的应是工人的维权是如何展开的。[③]

（2）协调论视角

在资本主义多样性的研究文献中，以市场治理机制和非市场治理机制为标准对于市场经济类型进行区分，可以分为自由市场经济和协调市场经济两类。自由市场经济是指企业一般用市场竞争和正式的契约去规定各种社会关系；生产者与消费者都根据市场价格来调整供给和需求；市场在很多方面为经济行为主体的协调提供了非常有效的工具。在协调市场经济这种经济形态中，企业更多地依赖非市场机制来协调它们相互之间的关系。这些非市场机制通常要涉及更多的不完全契约或以社会关系为基础的契约，如依靠网络内部交换信息的监督机制，并更多地依靠合作来打造企业的竞争优势。[④]非市场治理机制是中国必须要大力研究的一个领域，尤其是在劳动关系领域，劳资关系是另外一个非市场治理机制可以发挥重要作用的领域。

延续协调论视角的思路，王星认为国有企业单位政治的形态目前已经从分配政治转变为生产政治，进而提出了非市场治理机制作为对

① 平萍：《制度转型中的国有企业：产权形式的变化与车间政治的转变——关于国有企业研究的社会学述评》，《社会学研究》1999 年第 3 期。

② 刘爱玉：《选择：国企变革与工人生存行动》，社会科学文献出版社 2005 年版。

③ 游正林：《也谈国有企业工人的行动选择》，《社会学研究》2005 年第 4 期。

④ ［美］高柏：《中国经济发展模式转型与经济社会学制度学派》，《社会学研究》2008 年第 4 期。

于生产政治的泛阶级化立场的一种调适。[①] 将非市场治理机制引入劳资关系制度中，认为非市场治理机制作为一种非反市场的制度安排，劳资关系模式以合作取代对抗，有利于推动劳资合作。

（3）阶段转换论视角

宓小雄以布洛维的“工厂政体”模型为基础，对该模型进行了细化和拓展。他从劳动控制的角度出发，认为在经济、政治、道德三种手段发生变化的市场转型期的国企内部，劳动控制模式正在从“仁慈式专制”向“协商式威权”转型。[②] 该理论呈现出明显的线性进化逻辑，认为随着市场化的全面深入和展开，劳动控制模型的转换将随之展开，因而在理论推演上规范论色彩较浓。

3. 国企工人维权行动的传统路径依赖

这个方面的研究主要集中关注工人群体行动的路径依赖有哪些？也就是生产政治中表现出的群体行动、阶级形成之可能的影响因素和机制问题。

从组织公正的角度解释，冯同庆[③]、游正林[④]、许叶萍都认为，工人面对冲突，往往首先采取忍耐和体制内或个人解决方式而不是集体抗争。[⑤]

有学者认为集体维权的动力机制是斯科特的“道义经济学”和“生存伦理”的理论模式，认为当前的干群冲突是群众对由干部负责并造成的不公正的行为反应。“不公正感”的表现之一就是斯科特的“生存伦理”，所以在抗争表达诉求时往往汲取传统官方意识形态话语作为自己的合法性的工具[⑥]，是一种延续的社会主义文化传统。[⑦]

① 王星：《从分配政治到生产政治》，博士学位论文，吉林大学，2008 年。

② 宓小雄：《构建新的认同》，社会科学文献出版社 2007 年版。

③ 冯同庆：《中国工人的命运》，社会科学文献出版社 2002 年版，第 164 页。

④ 游正林：《西厂劳工》，中国社会科学出版社 2007 年版，第 362 页。

⑤ 许叶萍：《全球化背景下的劳资关系》，北京邮电大学出版社 2007 年版，第 334 页。

⑥ 陈峰：《生存危机、管理者腐败与中国的劳工抗议：两岸社会运动分析》，新自然主义股份有限公司 2003 年版；游正林：《西厂劳工》，中国社会科学出版社 2007 年版。

⑦ 佟新：《延续的社会主义文化传统》，《社会学研究》2006 年第 1 期。

当前中国工人的维权形式，本质上是“以理维权”的非阶级行动，而这个“理”就是传统国企工人的“主人”身份。①

通过以上梳理可以发现，无论是传统单位非正式渠道对不公正问题的解决方式，还是传统意识形态话语抑或强调“主人身份”的“以理维权”，这些都是建构国企工人身份认同的传统要素，它们对当前国企工人维权行动构成了路径依赖，并可能导致非阶级行动。

但上述理论无法解释国企改革后期工人的维权行动、身份诉求与自我的重新定位。

4. 关于国有企业工人阶层地位与身份认同的研究

对于国有企业工人阶层地位认同的研究，多基于定量分析，大致有以下三种研究思路。

（1）阶层地位认知与相对剥夺感相关

阶层归属感与外部改革、收入水平、教育程度、家庭背景、社会网络资源、生活变化的影响关系密切。② 人们对于阶层地位升降的认知与相对剥夺感相关，这说明人们对于自身阶层地位的变化与对其他群体的比较认知相关。相对剥夺地位发生变化，就产生相对剥夺感，进而产生阶层认知和群体认同。其中国有企业工人相对于其他三资企业、私营企业、民营企业职工而言，更有可能认为社会是分层的。③国有企业工人无论是在综合地位的认同还是各个经济、权力、机会等维度上的认同，都比较低。这种较低的群体认同，反映了他们的相对剥夺感较重。④

（2）客观阶层和主观身份认同是否一致

社会转型过程中个人的阶级认同呈现出一种多元认同为基础的格局。普通工人、技术人员、管理人员对工人阶级的身份认同与客观意义上的阶级区分存在着差异。这些认同差异可以从地位评价与

① 于建嵘：《中国工人阶级状况》，明镜出版社2006年版，第321页。

② 郑晨：《阶层归属意识及其成因分析》，《浙江学刊》2001年第3期。

③ 刘欣：《相对剥夺地位与阶层认知》，《社会学研究》2002年第6期。

④ 王俊、胡蓉、苏春燕等：《国有企业工人的阶层地位自我认知研究》，《理论月刊》2003年第5期。

期望、差异性职位和社会主义文化建构等方面进行解释[①]，这些不同主体对于工人阶级身份的差异性界定，不同于产业工人对自我身份定位的一致性。产业工人的主观身份认同与客观阶层归属一致性程度较高，说明这个群体对于自己的身份位置、利益，具有明确的认知一致性[②]。

(3) 阶层认同决定人们社会冲突意识和行为取向

人们是根据自我对阶层和地位的认同作出行为选择，主观的阶层归属和地位认定直接决定着个体的社会行为模式。阶层认同决定人们社会冲突意识和行为取向。共同的阶层认同容易形成共同的阶级意识和行为取向。在对社会冲突意识的所有解释变量中，认同阶层是最为显著的影响因素。人们自己的认同阶层，更易于形成相对一致的对社会阶级阶层之间冲突严重程度的认识。在目前快速的工业化和市场化过程中，认同阶层是更为重要的一个考察社会阶级阶层冲突意识的指标。在中国目前的发展阶段，社会冲突的诱因以及社会稳定的威胁，可能并不来源于客观阶级所划定的社会底层，而是来源于与参照群体比较中认同阶层比较低的人群。[③]

以上这些研究在定量分析的基础上，为我们揭示了个体的客观阶层地位与其主观身份认同、相对剥夺、冲突意识和行为取向的相关关系。工人所处的结构性地位和其自身主体立场之间的复杂关系以及身份认同对二者的联合与勾连，也是后马克思主义关注的核心议题之一。[④] 但以上研究需要进一步商榷之处在于，首先，通过定量相关分析得出的结论无法表现这些主观认同被建构的过程、关系和机制。其次，阶层身份的基础是群体身份，而个体集多元身份于一体，用阶层身份加以定义稍显单一，也无法处理集体行动中多元身份对行为选择

① 刘爱玉：《制度变革过程中工人阶级的内部分化与认同差异》，《福建省委党校学报》2004 年第 1 期。

② 李春玲：《断裂与碎片》，社会科学文献出版社 2005 年版，第 267—273 页。

③ 胡荣、张义祯：《阶层归属与地位认定问题》，《东南学术》2005 年第 6 期；李培林：《社会冲突与阶级意识：当代中国社会矛盾研究》，《社会》2005 年第 1 期。

④ ［美］安娜·玛丽·史密斯：《拉克劳与墨菲》，付琼译，江苏人民出版社 2011 年版。

所造成的复杂影响。

（二）身份认同相关研究

1. 认同概念的源流与辨析

（1）国内对于 Identity 的翻译可谓众说纷纭：身份、认同、同一性，均指向 Identity。Identity 源自拉丁文 Idem，词义是“同样的”。Identity 意指物质、实体在存在上的同一性或状态，即自身与自身相一致，近代哲学中又包括了思维与存在的同一性。

（2）Identity 与 Status 的区别

国内对于这两个词的翻译，基本都能用身份来对应。笔者认为 Identity 的内涵要比 Status 涵括性更广。Identity 是指个体的社会身份的获得和表征，而 Status 源于法律上的合法地位和身份，这是一种被外在制度化形式所归类、并以结构化力量的方式加以规范的具有阶序化特征的身份，这属于个体获得 Identity 的一种特例。英国学者梅因在其《古代法》中所论“从身份到契约”的转变，就是用 Status 意义上的身份。

Identity 分为两个层面，一个层面是个体认同所获得身份，这是自我形成的同一性方面，是作为一个个体的自我与他人之间的人际之分，是现象学意义上的主体间性或交互主体性之间的分化。另一个层面是个体归属于某一群体而获得自己的归属身份，这是因一致而形成内群体、同时因差异而形成外群体的群际之间的分化，建立起个体与群体关系之后，通过权力、经济、声望等尺度形成不同层级分化。上述后一层面，就有着 Status 意义上的身份获得之义了。所以，笔者认为，Identity和 Ststus 不是相互独立的分类，而更类似于相互之间有交叉和归属关系。

（3）身份、认同之辨

Identity 具备身份和认同的含义，而 Identification 是动词 identify 的名词形式，Identification 意含认同、成为……，有着 Being 的意思，而 Being 作为存在，是指“存在”的自我展现生成，在西方形而上学的意义上，这恰恰是汉语难以表达的。克瑞斯蒂娜（Korostelina）主张 Identity 作为一种状态，是一个个体通过差异而得以区别出的某一社会类群的身份归属；[①] 而 Identification 是实现或形成这种状态的过程，是个体实现自身社会化并形成自我意识的一种机制（Mechacism）。

Identity 在个体层面上，就自身统一性而言，含有身份、认同的意思。但是对个体与群体的关系进行分析时，Identity 是身份，是因某一身份类型和特征的归属而被主体认知、内化、建构行动并赋予意义进而形成认同，其形成机制中的关联因素是身份，身份是勾连起个体和群体之间认同与否关系的媒介要素，若把媒介和基于 X 份上而形成的认同混为一谈，就忽略了认同被建构和形成的机制，身份作为一个静态标签，无法承担起一个阐释认同动态形成过程的任务，所以我们需要把身份与认同区分开来。

2. 微观视角的认同理论

早期身份认同理论中，威廉·詹姆斯的“自我”概念、[②] 库利的“镜中我”理论、[③] 米德的“主我”和“客我”理论[④]延续了同一理论脉络：自我形成的关键是与他人的互动和角色的扮演，这为后来认同理论社会学视角的微观认同理论奠定了基础。

微观层面的认同理论分心理学和社会学两个视角。本书参照理论基础是社会学视角：符号互动论的理论传统。这一理论脉络依据研究框架不同可分以下两类。

（1）社会结构影响下的个体角色认同行为

斯特莱克（Stryker）认为人们在社会结构中所拥有的位置及其符号和象征意义，决定着人们筹划如何扮演角色和与他人的互动进行预期。通过与他人的互动，个体明确自身内嵌于一个社会关系结构中的位置，并依据角色来明确身份，进而依据他人期望来实施行动展示自

---

① Korostelina, Karina V, *Social Identity and Conflict*, Palgrave Macmillan, 2007.

② ［英］威廉·詹姆斯：《心理学原理》，田平译，中国城市出版社 2003 年版。

③ ［美］库利：《人类本性与社会秩序》，包凡一译，华夏出版社 1989 年版。

④ ［美］乔治·H·米德：《心灵、自我与社会》，赵月瑟译，上海译文出版社 1992 年版。

我，并依据他人的反应来强化角色认同。① 从这个意义上说，外在社会结构对于个体角色认同和互动有规制、导引作用。但是斯特莱克只强调了认同的结构面向。

（2）认同是一个建构和磋商过程

从互动的视角看，把社会互动分为正式机构中的常规、持续互动和日常的临时、邂逅性互动两类。多个个体间通过自我的表演、感情的表达、信息的发出以及他人对这些动作和符号的理解构成日常互动，情境的定义已经被通过互动达成共识的多方行动者所阐释并建构。自我既不是结构决定的产物，也不是纯粹个体自我的行动，而是一个互动、协商、建构的产物。表现为"剧场""印象整饰""自我呈现理论"等理论主张。②

角色身份认同理论包括两部分：社会结构的常规（Conventional）部分和个体的自我想象所构成的特殊（Idiosyncratic）部分。角色身份要想获得认同一方面要从他人那里获得社会支持，另一方面自我对于角色身份的理想化观念，是结构和角色的凝结。③

关于认同的内部动力和控制问题，伯克（Peter J. Burke）认为认同之所以影响行为是因为角色的意义赋予被行动主体认同进而构建了认同控制模型。④ 模型分为四个部分：一是自我的意义标准，是自我意义的内涵和社会角色期望的混合；二是在具体情境中与自我相关的意义输入；三是自我标准和意义输入的比较，也就是一和二的比较；四是通过比较之后个体行为进行输出构成反馈。这个模型明确了认同的动力来源不受外部环境和内部自我的单向控制，而是二者共同作用的结果。汉斯（Heise David R.）的情感控制模型更强调了自我认同

① Sheldon Stryker, *Symbolic Interactionism: A Social Structural* Version, Baker & Taylor Books, 1980.

② ［美］欧文·戈夫曼：《日常生活中自我呈现》，冯刚译，北京大学出版社2008年版。

③ G. P. McCal & J. L. Simmons, *Identity and Interaction*, New York: Basic Books, 1960.

④ Peter J. Burke, *Advances in Identity Theory and Research*, Springer-Verlag, New York: LLC, 2003, p. 195.

的确定是自我情感意义上的满足所形成。他对意义的评定确定了三个维度：Evaluation（估价）、Potency（效能）、Activity（活力）。当情境的意义与自我的意义认定重合一致时，个体就充满了自我认同的满足感，当二者发生冲突时，个体就会积极地调动自我认知并作出行动取向，以恢复失衡的自我认同情感标准。①

以上理论从结构和个体主体两个角度形成了微观身份认同理论较全面的解释。

3. 宏观视角的社会认同理论

这个层面的社会认同理论源于欧洲，关注的是身份受群体、环境等宏观层面的影响。

泰弗尔（Tajfel）将社会认同定义为，"个人对其从属于特定社会群体的认知，并且群体成员身份对自身具有情感和价值意义"。②"我们可以假定，当某些群体对个体社会认同的积极方面有所贡献时，个体倾向于保持该群体成员身份，或者追求获得新的群体成员身份。"

社会认同研究关注宏观层面，主要关注个体如何依据自己或他人对于某一群体的身份归属来建构自己和他人的身份，同时形成对于群体的社会认同，并根据内外的异同形成内、外群体之别。社会认同理论强调社会认同与个人认同之间的关联性。认同是一种社会建构，是社会对于个体身份的形塑被个体主观内化后的产物，认同作为一种意识形态建构，并非不真实、有效。一旦被建构成功，认同就变成个体行动和社会运行的基础。认同这一概念涉及的是个体与集体、个人与社会这两个常常被认为是冲突或对立的关系。社会身份理论关照"个人中的群体"，因为人们对自身的认同多源自他们所属的社会类别，其实只是被社会建构的过程。

社会认同理论有关社会认同与社会比较的基本命题是：（1）个人

① Heise, David R., Understanding Events: Affect and The Construction of Social Action, Cambridge University Press, 1979.

② Dominic Abrams and Michael A. Hogg (ed.), *Social Identity Theory: Constructive and Critical Advances*, New York: Harvester Wheat sheaf, 1990, pp. 1-6.

力图获得或维持积极的社会认同。（2）积极的社会认同，基于在内群体和相关的外群体之间所作的有利比较。（3）当社会认同令人不满时，个体会力图离开其所属群体，加入更好的群体中，或力图使已属群体变得更好。①

社会认同经由三个心理过程而成。② 第一是社会分类，泰弗尔认为人们在分类过程中会有强化“加重效应”，趋向夸大组内相似和组外差异。随后特纳提出自我归类理论，③ 人们自我分类，即将其归入某一特征群体，在这个过程中自我得以定型。人们分成内群体和外群体，同时倾向于把优势资源分配给内群体。第二是社会比较过程，群体成员倾向于夸大内群体的一致性和外群体的差异性。并以积极性评价内群体、消极性评价外群体。第三是积极区分，社会认同理论认为，社会行为均源于自我激励或自尊的评价，因此个体会对自我归属群体给予高度积极评价，这一方面会提高内群体认同和凝聚力以及成员自尊，另一方面也导致了与外群体发生冲突和矛盾的风险程度。一个个体想获得社会认同的动机，包括提高自尊、满足归属感和个性需求、减少无常感或提高认知安全感、寻找存在的意义四个方面，可以分为个体、群体组织、社区、族群、国家等多个层面的认同。④

社会认同理论的逻辑基础。一是新群体观。群体内成员的共同组织目标、共同命运、共同基于正式组织的角色、地位关系结构，都只是群体界定的充分条件，只有群体成员对于群体有认同和归属感，并自愿成为其中一员，这些认同群体的成员才会形成对于共同的身份界定有着共享的情感意义和社会共识。二是人际—群际连续体。泰弗尔和特纳认为社会行为是一个连续体，从个体人际互动到群体之间的互

---

① ［美］泰弗尔：《群际行为的社会认同论》，《社会心理研究》2004 年第 2 期。

② Tajfe, H. , “Social Psychology of Intergroup Relation”, *Annual Rreview of Psychology*. 1982, 33: pp. 1 – 39.

③ Turner, J. C. , (1985) . Social categorization and the self – concept: A social cognitive theory of group behavior. In E. J. Lawler (Ed.), *Advances in group processes: Theory and research* (Vol. 2, pp. 77 – 121) . Greenwich, CT: JAI Press.

④ 赵志裕等：《社会认同的基本心理历程》，《社会学研究》2005 年第 5 期。

动，群际互动不能还原为个体的人际互动。个体的群体成员的身份或资格，对于个体来讲是一份社会心理感知，并具有认知、情感和价值意义。三是最简群体研究范式。最基本的，类似于罗尔斯的“无知之幕”的认知分类图式，都可以导致群际之分。泰弗尔此项研究的重要意义在于证明：群际冲突的还原论范式和利益范式都是次生解释框架，他们均无法超越认知分类导致冲突的解释范式。①

方文认为由于行动者的认同是在社会力量的型塑下建构的，因此认同是多元、动态、共识协商、能动的过程。认同的建构、解构、重构过程，也是社会微观变迁的基本动力。② 认同既然是被建构的，也就可能被解构。倘若存在一成不变的认同，那社会就毫无变迁可言了。泰弗尔（Tajfel）为认同的变迁提出了如下策略。第一是个体流动。不同群体之间的结构性地位是既定的，因此，采取个体主义行动策略，实现社会地位的向上流动，意味个体的群体认同的变迁。这一策略发生的条件是各群体边界的可渗透性并拥有交互流动机会。第二是社会创造性。群体成员为自己所属的内群体寻求可以赋予积极评价的特征要素，这是从符号建构和意义阐释角度以改变互动关系和群体地位的改变策略，客观上，群体的地位和资源无任何改变。第三是社会竞争。当社会结构呈现刚性并缺少弹性时，现有的地位差异没有合法性依据，群体成员直接通过与外群体的竞争，来获取资源、扭转规则，来改变自己内群体的相对地位。③

泰弗文（Tajfel）通过群体边界的可渗透性、群体地位的合理性、群体差异的稳定性三个变量来衡量群体关系。④ 上述行动策略阐述的内在逻辑，是依据群体间关系和互动模式的开放程度、垂直流动的弹性而设定的，行动策略的强度是递增的。

---

① 方文：《学科制度和社会认同》，中国人民大学出版社 2008 年版，第 75 页。

② 同上书，第 149 页。

③ Tajfel, H., Turner, J. C., “The social Identity theory of intergroup behavior”, In: Worchel S, Austin W. (eds), *Psychology of Intergroup Relations*, Chicago: Nelson Hall, 1986, pp. 7-24.

④ 张莹瑞、佐斌：《社会认同理论及其发展》，《心理科学进展》2006 年第 3 期。

方文认为微观社会角色理论相对凝固刻板，无法涵盖行动者多元特征，也无法解释群际冲突问题。① 而社会认同理论对于群体资格采取内外群体的二元逻辑，无法分层处理；而群体资格无法在逻辑上预决社会认同；群体资格和认同之间的中介变量是群体实体性。方文用群体资格替代社会认同、社会角色，作为研究社会认同的新的切入路径。笔者认为，方文所说的群体资格就是指群体身份，而群体实体性就是个体通过认同机制而对群体形成认同，并将这种身份感想象为一种真实存在。

4. 身份认同的综合理论

中观身份理论认为，中观身份作为一个连接体，可以向微观探寻个体的自我认知层面，亦可以向外扩展至社会的结构宏观层面。②。而身份恰恰是社会结构和社会建构共同的产物。西蒙斯（Bemd Simon）强调了身份与权力和行动的关系，认为在集体行动和社会动员过程中，身份是社会动员的潜在组成部分，它既是动员的目标，又是参与的动力。

科特和列维尼提出结构—行动框架综合理论。他们认为身份可分为自我身份、个体身份、社会身份三个层面，身份、行动、文化三者勾连。自我呈现和自我控制内在于身份的形成和维持过程中，自我层面上的反思性和综合性自我将外部信息纳入与身份相关的心理决定，而自我把内部信息从心理中导出，以实现与身份相关的决策和行为实施，并形成个体行动结构。③

克里斯蒂娜通过社会身份系统论将目前缤纷复杂的身份认同理论纳入一个统一的解释框架。在社会身份与冲突的关系分析中，她认为群体偏见、潜在冲突、相对剥夺、少数和多数群体的社会位置和冲突意向、群际边界、安全困境、内群体的支持是群体冲突力度的系列因

---

① 方文：《学科制度和社会认同》，中国人民大学出版社 2008 年版，第 84 页。

② Bernd Simon，*Identity in Modern Society*：*A Social Psychological*，Blackwell Publishers，2003，p. 35 .

③ Charles G. Levine，James E. Cote，*Identity*，*Formation*，*Agency*，*and Culture*：*A Social Psychological Synthesis*，Publisher：Psychology Press，USA，2002.

素。她认为身份冲突形成一般经过比较、竞争、对抗、冲突四个步骤。社会身份的微观基础通过一套复杂的机制汇成了冲突的合力，但是整个机制运行中通过身份意识明确化、凸显类别的降低和主导身份的转型、共同身份的形成、身份协商等渠道可以扭转冲突的局面。[①]

5. 现代和后现代：两种认同理论之争

关于身份认同存在着本质主义与建构主义两种不同的主张。[②] 本质主义认为，个人的认同是自然拥有或生成的，是通过个人的意志和理性而获得的，因此人们对自身的存在有清楚的认识和理解。个人及其隶属的群体的认同都是内在的、同一的、确定的、整全的、统一的、总体性的、有边界的，是人们把握自我和根植于社会的基点，

建构主义者认为认同是社会建构的。一个人之所以成为他自己，是社会通过一系列的知识教化机制和权力惩罚机制而强制建构的。因此个人和群体的认同是强加的、分裂的、流动的、残缺的、碎片化的、开放的。本质主义所谓的那种认同产生的可能性已裂解为各式各样的碎片化的权利和自由之争。

在晚期现代阶段，认同从一元变成了多元，文化多元主义如何在自由主义普遍尊重的前提下获得自身权利的承认和合法性？因而认同政治是一场建构、控制、承认和解构的斗争。[③] 自我认同作为个体动作连续性的结果，是个人依据其个人经历所形成的反思性理解的自我。现代社会中个体整体呈现一种自我认同的碎片化和无意义感。这一困境的解决，既是个体层面的也是制度层面的，既是社会的也是政治的。[④] 卡斯特始终强调认同是意义的来源，尽管可以从支配性制度

---

① Korostelina, Karina V, *Social Identity and Conflict*, Palgrave MacMillan, 2007, p. 147.

② 潘建雷：《身份认同政治：研究回顾与思考》，载张静主编《身份认同研究》，上海人民出版社 2006 年版，第 47 页。

③ ［加］查尔斯·泰勒：《承认的政治》，载汪晖、陈燕谷编《文化与公共性》，生活·读书·新知三联书店 1998 年版；《自我的根源：现代认同的形成》，韩震、王成兵、乔春夏、李伟、彭立群译，译林出版社 2001 年版，第 3—77 页。

④ ［英］安东尼·吉登斯：《现代性与自我认同》，赵旭东、方文、王铭铭译，生活·读书·新知三联书店 1998 年版。

中产生，但是只有被主体内化并建构意义的时候，认同才形成。[①] 他认为，真正的问题是认同是如何、从何处、由谁以及为什么而产生的。认同的建构所运用的材料来自历史、地理、生物、生产与再生产制度、集体记忆、个人幻想、权利机器及宗教启示等，但个人、社会群体及社会，加之根源于其社会结构及其时空架构所产生的社会意志及文化计划处理了这些材料，并重新安排了他们的意义。他认为面对全球化、资本市场力量、网络、信息主义和父权制，认同呈现出在话语实践中多方力量的参与推动、抗拒、规划、转变、寻求新认同的多元特征。

认同的稳定、固定、不变、标准、本质化、客观化的存在，在后现代的思潮的批判下，这些看似坚固的东西都要烟消云散了。这场批判不是用一种固定、定义明确的概念取代一个不明确的概念，它的战斗力在于“解构与消解”。[②] 霍尔认为认同概念是一个策略性、定位性的概念，是一种多元处于历史变化之中未完成的、具有过程性的，同时具有开放性和可塑性的构成，包括不同的、常常是交叉的、敌对的话语、实践和立场。认同是以差异而建构自身肯定意义的。认同建构于话语实践之内，关注认同被建构的意识形态和霸权语境。一种社会认同的建构就是一种权力行为。认同所展示的统一性，是权力和排斥的角逐后果，而非自然的构成。[③] 霍尔（Hall）强调主体的“Agency”特征，认同不是我们是谁或我们来自何方，而是我们可能成为什么，我们是如何被再现的，是如何应付我们该怎样再现自己的问题。认同的研究焦点要从“我们是谁”转变为“我们会成为谁”。[④]

---

① ［美］曼纽尔·卡斯特：《认同的力量》，曹荣湘译，社会科学文献出版社2006年版，第5页。

② Hall, Stuart, Professo, and Du Gay, Paul, Dr. *Questions of Cultural Identity*, Sage Publications, 1996.

③ Ernesto Laclau, *New Reflections on the Revolution of Our Time*, London – New York: Verso, 1990, p. 33.

④ ［美］朱蒂斯·A. 霍华德：《关于认同的心理学》，载周宪主编《文学与认同：跨学科的反思》，中华书局2008年版，第187页。

6. 国有企业工人的身份认同

格尔根（Gergen）认为，在“建构”的过程中，一方面是社会文化（或社会性话语）经由个体的同化和顺应，被纳入个体的心理结构，从而建构了个体心理；另一方面，经过个体重构和创新之后形成的个体主观性知识，通过对外的发布以及个体间的协商和评议，最终被确定为社会性客观知识，实现对社会性话语的建构，由此构成一种“建构循环”或“建构圈”。[①] 学术界利用认同理论，围绕国企工人身份认同与变迁展开的研究基本可以归结为从外在的社会建构视角和内在主体的社会心理视角两个角度展开的研究。

（1）外在的社会建构视角

国企改制过程中，资本、市场和政治的力量共谋，对原来共享同一身份的国企工人进行分类、类别化，然后实现改制的目的。外在制度变迁一方面分化了工人身份，另一方面，建构了他们新的身份并类别化。既往被制度建构的国有企业“主人”身份，被工人作为在集体维权行动中动员的文化资源，虽然真实身份不再拥有，但是嵌入在文化意识形态之中的“身份”的符号记忆，仍然是工人们行动时可以汲取的资源，这是一种历史记忆。它一方面呈现了现实中身份的断裂，另一方面也表现了身份的延续性，新的身份的形成不可能完全脱离开以前的身份而彻底重构。有学者提出劳工政策和劳工研究的公民权、文化、阶级、后现代四种理论视角，其中关于文化的研究和表述，即通过社会身份认同来建立新的“共同体”。[②]

（2）内在主体的社会心理视角

面对改革带来的地位冲击和身份内涵的变化，国有企业工人在行为反应上反而强化了自尊。自尊作为个体对于自身存在意义的一种社会认知，通过与他人的互动比较形成价值评价，进而做出行为选择。

---

① Gergen K. J.，*The saturated self: Dilemmas of ldentity in Contemporary Life*，Ameriea：Basie Books，1991.

② 佟新：《社会变迁与工人社会身份的重构》，《社会学研究》2002年第6期；《延续的社会主义文化传统》，《社会学研究》2006年第1期；《劳工政策和劳工研究的四种理论视角》，《云南民族大学学报》2008年第5期。

工人的行为控制，是为了努力调整自己以保持尊严；工人的行为目的是为了更有尊严地工作和生活。① 在国有企业变迁过程中，工人因地位变化而导致形成阶层认同和阶层身份的差异，并以“我们”和“他们”的符号称谓表现，通过身份强化来解决因为地位变迁而导致的认知不协调。②。

另一项关于下岗工人的研究分析了下岗工人如何运用身份认同、去污名化、社会比较、社会记忆等各种策略来维护自己的自尊，并通过认同努力重建自己身份的一致性。③

以上研究关注国企工人身份认同的外部建构和内在自我的建构在国企变迁的不同阶段同时并存。当二者一致时，生产政治呈现相对稳定的形态；当二者分离的时候，生产政治的关系形态可能会发生变迁。

（三）文献述评小结

生产政治研究的核心议题就是在资本和劳动的关系日渐紧密、加深的20世纪和21世纪初，为什么越来越难以形成工人的主体声音和行动，工人的阶级行动是不是已经不再可能？在生产领域和劳动过程中，究竟发生了什么？下面笔者将对前一部分的文献进行评述，并为自己后面即将展开的研究建立理论脉络和接洽点。

1. 从研究框架上来说，需对布洛维的生产政治理论进行修正和补充

阶级论、协调论、阶段转换论是劳动过程理论的三种视角。协调论为中国生产政治研究提供了新的思路，但是其理论背后的国家法团主义治理模式在中国的基础是存在争论的，而且难以对当前的国企工人维权行动做出解释，毋宁说该观点为国企生产政治的研究提供了新

① 冯同庆：《企业改革中工人的自尊》，《当代世界与社会主义》2001年第3期。

② 王小章、巫微涟：《认知与认同之间》，《浙江学刊》2009年第1期；巫微涟：《单位制解体背景下的国企工人自我身份认知》，硕士学位论文，浙江大学，2008年。

③ 李瑶：《找回“面子”：下岗失业工人的自尊维持》，硕士学位论文，北京大学，2007年。

的分析路径。阶段转换论带有线性进化的规范论倾向，工厂威权的出现，并不意味着工厂专制的消失，或许只是在不同领域、不同层面的不同呈现而已。

对于中国当前生产政治领域日渐明显的矛盾和冲突，笔者欲采用布洛维阶级论视角的生产政治框架进行理论考察和应用分析。无论是国企改革初期的“集体懈怠”和转型期工厂场域的“失序专制主义”“对抗式联盟”关系，还是工人的“无集体行动”，诸多学者的各类观点由于关注的是不同改革阶段的生产政治关系形态，因此前后各观点之间更应该是国企改革过程中生产政治关系不断变化的连续统，各种观点之间不是一个彼此替代的关系。随着国家、市场和企业关系的变化，国企生产政治的生产政体形态是在发生不断转换的，伴随这个变化的过程，作为生产政治核心结构的劳资不平等关系逐渐显性化，因此，布洛维的生产政治理论中国家和企业、市场和企业、劳动过程、劳动力的再生产四个影响要素，在中国国企的不同历史变迁阶段中，形成了不同的组合，呈现出不同的生产政体形态。为了对生产政治关系形态做出更具有理论涵括性的判断，也为了更清晰地考察分析当前改制前后这个阶段国企生产政治的独特形态，笔者认为有必要拉长分析时段并进行多阶段的比较分析。而关于工厂生产政治的斗争形态，以上观点总体上呈现出一种弱行动或者无行动的状态，那么值得继续追问的是，这样的结果如何形成？也就是说，随着改革的展开，中国国企生产政治的形态到底在怎样转变？目前的形态怎样？其内部各种要素之间怎样的互动关系和关联机制共同作用形成了这种类型？

由于中国单位社会的路径依赖、市场化改革的渐进性、中央和地方的特殊关系等方面的因素，使中国国企的生产政治类型在不同历史变革阶段呈现了不同的面相，布洛维的生产政治理论显然不能直接移用，因此需要对其进行修正或补充，并考察当前中国国企生产政治的独特形态。

2. 身份认同与阶级行动的可能性、阶级形成之间的关系

通过对既有文献的梳理，在中国国企改革阶段，由于不少学者集中关注了破产企业、下岗工人的维权行动，因此得出结论认为国企中国工人阶级的再形成于社区而非生产过程中，形成于争取党和国家赋予权利的争取中，但是目前仍然存续并蓬勃发展的国企工人在改革中所受到的影响和所采取的行动被忽视了，所以，此处我们需要把研究对象从濒临倒闭破产的国企工人转向目前仍在正常繁荣发展的国企工人身上，来考察阶级行动可能性与否的议题。虽然他们的行动未必形成阶级行动，但是在身份认同的基础被改革进程逐渐剥蚀之后，他们在日渐凸显的劳资关系中与资方的群际冲突，形成了群体行动的基础。

笔者认为无论是在讨论国外的阶级形成理论中，还是对国内阶级形成的相关研究中，对于能否形成群体行动、集体意识乃至阶级行动的论述中，身份成为一个重要的变量。总体上看，观点分两类，一类认为多元身份有助于构成阶级一致行动，① 另一类认为多元身份让工人无法形成一致行动进而无法形成"自为"意义上的阶级。② 还有学者不断地对生产政治注入新的解释变量，比如种族、③ 性别和地缘关系、④ 老乡关系网络、⑤ 家庭关系和籍贯关系网络，⑥ 等等。笔者认为，上述两种观点的争论背后，是多元身份的存在是否直接影响了阶级行动。工人作为行动主体集上述多元身份于一身，在行动中，这些多元身份对于行动的积极促成或消极分解所构成的影响是值得思考的。

上述两种论点对于构成群体行动主体的身份各执一面，而身份认同理论在一定程度上能够作为这两类主张共同的基础性解释去分析多元身

---

① ［美］裴宜理：《上海罢工：中国工人政治研究》，刘平译，江苏人民出版社 2001 年版，第 73—80 页。

② ［美］华尔德：《共产党社会的新传统主义》，龚小夏译，（香港）牛津大学出版社 1996 年版，第 24 页；Gary Taylor、Spencer Steve，*Social Identities*:：*Multidisciplinary Approach*，esby，Routledge，2004；刘爱玉：《制度变革过程中工人阶级的内部分化与认同差异》，《福建省委党校学报》2004 年第 1 期；冯仕政：《单位分割与集体抗争》，《社会学研究》2006 年第 2 期。

③ Michael Burawoy and Theda Skocpol，eds.，*Marxist Inquiries*：*Studies of Labor*，*Class*，*and States*，Chicago：University of Chicago Press，1982，pp. 100 – 103.

④ Lee，Ching Kwan，*Gender and The South China Miracle*，University of California Press，1998.

⑤ 沈原：《市场、阶级与社会》，社会科学文献出版社 2007 年版，第 194 页。

⑥ 童根兴：《北镇家户工：宏观政治经济学逻辑与日常实践逻辑》，硕士学位论文，清华大学，2005 年。

份集于一身的个体行动者以及群体身份认同的形成和群体差异的产生。由于工人作为多元身份归于一身的主体，因此当身份之间因多维身份生发的相互关系、相互嵌构构成共向合力的时候，那么形成一致行动的可能性就会大，当多元身份在同一个主体或群体身上存在，而身份之间又相互分别归于不同的群体归属进而形成分解力，那么，形成一致群体行动的可能性就会少些，而且会通过其他的身份维度形成合力来分解行动所需要的凸显身份。也就是说，多元身份的认同与否，在工人主体的认知、认同、选择参与后，阶级行动是否可能才可以进一步分析。

笔者认为，关于重返阶级分析和当前中国工人阶级形成的论断，其理论基础是冲突论的。现在的群体性事件多为零星、分散状态，而没有形成联合、组织化状态，而且诉求的目标也混杂多样。因此，我们可以考察阶级形成背后的微观基础。身份认同的形成、群体身份认同的形成、群体差异的形成和变迁、群际冲突的形成是阶级形成背后的基础，也改变了生产政治的形态。这是一个累积性历史过程，在不同的条件约束下，各类因素或形成合力促成群体冲突的升级，或形成分解力而降低群体冲突的程度，这就意味着阶级冲突不是唯一的发展路径，而只是多种解决途径中程度较高、力量较强的一种，而以上的合力或分解力的背后，身份认同是一个共性因素。通过对工厂生产政治的历史形成和变迁的机制以及在这个过程中劳资不平等关系结构的日渐凸显的分析，笔者尝试把“身份认同”作为一个切入角度，来考察国企生产政治中的劳资不平等关系以及阶级形成的可能性问题。

3. 生产政治发生变迁的条件和机制问题

改革中工人利益受损，在企业里成为被支配与控制的弱势群体，对于工人的维权行动，以往学者的研究有的认为工人多采取忍耐和个体解决的方式①，其他人从不公正感、“主人身份”的“以理维权”②、社会

① 冯同庆：《中国工人的命运》，社会科学文献出版社 2002 年版，第 164 页；游正林：《西厂劳工》，中国社会科学出版社 2007 年版，第 362 页；许叶萍：《全球化背景下的劳资关系》，北京邮电大学出版社 2007 年版，第 336 页。

② 于建嵘：《中国工人阶级状况》，明镜出版社 2006 年版，第 321 页。

主义传统意识形态话语[①]等方面，来分析工人会采取向行动来维权。但是随着改革的全面展开，在纵向的多阶段考察比较中，生产政治的形态发生了变化，旧的身份认同已经散落，工人在寻求新的身份认同的过程中，这些路径依赖是否还有效呢？工人对自己身份的实质变化和处境，如果存在明确的认知，他们就不再拘泥于传统的身份界定和路径依赖，那么，工人还有无其他可能来改变生产政治中自身的弱势地位？我们如果通过身份认同的视角来切入分析，或许会发现新的可能。也就是说，在旧身份解体后，工人对新身份的寻求会呈现出不同于上述论点的画面。

近年来中国国企工人的集体维权行动与日俱增，通过分析我们会发现，国企改革的不同历史阶段，生产政治中的国家逐渐退出、市场全面进入，工人身份认同的物质、福利基础被逐渐剥蚀，围绕着工资、合同、劳动过程中的支配与控制，劳资不平等关系逐渐显性化，相对于社会互动关系中的资方，工人日渐成为弱势的、被支配的劳动力要素，从归属、自尊、自我意义和价值体验等方面加剧了工人身份认同的解体，也促成了劳资之间的工人内群体认同。为了重构新的身份认同，工人通过劳资冲突和斗争，来推动生产政治的变迁。

过去的“主人翁”身份已经解体，传统的意识形态话语已经与现实中工人自我身份认同的遭际背离，工人通过行动来维护自身权益，他们的直接目标诉求或许表现为资源的获取与再分配，但是行动本身，同时也暗含着工人欲图获得在与资方的劳资互动关系中来获得界定、重构双方互动、游戏规则的权利，这是工人在社会关系中获得他人的承认[②]来构成稳定的身份认同的重要条件。因此，身份认同的资源满足、身份归属、自尊和自我意义的体验等内涵[③]，是工人寻求身份认同的应有之

---

① 陈峰：《生存危机、管理者腐败与中国的劳工抗议：两岸社会运动分析》，新自然主义股份有限公司 2003 年版，第 317 页；佟新：《延续的社会主义文化传统》，《社会学研究》2006 年第 1 期；游正林：《西厂劳工》，中国社会科学出版社 2007 年版。

② ［德］阿克塞尔·霍耐特：《为承认而斗争》，胡继华译，上海人民出版社 2005 年版。

③ Bernd Simon, *Identity in Modern Society: A Social Psychological*, Blackwell Publishers, 2003, pp. 23 – 41.

义，也是工人采取行动、改变生产政治的条件。

4. 国企生产政治分析需要在多阶段历史变迁中得到拓展

几十年的中国国企改革是政府主导的、渐进性的过程。单纯的分析某一阶段，就只能阶段性的得出当时的生产政治的关系类型，比如“失序专制主义”“集体无行动”“对抗式联盟”等结论。倘若我们把改革之前、改革初期、全面市场化改革阶段、改制后的民营化阶段进行连续考察，就可能通过纵向的梳理和比较，来发现生产政治累积和断裂之处，也或许可以发现工人身份认同如何被不同阶段的生产政治所影响，又如何反过来成为生产政治稳定和变迁的主体性基础。

三　研究设计

（一）研究思路和研究框架

本研究的核心问题是：生产政治变迁过程中，在国家、市场、企业、劳动力再生产、劳动过程等因素影响下，国企工人的身份认同是如何被建构并发生变迁的，当身份认同散落、解体之后，劳资冲突中工人寻求新的认同所导致的行动又如何影响并推动生产政治变迁的。围绕这个主题，本研究将尝试解决以下两个理论任务。

1. 探究生产政治与身份认同之间的建构机制和互动关系

在国企改革的不同阶段，受国家和市场的影响，生产政治通过怎样的方式和机制建构了工人的身份认同？随着改革的展开，工人身份认同出现了怎样的变迁，以适应或拒绝新的认同？生产政治导致怎样的群体差异和群体认同，所形成的工人主体的行动，能否改变作为认同的外在建构力量的生产政治形态？这个过程呈现出结构和行动的动态互动关系，会怎样影响微观生产政治场域的社会秩序整合？围绕这些问题，本研究将着重探讨以下几个方面的问题。

（1）国有企业改革过程中工人的身份认同构成

以往少有学者从身份认同角度对于国有企业生产政治进行研究。身份认同理论的切入，可以从个体、人际、群体三个层面进行考察，同时可以实现从微观主体行动到宏观结构互动关系的勾连。

工人身份认同的形成分三个层面：个体、人际、群体和群际。第一，工人对于自身的认知包括自尊、自我感知、自我强化等，而这个层面身份认同多为心理学层面的，它的形成和建构是无法单独进行的，也就是说，个体层面的身份认同必须同人际层面的自我认知相结合才能够形成。第二，个体通过与他人的互动，并通过自我呈现和“印象整饬”来形成自我身份。每一个人在社会上都扮演一定的角色，工人在企业组织中被赋予一定的位置，因这个角色位置而来的一系列权利、义务、责任的规范决定了工人身份的内涵。这是被组织通过制度以规范化的方式所建构的身份，通过这个身份，工人与他人通过人际互动建立关系来确认自身，在与组织、他人进行互动的过程中，个体在自身物质和情感以及人际方面的需求能够获得满足，因此，他就认同了他的身份。这里蕴含着身份对于个体的功能，而个体对于身份的认同也不仅仅基于物质，还有情感和价值承诺，个体在与他人和组织形成互动关系的过程中形成了自我身份认同，这二者的统合构成了生活的意义感。第三，因在企业组织内部每个个体的身份以及因之而来的权利、责任、义务和互动关系的层级，相互之间形成了不同的群体，而工人群体中的每个人因为相同的要素和一致性，而构成了群体内认同，群体身份认同的存在，意味着群外其他群体的存在，两个群体之间的边界就是形成群体间差异之处。而劳资之间形成的社会互动关系中，工人的身份认同稳定性既取决于资源的获得和满足，又取决于资方对工人身份的承认所带来的尊严、归属与自我价值和意义的体验。

在国有企业改革的不同阶段，个体身份内涵和认同的形成，工人群体认同的形成、群体间的差异表现为不同的形态。

（2）身份认同与生产政治的建构和变迁

在国企改革变迁中，国家和市场通过制度安排，建构了身份及其相关规范。这些建构机制包括宏观意识形态的政治定位、微观企业文化的意识形态建构、市场化取向的企业改制和股权配置、劳动过程中的技术化控制和市场传导网络、国家通过社会福利保障完成的劳动力的再生产等方面。它们的共同作用表现在：一方面动摇、剥蚀了身份认同的基础，另一方面改变了生产政治中的劳动和资本之间的关系，这又进一步形成了群际差异与分化、群际矛盾和冲突，工人在寻求新认同的行动中反过来推动了生产政治的变迁。

以上所述在国有企业的不同改革发展阶段是不一样的。在全面计划体制时期，工人嵌入单位、单位嵌入国家，国家通过意识形态的控制、权力的安排和资源的配置，形成自上而下一统的全能控制模式，这个阶段没有市场的力量。改革时期，为改变企业作为经济组织的低效率，国家力量开始退出企业组织并把企业推向市场，在这个过程中，工人在原计划体制下的身份内涵开始发生变化，身份认同开始分解，随着原来计划体制下的干部、工人的身份发生变化，双方的差异逐渐增大，但是为了改革的稳步推进，国家和企业在政治和意识形态领域基本坚持原来计划体制下建构身份的话语体系，而在制度实践层面中国家的推力、市场的拉力共同作用下，工人身份发生变化，无论是在组织内还是相对管理者（原来的干部）和技术人员，他们的地位都已经逐渐滑向边缘和底层，这样身份认同就发生分裂和背离，出现了名义身份和真实身份的不一致性，随着改革的深入，这种背离和不一致性程度日渐加深，群体之间的矛盾和冲突也不断增多和升级，但是冲突的发生和加剧并没有使工人从群体上升到阶级对立的状态。在这背后，一方面由于企业组织的市场化、中国传统人际关系的血缘和地缘网络的存在、计划体制下国有企业的组织依附关系的路径依赖，使多元身份汇集一身的工人群体认同发生分化。另一方面，在生产场域的劳动过程中，国家和企业在延续传统企业意识形态的同时，还采用了新的企业文化管理方式作为建构身份认同的手段，这套方式从物质到组织制度、到思想观念，从人际互动关系到礼仪仪式，发挥着全方位的建构力量，其目的就是既要保证劳动过程的持续性，又要让工人对于逐渐市场化的、作为劳动力要素的被雇用身份形成新的认同。在改制后的民营企业，当工人的身份被建构成“股东”，工人的身份认同又与主要呈现为劳动与资本之间的不平等结构关系的生产政治形成怎样的互动关系？这其中，身份认同出现了怎样的变幻？

国家和市场联手在企业组织内部发挥建构身份认同的力量，由于意识形态、治理策略的霸权特征和制度实践层面的低参与度，形成了“混合型”生产政体。当名义身份和真实身份发生背离，原来的身份认同就会散落并失去基础。这样就会导致工人个体或群体采取行动，从自己的认知出发，通过比较、鉴别，采取行动来实现自身将成为什么的目标，并再形成自我身份的同一性、意义和价值体验，也就是寻求和重构新的身份认同。

（3）生产政治变迁与身份认同的双重条件

国有企业工人在改制过程中逐渐被消解的身份发生了变化，这个变化是朝着一致性地位发展的，他们与管理权力和参与权、所有权的分配和索取的毫无干系，被雇用群体处境每况愈下，因此，他们虽然与原有的身份分裂了，但是他们会形成新的群体身份，也就是相对“当官的”管理群体（资方）的工人“内群体”，并强烈认识到群体间的差异，因此，国有企业工人对于内群体认同越是强烈，他们就越是对外群体产生敌视和消极印象，尤其是在双方群体利益不一致甚至对立的情况下，这样就为群体冲突的发生提供了基础，这个过程中身份认同的一致性发挥了积极作用；但是，工人内部的分化和身份的不一致性又在一定程度上因为身份的多元化而形成了身份认同的分化力，导致一致群体行动的难以形成和升级，进而降低了群体冲突。工人行动中，逐渐浮现出的是工人身份认同的充分必要条件，包括权利和资源，通过寻求新的身份认同的行动，为生产政治的变迁提供了可能。

（4）国企改革中工人身份认同和生产政治之间关系的纵向历时比较和横向形态比较

以往的学者多把研究对象分改革前后两个阶段进行比较，甚至不少学者的调查对象在调查过程中或者调查结束就破产倒闭。本研究将以产权制度改革为划分改革不同阶段的标准，对一个仍然蓬勃发展中的大型国有企业集团的全面计划体制、国企改革初期、国企全面改革时期、改制后民营时期等几个历史阶段的工人身份认同进行纵向和横向的比较，以全面地反映工人身份认同和生产政治的建构与变迁机制、变迁轨迹的异同，其中国家和市场的力量是怎样或独立或联合地发挥其建构和支配力量，又怎样形成了新的冲突和矛盾。

2. 在中国国企变迁中考察生产政治理论

布洛维的“生产政体”理论仍然是从结构主义视角出发的，并形成了一个福柯意义上的权力建构和支配模型。尽管如此，他仍表现出对于工厂霸权和工人阶级斗争的悲观态度，这是因为忽视了劳动过程中工人的主体行动是如何发生的。因为正如他所言，在不同的历史阶段、不同的地区和文化传统，工人的主体行动和工厂政体的模式是不一样的。[①] 所以通过对前一个理论关注问题的考察和分析，笔者认为可从以下几个方面重新审视布洛维的生产政治理论。

（1）国企生产政治中意识形态的影响

布洛维认为劳动过程是政治、经济和意识形态三个要素统合发挥型塑作用的过程。在对官僚制专制、工厂霸权、市场专制等工厂政体模式的考察中，我们只看到了布洛维从结构主义出发分析而来的结构性力量。他在探寻意识形态背后的建构力量，却忽视了意识形态本身在生产场域就是一种支配性力量。对于意识形态如何发挥支配、建构作用和与政治、经济的互动关系和机制，他基本没有展开论述。

针对传统马克思主义把工人阶级对资产阶级的斗争集中在经济决定论意义上的斗争领域，新马克思主义认为，马克思所说的异化，应该是从物质到制度、意识形态的总体性异化，因此应该在政治、经济、社会、文化等领域实施总体性革命和全方位抗争，因此，无论是葛兰西，还是法兰克福学派，均把研究重点放到了文化领域。而劳动过程理论研究，恰恰是针对新马克思主义的偏文化领域的理论倾向，提出了重返生产领域、关注劳动过程的理论进路。其实，这里的关键在于：不同领域和不同层面的关系问题。在劳动过程领域，同样充满了三个层面的对立：政治的控制和抗争，经济上的占有和分配，意识形态上的蒙蔽、适应和觉醒。

在国有企业生产政体中，从全面计划体制时代就一直发挥作用的意识形态，无论是宏观层面的身份定位，还是微观层面的“企业文化”

① Michael Burawoy, *The Politics of Production: Factory Regimes under Capitalism and Socialism*, London: Verso, 1985, pp. 11, 122.

的身份重构，它们在定义身份、建构意义、界定群体身份关系、形成群体身份差异和群际关系方面发挥了巨大的作用。在改革的过程中，由于路径依赖的关系，意识形态继续发挥着其建构性作用，而这恰恰是当前名义身份与真实身份的分裂和背离以及群际冲突的基础性原因。

（2）目前生产政治理论的多维解释背后有一个共同的身份基础

对布洛维以阶级作为主导结构和决定性因素的立场，学术界从种族、性别和地缘关系、老乡关系网络、家庭关系和籍贯关系网络的角度提出了修正（见前节论述）。潘毅认为打工妹的“身份政治”背后是资本剥削下的打工者、父权制下的家庭女性、国家资本主义下的农村人三座大山形成的压迫合力。① 他们的理论并没有否证布洛维的理论，而是进行了补充。以上各位学者的理论一致点在于性别、族群、籍贯、种族、地缘都是一种身份，而阶级也是一种身份，这些多元身份是相互交叉、缠绕、集结在一起的。这些争论的焦点在于：在什么制度约束和情境条件的制约下，性别、族群、种族、籍贯、家庭关系等多个维度的身份，哪一种会凸显或者哪几种身份会交互作用形成合力，成为行动主体的主导性身份，并引导主体（个体或群体）做出行为取向。因此，面对这个领域的理论分化问题，笔者认为可以从“身份认同”理论切入，寻求上述各理论背后共同的解释基础。在工人的行动中，行动主体是一个多元身份集簇，当在一定条件下的行动中，多元身份中的其他身份会形成分解力或聚合力，进而无法形成一致行动，这时我们就不能称之为内含有成型的阶级意识的阶级冲突，而只能称之为群体冲突。也就是工人一致行动的基础是不稳固的。通过这些分析，我们可以进一步研究群体认同和群际差异如何形成？群际冲突怎样发生？工人在寻求怎样的身份认同？

（3）当前国企生产政体是一种制度和意识形态层面各异的混合形态

布洛维将生产政体分市场专制型、工厂霸权型、官僚专制型、集

① 潘毅：《中国女工——新兴打工阶级的呼唤》，明报出版社有限公司 2007 年版，第 18 页。

体合作型。这四种类型的划分，是以国家对工厂的干预是直接还是间接、国家政治规范工具与工厂的制度关系是分离的还是缠结型四个维度进行交互分类得出的。其中，官僚专制型是在匈牙利的案例基础上得出的，认为建基于软预算约束基础上的国家社会主义工厂政体的类型是国家政治规范直接缠结在工厂中，而国家对于工厂的干预又是直接的。

在国家与工厂的关系上，霸权型和官僚型是一致的，但这与中国的现实是不一致的。布洛维的解释则基于阶级冲突论的视角，认为在垄断资本主义阶段，国家对于工厂的干预一方面保持第三方的平衡力量，比如限制工厂资本家的控制程度，另一方面又在运用社会保障法等措施行使国家政体的职责。但其实质只是国家从直接干预变成了间接干预。

有观点认为，布洛维等人的劳动过程理论过分宣扬了劳资对立和冲突，是对阶级斗争理论的延续，除了自由市场主义，还有协调市场经济模式，在这个模式下他提出了劳动过程中的非市场治理机制，作为一种调适和协调模式。[①] 笔者认为上述观点阐发了单位政治中的生产政治的确存在一种非市场协调治理机制的可能路径，但这条路经是在忽略了目前生产政治中劳动者和管理者群体身份的分化、群体差异的形成、群际冲突的加剧基础上选择的。

笔者认为，按照布洛维的理论思路，在国家社会主义内，国家对工厂的全面控制和官僚组织的控制是直接的，那么国家社会主义通过市场转型，应该通往霸权型整体模式。但是在当前中国国有企业工厂政体中，却非如此。国家在撤出，市场在推进，国家对于工厂的政治规范性力量在撤出，还企业于市场；同时，国家通过社会保障等措施客观上来说，已经将劳动力的再生产分离出工厂领域，但是，国家对于工厂所有权的干预是最大的决定性因素，产权、所有权、控制权、经营权之间的矛盾和冲突，是引发工厂生产场域和劳动过程中劳动者和作为雇用方代表的经营者之间的身份分化、群体差异和群际冲突形

① 王星：《从分配政治到生产政治》，博士学位论文，吉林大学，2008 年。

成的初始和根本因素。而众多研究者多把国企改革中的工人抗争集中在破产、改制的剧烈转型时期，而没有看到斗争只是结果，它背后的身份分化、背离、群体认同和差异的形成、群际冲突的发生是在几十年漫长的国有企业改革进程中渐进积累而成的，而不是突发的。这是因为他们忽视了产权问题是整个改革的决定性力量，尽管多数时候隐而不显，但是群体分化、群际差异形成、身份认同的建构、意识形态的话语转换，等等，都是围绕着产权这个核心进行的。

因此，在当前国有企业中国家的退出只是领域和程度的差异。在所有权方面，国家直接拥有和控制；在劳资关系方面，国家明确了雇用者的地位，却没有赋予劳资冲突中劳动者相对有利的地位和权利。在作为雇用方的国家委托代理角色的经营者方面，国家因为自身作为利益参与方而给予了充分的倾斜性支持。在意识形态方面，国家一直基于传统社会主义话语没有改变，企业组织内部也通过企业文化的意识形态作用在建构工人的身份认同。因此，笔者认为当前国有企业工厂政体是意识形态、治理术上的霸权、制度实践上的低参与度的混合型生产政体。尤其是国有企业改革的后期乃至改制后民营企业阶段，更体现了这一特征。

（4）布洛维的“工厂政体”模型中的国家力量，可进一步细分为中央政府和地方政府两个层面

地方和中央政府两个层面或者合作或者冲突，在与资方的关系问题上，双方也形成不同的互动关系。许叶萍认为中央和地方两级政府的财税体制安排影响了劳资关系模式①。黄岩认为，改善投资环境和发展地方经济的目标之下，地方政府对工人权益保护与资方投资环境改善之间平衡是一种很微妙的关系。② 考虑到地方官员的政绩考核既包括 GDP 的增长，又包括维护社会稳定的政治任务，使中央和地方政府之间的博弈互动关系影响了工厂政体的形态，也改变了生产政治

① 许叶萍：《全球化背景下的劳资关系》，北京邮电大学出版社 2007 年版，第 101 页。

② 黄岩：《国有企业改制中的工人集体行动的解释框架》，《公共管理学报》2005 年第 11 期。

中劳动和资本之间的关系模式。

基于上述两个理论任务，本书的研究框架如下（见图1-1）。

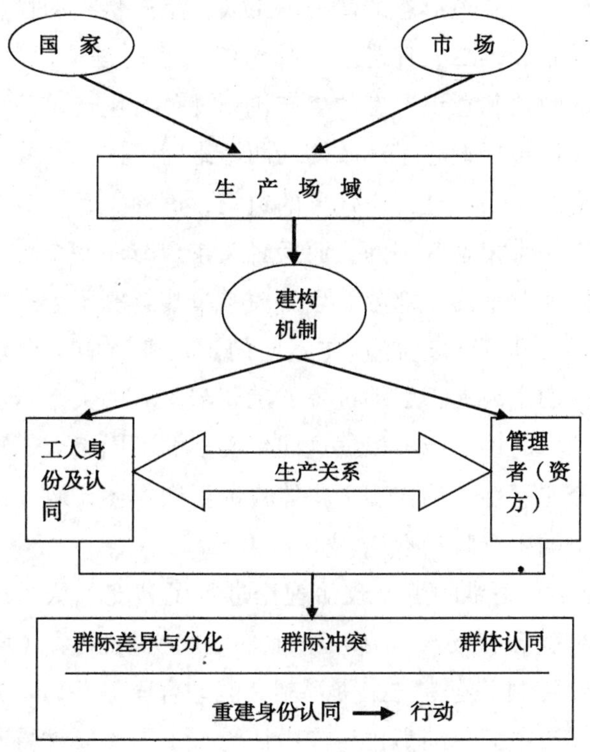

图1-1　本书研究框架

（二）概念界定

1. 生产政治

布洛维生产政治理论是逐步展开其丰富内涵的。此理论在《制造同意》中首次提出，其中包括“赶工游戏”、内部劳动力市场、内部国家三个方面的分析，形成了他的劳动过程理论“霸权”论。[①] 随后在其名为《生产政治》（*The politics of production*）一书中进行了全面

① ［美］布洛维：《制造同意》，李荣荣译，商务印书馆2008年版。

论述。[①] 其中，对于生产政治的阐释分散在多处。他认为，生产过程决定性地塑造了工人阶级的斗争，生产过程包括两个部分，第一，工作的组织有政治和意识形态的影响，工人在生产物品的过程中再生产了特殊社会关系。第二，伴随着工作组织（也就是劳动过程），这里有一种特殊的政治和意识形态的生产机制规范着生产关系。所谓生产政体或工厂政体包括上述生产政治的两个维度。工人和管理者之间的关系是生产中的关系，是工作任务的组织，这种关系与劳动与资本之间存在的剥削关系相是区别的，而后者关系到劳动剩余再分配，因此剥削关系是生产关系的一部分。生产关系单独解释了生产模型，同样的生产中关系（即劳动过程）在不同的生产模型中会出现。生产政体结晶体包括四个因素：劳动过程、工厂与国家的关系、工厂与市场的关系、劳动力的再生产。根据这四个要素的不同组合，形成了市场专制型、官僚专制型、霸权型、集体自治型四类生产政体的模式。自此形成较完备的生产政治理论。[②]

赵炜[③]对于布洛维的生产政治理论进行了补充，认为还可以加上工资、福利制度和劳动合同制度。他们还将劳资关系（雇用者和资方）列入劳动控制，将其与工资福利、劳动合同等并列。其实，布洛维在其生产政治中的劳动力再生产中认为，工人用以维持和延续自身劳动能力的再生产和其家庭生存的劳动力再生产模式（或称人口的再生产），一定会受到国家提供的各种制度安排（产业制度、福利制度、就业保障制度等）的影响。在市场专制型生产政体中，工人的劳动力再生产基本依靠企业的工资，所以一旦市场风险影响工厂，工人的生活就会陷入困顿，劳动力再生产的过程就会出现断裂的危机。马克思的思路认为，国家是资本的政治工具，劳动力再生产的延续是资本的重要基础，所以当市场对其提出需求或构成风险的时候，国家力

① Michael Burawoy, *The Politics of Production: Factory Regimes under Capitalism and Socialism*, London: Verso, 1985.

② Michael Burawoy, *The Politics of Production: Factory Regimes under Capitalism and Socialism*, London: Verso, 1985, pp. 8 – 12.

③ 赵炜：《工厂制度重建中的工人》，社会科学文献出版社 2010 年版，第 24—25 页。

量必须介入。因此，从整个国家宏观层面的意义上，为了维系整个社会中劳动力供给的稳定、满足资本生产对于劳动力的持续需求，国家需要通过福利、保障、公共物品（教育和医疗）提供等各种方式，把劳动力的再生产部分转移到社会中。也就是说，在霸权型生产政体中，当市场充满生机的时候，劳动力会在工厂领域完成再生产，当市场风险袭来，个体因失业、疾病、年老而无法恢复或完成劳动力的再生产时，国家就会提供稳定的保障。所以，布洛维的观点已经在理论思路上内嵌了赵炜等人的补充。

结合以上观点，笔者认为可进一步把劳资关系看作生产政治的综合表现。在生产政治分析框架内，国家和市场的力量，分别对工厂、劳动过程和劳动力的再生产构成影响，它们相互之间的不同互动关系，建构了不同的生产政体形态，而劳资关系恰恰是这个生产政体内部各种互动关系聚合之后的一种表现，其背后是各因素的综合作用，而不仅仅是指劳动控制方面。这样我们就可以进一步探讨劳资关系与生产政治理论接洽的可能性，也有利于我们考察国企改革不同阶段劳资关系（劳动关系）和生产政治的不同表现形态。

基于以上论述，笔者总结认为生产政治就是在生产场域中，生产政体（Regime）中的劳动过程、工厂与国家、与市场的关系、劳动力再生产四个要素相互作用，共同再生产生产政治关系的机制和过程。其表层是市场、国家、工厂、工人、管理者之间关系，深层是劳动和资本之争。

2. 生产政体（Factory Regime）

Regime这个词多见于政治研究领域，常被翻译为政体，也就是政府的组织形式、关系规则以及规范的设立。其中暗含参与政府的各个治理主体之间互动关系和规则的组织形式。恰如每一个国家都存在政治框架，但是在政体表现上却存在一党制、多党制、共和制、君主立宪制等多种政体形式一样。如前所述，生产的过程既包含“物”的生产、也包含“生产政治关系”的生产，所以在生产政治领域援用Regime，基本意指生产领域中的劳动和资本之间基于各种因素的影响所形成的不同关系形态。

生产政体的概念与生产政治是密不可分的。甚至可以说生产政治从总体上内含了生产政体。为了更清楚地界定二者之间的关系，笔者尝试通过韦伯的“理想型”的视角加以分析。我们可以把工厂生产领域发生的各类关系机制分为两类，一方面资本主义生产过程在进行着“物”的生产，但是当劳动者通过劳动把劳动对象转化为具有使用价值和交换价值的商品时，这个生产过程本身也同时实现了“关系”的再生产，也就是劳动和资本之间的生产政治关系。所以，我们可以把这种“生产政治关系”看作研究的对象，但是在不同的国家、不同的市场体制、不同的劳动过程和劳动力的再生产等几种因素的影响下，这种“生产政治”表现为不同的“理想类型”，比如官僚专制型、市场专制型、霸权型、集体自治型，等等，这些就是在工厂生产领域因不同条件组合，所呈现出的不同生产政体类型。而这些类型的背后，基本都嵌含着劳动和资本之间的关系，这也就回应了上述所论劳资关系是生产政治的集中体现。

3. 工人

工人的概念，是一个有着丰富演变历史的概念。对于它的定义可以从学术和历史两个方面展开。而这两个方面又是相互影响的，历史的发展不断影响学术领域关于工人的定义。

学术界多从阶级角度进行定义。马克思在《共产党宣言》中认为：无产阶级即现代工人阶级。1888 年恩格斯在为《共产党宣言》英文版加注解释：无产阶级是指没有自己的生产资料，因而不得不靠出卖劳动力来维持生活的现代雇佣工人阶级。马克思关于工人阶级的定义立足点是冲突论的，其理论预想是最终发展为无产阶级和资产阶级两大对立集团的斗争。但是随着自由资本主义转为垄断资本主义、福利国家的兴起、资本技术的发展，工人阶级出现分化，技术工人出现等级划分，中产阶级开始出现，而中产阶级的下层（白领工人）是传统产业工人的延伸，因此，不少学者认为工人阶级已经不是对立的了。而新马克思主义从劳动过程的技术分工、生产方式和社会形态方面延续马克思的阶级论视角，重新阐释了工人阶级存在的现实性。

赖特对于当前资本主义社会的阶层结构进行了细化分析①，他从是否占有生产资料、是否具有组织资产（与权威和等级相关）、是否拥有技术资产，将工人阶级分为具有半文凭资格的人、无文凭的管理者、无文凭的监管人员、无产者四类。我国国内也利用组织资源、经济资源、文化技术资源对于社会阶层进行了十大阶层划分，其中本研究的关注对象产业工人位居第八层。②③

在中国1949年以来的60多年间，工人阶级概念内涵和外延在不断发生变化。张伟认为新中国成立后的工人阶级主要指产业工人，在私有制改造完成之后、1978年全国科学大会、2003年中国工会第十四次全国代表大会三个时点上，工人阶级先后继续包括了干部和职员、知识分子、农民工，整体上呈现出外延不断扩大的趋势。④

基于以上各方关于工人的定义，结合本研究的理论取向。本研究工人概念是指在国有企业从事生产劳动的产业工人，具体地讲，就是结合赖特所定义的严格工人定义，同时针对中国个人身份档案制度的历史延续进行了限定。首先，全面计划体制阶段和改革的初期阶段、全面市场化阶段，工人群体的界定不包括档案身份是干部的工人；其次，在民营企业，包括毕业院校为三本、职业院校、技校的毕业生；再次，本研究对象的工人群体还包括特定阶段企业中“内退”身份的工人。在技术和管理层级上，本研究的H集团科层体系分董事长—总经理—车间主任或部门负责人—工段长—班组长，产业工人从技术等级上分为初级—中级—高级三类，通过初步调查可以认为，普通工人在科层等级上跃升为工段长以上（不包括工段长）、技术等级跃升为中级以上（不包括中级），普通产业工人就认为已经与他们有了质的区别。

① ［美］赖特：《后工业社会中的阶级》，陈心想译，辽宁教育出版社2004年版，第16页。

② 李强：《社会分层十讲》，社会科学文献出版社2008年版，第50、188页。

③ 李春玲、吕鹏；《社会分层理论》，中国社会科学出版社2008年版，第96页。

④ 张伟：《中国工人阶级60年》，《瞭望新闻周刊》2009年第18期。

（三）研究地点和研究方法

1. 研究地点的选择

H企业濒临渤海。公司的前身是一个有着50多年历史的全国最大的化工生产企业和作为国家“＊五”投资建设项目的亚洲最大的钙生产企业组合而成。公司性质是全民所有制企业。2007年，该公司共有职工16754名，除外地分公司职工，企业本部职工11571名。这个集团现为“全省重点培植的大型骨干企业集团”之一。集团现有资产总额148亿元，下设43个分、子公司和一个国家级技术中心，建有企业博士后工作站。公司产业主要集中在有机化工和无机化工两个产业领域，主要产品有四十多种，其中，三种产品产量居世界首位，两种产品位居亚洲第一，七种产品位居全国第一，是全国有名的生产和出口基地。2008年，这个集团完成营业收入227.1亿元，实现利税42.2亿元。除1997年、2008年极其个别的金融危机期间，总体上看，H集团企业业绩呈稳步上升趋势。该集团是所在A市Z行政开发区最重要的支柱性企业，集团全年税收贡献占当地财政收入的64%（2008年统计数字）。

笔者调查的H企业集团中有多家分、子公司，H集团公司下辖的一个子公司于1997年成为上市公司，H集团作为母公司对该上市公司控股。H集团公司主体部分于2009年9月被Z央企收购，回归国企身份。由于H集团进入央企时间不长，因此，对于H集团生产政治的考察截止到2009年其进入央企之前。本书的分析对象除H集团外，还将涉及其下属的一个分公司——W公司。W公司在2003年之前，属于H集团的一个分公司，于2003年改制成为民营企业，但是由于W公司在改制分离之前属于H总公司，因此在企业的产权构成形态、管理模式、组织结构等绝大多数方面和H集团具备共同的特征。但W公司自2003年成为民营企业从H集团脱离之后，就呈现出不同的改革发展路径。到目前为止，在调查地点，H集团与改制完成后从H集团脱离出来的民企W公司同时共存。这就为笔者对于他们之间进行比较提供了可行性前提和基础。

由于我国改革是政府主导型，而改革的历史变迁是渐进的转换，分别经历了计划体制阶段；计划经济为主、商品经济为辅和有计划的商品经济；全面建设社会主义市场经济等几个阶段。上述每个阶段的变革，在国企改革领域表现尤为突出。在论及生产场域的制度变迁内涵中注重对所有权制度改革的分析尤为必要，这是生产关系的核心。在车间政治转型的原因和宏观改革环境的关系中，产权一直是改革的中心领域，产权变化的实质是企业权力核心的变化①，是导致干群矛盾②、劳资双方发生变化的直接影响③。

为了对研究对象改革阶段进行比较，笔者根据国家对国企不同阶段的改革重点和政策取向，以市场化、产权改革的程度作为基础标准，大致做了如下划分。一、改革之前（1949—1978）：国企全面计划体制阶段（H企业）；二、改革初期（1978—1992）：国企改革初期阶段（H公司）；三、全面市场化阶段（1992—2009）：H公司回归央企；四、民营企业阶段（2003—2009）：W公司民营化。

2. 研究方法

根据本书的研究对象和研究目的，本研究整体上采用个案研究法。个案研究本身比较强调研究对象的独特性和典型性。本研究的对象H集团作为一家国有（国营）企业，经历了中国社会几十年的改革之前、改革初期、全面市场化阶段、改制后民营企业的每一个阶段，仍然有很强的发展活力。虽然是一个个案，但它并不是孤立的。作为社会和经济领域的最基层单位，国有企业会受到国家每一个阶段所实施的各项改革的影响。这样，我们通过一个个案，就既可以对其进行横向的静态的研究，也可以在历史的变迁中对其展开纵向的考察分析，并对各个阶段所发生的不同变化及其演进脉络进行比较研究。

因此，笔者采用个案研究法。我们可以通过H集团这个个案，来

① 平萍：《制度转型中的国有企业：产权形式的变化与车间政治的转变——关于国有企业研究的社会学述评》，《社会学研究》1999年第3期。

② 冯同庆：《工人阶级内部阶层的社会分化》，《中国研究》1997年第3期。

③ 李琪：《改革与修复》，中国劳动社会保障出版社2003年版，第284页。

把握国家、市场和社会宏观层面的变革对工厂领域的生产政治产生的影响，也能深入观察和分析工厂内部在外在结构力量的影响下，工人身份认同所受到的影响并呈现稳定、逐步散落、解体并重构的图景，以及在群际差异与分化、群体认同与群际冲突的形成中，劳动和资本之间的不平等关系结构的逐渐凸显和生产政治的变迁。在工人身份认同和生产政治的建构、形成和变迁过程中，不同的历史阶段和制度环境，不同的建构力量和建构机制，形成了各具特色的变迁形态，并导致了不同的结果。因此，在这个个案研究中，充分地进行建构关系和互动机制的纵向与横向的研究和比较，对于国有企业工人身份认同与生产政治的研究来讲，采用个案研究法，是一个合适的选择。

为了更好地展开个案研究，在田野调查中能够更深入、细致地了解、把握研究对象，笔者具体采用了以下几种收集资料的方法。

（1）访谈法：访谈作为质性研究的资料收集方法，是最为常用的一种方法。访谈可以看作一端是结构式访谈、另一端是开放式访谈的连续谱系。本研究需要采取“半结构的访谈”与“非结构化访谈”的形式，目的在于取得丰富的资料以及把握访谈对象的看法、态度与真实感受，并通过与访谈对象面对面的互动，在建立起平等和友好互动关系的同时，努力综合寻求调查对象的多元说法与观点，并努力达成对访谈对象表层观点下所蕴含的对经验世界所赋予意义的理解。

本研究访谈对象的选择首先是工人身份（依据前述对于工人的概念定义）。其次，由于身份建构是由当时一定历史阶段的国家和市场力量以制度等结构性方式加以影响，随之而来的权利、地位等身份内涵，群体特征、群际关系都是相对稳定的，因此，只要在笔者所划分的阶段内具备工人身份，就归为同质性身份。笔者依照年龄、岗位、单位等因素分别进行了访谈对象的选择，力争使工人访谈对象能包含更多的多样性。笔者于 2008 年寒假、2009 年暑假对部分访谈对象进行了试访谈和正式访谈，2010 年上半年进行了总为期 19 天的非结构式访谈，具体方法是与工人同时上下班、同时工作期间进行随机性对话，然后晚上或事后凭记忆整理访谈材料。这 19 天时间分布在两个半月的时间内。2010 年 9 月之后，在写作过程中进行了补充访谈。

在访谈对象的确定方面，笔者通过熟人关系采用“滚雪球”的方法选取，在试访谈的时候，由于熟人关系的熟悉性，笔者感觉很多资料难以深入挖掘，于是采用熟人介绍陌生人的方式，进行访谈。这样，就在一定程度上避免了调查地点的熟悉化所带来的问题。另一方面，虽然笔者对于这个地方非常熟悉，但是由于笔者的职业转换、外出求学等原因，离开这个调查地点已经有十多年，因此，笔者的调查是带着曾经熟悉的陌生人的立场和眼光来进行的。这既能在整体上熟悉调查地点的背景、脉络和社会交往关系，又能在一定程度上避免过分的价值涉入。从研究伦理方面来说，此处需要提及的是，针对不同访谈对象，笔者采取了公开身份和隐匿身份（实习学生）两种访谈方式，在与工人同上班的参与式观察期间，笔者多采用了随机、日常、开放式的访谈。

具体访谈对象编目如下：

访谈对象编号	性别	年龄	文化	具体职位
YYS	男	69	小学	退休老工人
WM	男	71	小学	农民
HJS	男	67	初中	退休老工人
JKW	男	63	中专	退休中层干部
WWD	男	58	初中	退休工人
YDJ	男	65	高中	退休干部，分厂厂长
WMH	男	61	小学	退休工人
ZDT	男	55	初中未完	退休工人
LZQ	男	48	高中	工人
LCP	男	45	初中	工人
LCL	男	40	技校	工人
ZKL	男	39	大本	公司人力资源部科长
STY	男	57	大学	公司副总经理
ZYJ	男	44	初中	工人
LM	男	45	技校	工人
LLG	男	35	自修大专	工人
LCZ	男	34	技校	工人
ZHG	男	37	高中	工人
ZYC	男	40	技校	工人
MQK	男	47	高中	工人

续表

访谈对象编号	性别	年龄	文化	具体职位
LYG	男	41	技校	工人
GMY	女	39	高中	工人
LYD	男	43	技校	工人
YYZ	男	47	大学本科	H 集团分公司改制负责人
YJ	男	48	初中	工人
JWL	男	57	大本	W 公司党委副书记
LYL	男	47	初中	W 公司工人
ZDM	男	46	大本	W 公司副总经理
WCY	男	43	初中	W 公司车间主任
WYT	男	33	高中	W 公司工人
CHS	男	31	大专	W 公司某车间副班长
YJQ	男	37	技校	W 公司工人
YFR	女	46	高中	W 公司某车间班长
WXF	男	46	技校	工人
SGL	男	41	高中	公司工会部门负责人
ZYD	男	35	技校	工人
JYT	男	34	高中	W 公司工人
LTY	男	39	高中	W 公司工人
YCG	男	25	高中	工人
ZHL	男	60	小学	退休工人
LXY	男	66	中专	退休中层干部
GFM	男	40	大专	W 公司人力资源部部长

在此，笔者对以后出现的访谈稍作方法论上的反思。一方面，由于本书的研究主题是身份认同，而且分布在个体、人际和群体三个互动层面，因此，采用访谈法能更好地了解个体的价值承诺和意义体认。另一方面，研究过程中涉及对于国企计划体制时期的资料搜集除了文献资料之外，通过深度访谈中访谈对象的叙事，是一个有效的途径，多采用经历计划体制时代的老工人访谈回忆资料进行分析。由于本研究涉及不同历史阶段，而身份认同又是主体的自我认知。对于不同历史阶段的身份认同，工人的认知、体验和表述会不同。但是对于过往历史阶段的身份认同，通过主体的回忆是获得资料的重要途径之一。当访谈对象对于既往进行回忆的时候，也会建立在其对不同历史

阶段的认同和比较的基础上，也就是说过往的回忆叙事不可避免地受到了近期或当下的影响。因此本研究对于身份认同的建构和影响因素的分析，除了工人主体之外，还有外部的宏观因素和社会互动中的他人，据此可以构成多方印证。同时，也要求笔者对于访谈的分析，时时保持醒觉和反思。

（2）观察法：由于笔者在调查地生活了多年。因此，本书很多材料得益于笔者在调查地对于调查对象的多年观察和积累。也就是说，笔者作为局外人有机会进入现场进行观察。2010年上半年进入企业与工人一起工作、一起上下班，是一个参与观察期。这种方法最大的困境在于如何保证观察所得资料的真实有效性，根据现象学的主体间性说，我们如何探知我们所理解的研究对象的言行就是行动者自身赋予的意义。在这个问题上，没有绝对的客观正确的“理解”，没有人能够彻底的排除自身的“前见”来理解研究对象。这要求研究者必须随时保持清醒的反思意识，随时察觉自身“支配性前见”在理解中的影响，并通过其他途径比如“三角印证”等方式进行对照。因此，笔者作为调查者来说，既有陌生人的眼光，又有本土文化的熟悉视角，这样既能方便进入田野，又能够脱身抽离开一定的距离进行较为客观的观察。

（3）文献法：本研究所选调查地点是一个有着几十年历史的国有特大型企业，自己拥有大型档案馆，多年来公司各类文件、报刊、档案都比较齐全。通过对于历史的文献梳理，本研究一方面可以把握事件发生的历史脉络和宏观的结构性力量的历史记载，另一方面还可以作为与通过访谈和观察所得资料进行对比印证的资料来源。

（四）研究的价值和意义

1. 理论意义

（1）本书将目前国有企业工人身份认同和生产政治结合进行考察，并对国企改革之前的全面计划体制、改革初期、改制后民营阶段等几个阶段进行纵向、横向的比较分析，以呈现一个更全面、完整的研究图景，以补充丰富目前国内学者对于国有企业生产政治研究的改制或破产前后的二元比较分析现状。

（2）对于当前的劳动过程理论和工人集体维权理论中存在的多种相互分散、多维的理论解释，本书力图通过身份认同的角度，对生产政治研究形成一个新的理论进路。

（3）本书通过身份认同的角度切入当前国企场域生产政治的研究，尤其是关于目前的工人群体维权事件，提供一个特殊的分析和解释视角，并从身份认同的角度为当前国企生产政治领域的微观社会秩序的整合提供一个尝试的分析路径。

（4）通过以上分析，对布洛维生产政治理论在中国国企场域的解释力进行考察。

2. 实践意义

目前国企改革过程中出现的群体矛盾和冲突日渐激烈，这无论是对于国企组织内部的微观社会秩序还是通过放大效应而产生的宏观社会秩序的整合，都有着重要影响。在目前的政治空间和约束条件下，寻求一条不同于阶级取向的身份认同领域的解释路径，通过身份认同的建构，群体认同的形成、分化，群体差异和冲突的消解与置换，群体身份的重构，超越性认同的再造，群际和谐的形成，对于上述生产政治所产生的社会矛盾和问题的解决，有重要的现实意义。

第二章　身份认同的缘起与生产政治的构型（1949—1978）

本章主要对中国国企工人身份的缘起和建构展开论述。在这一历史时期，国家从就业、养老、工资、福利等方面提供全方面保障，同时从意识形态方面进行了高度的政治定位，工人和管理干部两个群体之间的关系相对融洽，工人身份认同的资源满足、社会互动关系中的承认与优势，使工人对自我的“主人翁”身份认同积极、稳定，因此这种劳动关系不完全等同于“官僚专制型”生产政体，工人的身份认同缓解了干群之间的控制与支配的紧张关系。

在 1949 年之后，我国全民所有制形式的逐步建立、单位制的日渐形成，开启了国家对于城市社会的大一统全能控制时代。这些外部结构性力量建构了工人身份及其认同，这进一步型构了国家资本控制下的国企工厂生产领域中围绕着干群关系、劳动过程与生产控制等展开的生产政治形态。

尽管我国在 1949—1978 年之间，经济社会改革也在不停地尝试、推进，但相对于 1978 年之后乃至 1992 年伊始的全面市场化改革，笔者认为，1949—1978 年这一个阶段，我国国企仍然有着共同的特征，也就是社会主义计划经济体制时代的、以单位制特征为主的、国家大一统的全能控制。在下文的分析论述中，鉴于“文化大革命”期间国家社会经济秩序的混乱无序，因此，在此期间的相关事宜，笔者将不予讨论。

一 国家—单位：直接控制与建构性力量

（一）单位制的形成与国家全能控制

1949年之后，新中国百废待兴，如何快速、高效地建设一个新社会，同时建设一个完善的国民经济和工业体系，是一个亟待解决的课题。从1949年到1956年，通过采取没收、征用、代管、征购等方式实行了对官僚资本主义的接管，同时采用加工订货、统购包销、订购代销、公私合营等方式，对民族资本企业进行了改造。截至1956年底，基本实现了在全社会范围内对于资本主义工商业的社会主义改造。此外，我国"一五"期间，国家预算内总投资达到了531亿元，占全社会基本建设投资总额的90%以上。接管、改造、自我投资这三部分共同构成了新中国国有经济的主力军。① 这些国有企业，当时统称为国营企业，它们在资产上归国家所有，经营上也是由国家直接经营，由中央政府直接领导。因此，可以看出，当整个国家的绝大部分资源都掌控在国家手中的时候，依托于其上的整个国民生计、社会生活、组织形态、社会治理方式、生活生产资料的获取与配置也就自然要由国家统一管理、安排、设置和分配了。

国有企业的雏形源于革命根据地时期的经济、社会和文化组织，在新中国成立初期国企组织的形成是对革命时期的一种经验借鉴和制度创新，它们以各种形式遍布在共产党建设国家经济组织的各个公共部门，并随着党组织向一切社会组织延伸②。在当时的特殊历史时期，国有企业是国家要优先发展重工业战略的安排。发展重工业，就要集聚当时有限的资源，并进行高度集中配置，这就需要压低生产成本，

① 章迪城：《中国国有企业改革编年史（1978—2005）》，中国工人出版社2006年版，第2页。

② 路风：《中国单位体制的形成和起源》，《中国社会科学季刊》1993年第4期；《单位：一种特殊的社会组织形式》，《中国社会科学》1989年第1期。

但是如果发展个体私营或者零散商业，那就会极大地提高生产成本和监督成本，因此，要使生产成本、剩余动员、资源配置内部化解决，就需要采取国企的体制，而这样的思路和体制安排，又可以借用根据地时期的经验和组织资源，也符合共产主义意识形态。①

但是新中国的建设，不仅仅是经济方面亟须发展壮大。多年的半殖民地社会和战争，大量的社会无业和闲散人员，人口的膨胀、城市的萧条和经济的落后并存。在共产党把战略重点从农村转移到城市之后，面对混乱的社会局面，如何重建城市，实现社会生活的重新整合，也是必须进行的关键任务。因此，首先需要将社会资源动员和配置的权力掌握在国家手中，与此同时，在组织上形成了一个新的组织形态——单位制。而苏联20世纪30年代就形成的集体主义计划经济体制及其后来所形成的社会主义建设的成就，对于同一阵营的社会主义新中国来说极具样板效应。单位制的形成是共产党基于革命年代“根据地”的模式借鉴苏联模式的产物，是国家追逐现代化的产物，也是为了加强社会控制、动员和整合，从社会到单位意味着调控体系的重构。②

其实，在诸多研究中，单位制虽然是在特殊的历史环境和条件下形成的一种特殊类型的组织。但是单位制的精神特征，却是中国社会传统文化颇有渊源的表现。从文化角度看，单位制与中国传统的家国同构、城市治理有着千丝万缕的联系③，尤其是以皇权和父权为基准的传统“官—民”“臣—民”关系特征，所隐含的“庇护—依附”性在单位制的运作中，尤有折射。

通过以上论述可以看到，单位制的缘起主要有三个源头：中国传统文化的潜在影响、共产党革命根据地的经验、苏联的集体主义计划

---

① 林毅夫、蔡昉、李周：《充分信息和国有企业改革》，上海三联书店1997年版；林毅夫、蔡昉、李周：《国有企业产生的逻辑》，载《天则经济论丛（从计划经济到市场经济）》，中国财政经济出版社1998年版。

② 杨丽萍：《从非单位到单位》，博士学位论文，华东师范大学，2006年。

③ 刘建军：《单位中国：社会调控体系中的个人与国家》，天津人民出版社2000年版，第103页。

经济的样板。这三个方面，联合1949年之后的当时历史和现实条件，共同促成了中国单位制的形成。

关于单位制的研究，我国学界已经进行了充分的研究。总体上说，新中国为了强化对于城市社会的控制和整合，通过层层组织设置，形成单位体制，国家通过控制资源，分配到单位，大多数社会成员被组织到一个个具体的“单位组织”中，由这种单位组织给予他们社会行为的权利、身份和合法性，具体表现在资源分配、社会福利、社会保障、社会就业等各方面，单位制满足栖身于体制内部的人们的各种需求，代表和维护他们的利益，控制他们的行为。单位组织依赖于国家（政府），个人依赖于单位组织。同时，国家有赖于这些单位组织控制和整合社会，以经济资源为核心调控要素，以单位制为平台，实现政治、文化、意识形态统一性整合目的，使国家、单位和个体三者之间形成一种强制性嵌入和自上而下的“依附—控制”关系、“保护和束缚”机制，进而形成一种向上依赖、向下控制的全能性控制体制。①

在这样一种大一统的、无所不包的、国家全能控制的体制下，整个国家就是一个大单位，国营企业只不过是国家控制下的一种组织形态而已，而这种组织形态除了担负经济生产的职能之外，还担负起了整合城市社会秩序的功能，所有在此体制下生活的人们，服从国家的安排和分配，接受代表国家管理和分配资源的国营企业的管理和约束。这个组织的特征主要以上下纵向的行政科层等级化管理为主，极少有横向的互动和联系。

---

① 路风：《单位：一种特殊的社会组织形式》，《中国社会科学》1989年第1期；李路路、李汉林、王奋宇：《中国单位现象与体制改革》，《中国社会科学季刊》（香港）1994年第2期；李汉林：《中国单位社会》，上海人民出版社2004年版；王沪宁：《从单位到社会：社会调控体系的再造》，《公共行政与人力资源》1995年第1期；揭爱花：《单位：一种特殊的社会生活空间》，《浙江大学学报》2000年第5期；李猛、周飞舟、李康：《单位：制度化组织的内部机制》，《中国社会科学季刊》（香港）1996年总第3卷；刘建军：《单位中国：社会调控体系中的个人与国家》，天津人民出版社2000年版，第2页。

（二）单位组织内部的微观建构

上文论述了单位制作为一种经济社会组织方式的缘起和形成。那么，在资产归国家所有、生产经营归由国家直接进行管理的单位组织内部，国企工人对于自身的工人身份是如何认同的？他们怎样安身立命？

新中国成立之后，为了快速实现从农业大国向工业大国的转变，使国家在国际竞争中立足，国家制定了赶超型发展战略，以重点发展重工业为主。重工业需要资本的大量投入，面对资金短缺、积累不够、基础薄弱的局面，国家以法令形式在全国推行二元分割的城乡二元化的社会治理结构。城乡二元结构主要以户籍制度分割为核心。1958 年《中华人民共和国户口登记条例》的颁布，将城乡人口分为两大类：农业户口和非农业户口。依据这条分界线，不同户口类型的城乡居民分别在粮油供应制度、养老医疗等社会生活福利保障、劳动就业、财政投入等多个方面存在差异并向城市居民倾斜。那么在国企单位内部，同样基于赶超型发展战略的考虑，整体采用"高积累、低工资、低消费"的资源分配方式。因此，工人作为国企单位内部的成员，获得了国家所配置的"从吃喝拉撒睡到生老病死退"的全方位资源。

笔者所调查的 H 公司，是一个有着 60 多年历史的大型公司。1958 年开始建设，总投资 4200 万元，1960 年建成。60 年间，建厂初期共拥有职工 4046 人，由于其生产的是基础化工原料，所以依托于资源地而建。而这类资源性工矿企业的建设，是当时国家进行工业体系建设时期的普遍特征，只要是资源地，就可以开工建设，而不过分考虑交通、环境、依托大城市之类的条件。所以，建设选址以资源为第一要素，进而导致很多企业远离繁华的城市区域，为了正常的生产生活，这些国企的生产功能和生活功能是重叠的，所以，生产设施，生活设施（食堂、商店、浴室），居住设施（房屋以及相关的水电煤气供应、管理和维护），社会性设施（文化体育设施、教育部门、医疗卫生部门，比如广播站、电视台、报社、宾馆、电影院、公园、从幼儿园到高中、治安保卫）一应俱全。从摇篮到坟墓，"吃喝拉撒睡、生老病死退”，全部包括在内。

以上现象的存在，也是国家实行一元化全面社会控制的必然体现。整个社会被组织成为一个大单位，国企是这种单位体制的一种典型类型。国企不仅仅担负着生产物资产品的职能，还担负着在其内部生活的工人的社会生活和生存发展所需要的一切的供给。退休的老工人脸上带着满足的表情回忆道：

> 那个时候只要是进了国营企业，那就相当于进了保险箱，吃有商品粮供应，穿的一年四季工作服发放，穿不了的还可以给孩子穿；洗澡有澡票、理发有理发票、看电影有月票。手套、毛巾、肥皂等劳保用品也用不完……身体不舒服了，小病有卫生室、大病有外面的医院，他们和厂里联合，卫生室开转诊单过去，看完病记账，工人也不用花钱，反正都公费医疗，后来自己厂有了医院，就更方便了。那个时候各种福利都很好，生活用品基本不缺，虽然收入少，但是日子过得也不算很紧张，不像现在什么都得自己花钱买。(WWD，退休工人)

在全面计划体制下，没有其他个体或私营形式的工商业存在，无论是就业机会，还是住房、医疗、子女入学等等一切方面，都得依靠单位。可以说。离开单位，城市居民便无法生存。

> 那个时候只要是你进了厂，一般就很难调动了。一个人要是进了一个工厂，基本上就是一辈子，从年轻到老，有可能他的子女们也在那个厂里继续干。一个人，一张调令管终生。你要是看着别的厂里好，想调动过去，很难办。那个时候不时兴像现在似的，有跳槽这么一说，说走就走，说不干了就不干了。你不敢不干啊，你不干，你没了单位，你上哪里养家糊口啊，工作、户口、房子、福利、口粮供应、退休金，都在单位手里，想想这些，那个时候也很少有人敢走，离开单位，就相当于没了活路。那个时候，你就是出门办事，也得兜里揣着自家单位的介绍信，

要不然，没人敢接待你。（HJS，退休工人）

由以上可以看到，工人身份至关重要。从企业嵌入计划体制内部的身份角度出发来看，如果说国企是企业的身份属性决定了其在整个社会上政治和经济资源的获取，单位制企业所体现的政治和社会地位身份是计划经济赋予企业资源的制度设置，单位资源获取的多少体现在企业的行政级别上①，那么依照同一思路我们可以推断，工人在企业内部，也是凭依其身份而生存发展。这需要两个层面的身份：首先，必须获得非农业户口；其次，要获得在某一单位工作的机会。当然，这两个条件一般会同时具备。唯此，才能够进一步拥有工人身份带来的一系列权利和待遇。这是一种合约，是政府和个人进行交易和合作而订立的计划和约。② 合约双方规定了权利和义务，政府取得了支配个人劳动时间和人生的权利，承担了个人从出生到死亡的全部义务，包括就业、入托、上学、医疗等，个体承担了不能进行就业选择和不能自由支配自身的义务，换得终身永不失业的权利。在计划体制下，政府就是企业的实际所有者，因此，这个合约的约束力是强有力的。笔者认为，这份合约也是政府按照集体主义计划的模式对于社会进行控制、整合、治理的合约，而企业，恰恰是一种中介位置的组织，向上面对国家、向下面对个体工人。这也是计划体制下的强制性纳入管理的治理制度。因为除单位体制之外，城市居民基本无生存机会和资源以及其他选择。

对于城市居民而言，获取单位身份，就能生存和发展。我国传统观点认为，对于一个人生存发展的描述，常常用“安身立命”这个词来形容，其内涵通常被解释为生活上有着落、精神上有所寄托。笔者认为，国企单位内部的工人，同样可以用“安身立命”这个词来形容。如上所述，他们在国企内部，凭依工人身份获得就业和其他一

① 李新春：《单位化企业的经济性质》，《经济研究》2001 年第 7 期。

② 张曙光：《从计划合约走向市场合约——对国有企业改革的进一步思考》，《管理世界》2005 年第 1 期。

系列社会福利保障，而一个人的基本生存和发展获得了保障，对于其关键要素——工人身份，也就会进一步形成认同。

> 那个时候当个工人就是很自豪啊，出去当兵、招工、考学，都是农村孩子跳龙门的路子，一旦跳成，这一辈子的命运就改变了。农民那个时候还是大集体，集体参加劳动，挣工分，村里要是有个进厂当工人的，全村没有不羡慕的，找对象也好找，说媒的接着就上门。（ZHL，退休工人）

个体的群体成员身份或资格，对于个体来讲是一份社会心理实在，并具有认知、情感和价值意义。工人在企业内部获得了就业和生存机会，并在工作的过程中与他人（包括管理层、同事等）形成社会互动，同时在工作过程中，通过个人的努力获得企业和他人的认可，并形成社会归属感，也能通过行动实现自我价值，并对自我成就和存在的价值意义进行体验，并得到肯定和体认，这样就会形成相对稳定的身份认同。

二 工资福利、合同与劳动过程

（一）劳动合同与劳动力的再生产

城市居民一旦进入企业获得工人身份，就会得到一个稳定的工作岗位，企业和工人之间没有劳动合同，而是直接被国家所雇用，雇用期限是终身雇用制，企业没有权力随便开除或辞退工人。关于1949—1978年期间的国企治理结构，沈天鹰作了系统的梳理。他认为先后经历了民主管理委员会、一长制、书记挂帅、党委领导下的厂长分工负责制、党的一元化领导五个阶段①。这个五个阶段表面看似

① 沈天鹰：《国有企业治理结构畸形化及其矫正对策研究》，人民出版社2004年版，第48页。

不同的负责机制，其实无非是在行政领导、党领导还是混合领导之间来回游移，其背后是同一个国家意志。在传统计划体制下的国企，国家是所有资产的实际所有者，但是国家的产权所有者的角色是虚位的，因此，国家必须作为委托人把企业交给代理人，也就是企业负责人（党委书记和厂长）。这个委托代理关系不是市场化的契约关系，而是行政契约关系，代理人所要实现的目标是完成国家下达的计划任务和职工福利的最大化。[①] 其中，国家拥有绝对的产权，当代理人在进行企业经营管理的时候，国家在物资、计划、人事、工资等方面都拥有严格的控制权。这使企业负责人不能够随便辞退工人，这个“铁饭碗”极大地削弱了管理权威。只要在企业内部获得工人身份，就意味着国家会为工人提供医疗、住房、生活物资、子女入学乃至就业、养老等各类补贴，使工人在生活上基本无后顾之忧。这样，在单位制内部和国家的全面管理下，工人完成了劳动力的再生产。

但是在此之外，工人被紧紧地束缚在企业单位内部，无法自主流动，没有其他的选择机会，因为所有的资源获取渠道都在单位内部。这样就会使作为国家代理人的管理干部对于资源分配具有控制权，当工人没有其他获取资源的社会渠道而必须从企业单位内部获得时，就会形成对企业的组织依赖，对管理干部的依附，这两者以正式制度和非正式关系的方式交叉并存。也就是华尔德所论及的“庇护—依附”关系。这意味着，绝大多数劳动力的再生产都需要依托单位资源，在企业内部完成。至此，我们可以看到，布洛维的“官僚专制型”生产政体形态的理论观照也是比较符合以上论述的。

（二）劳动过程与生产控制

劳动过程中，管理层和工人之间的关系直接受到国家所下达的行政命令和生产计划目标的控制，而没有来自市场的力量。一方面，企业管理层与国家在任务目标额度、资源分配方面讨价还价；另一方面，企业管理层对工人也只有完成计划任务的要求和控制，而没有后

① 连雪君：《中国企业组织制度形态变迁（1949—2009）》（未刊稿）。

几章将要论述的面对市场压力、成本倒逼、工效挂钩所导致的严厉控制。以上两方面的共同特点，是无论对企业管理层还是对工人而言，都没有明确的、强硬的监督和约束机制。

1960年3月，毛泽东在中共中央批转《鞍山市委关于工业战线上的技术革新和技术革命运动开展情况的报告》的批示中，提出要实行民主管理，实行干部参加劳动，工人参加管理，改革不合理的规章制度，工人群众、领导干部和技术员三结合，即“两参一改三结合”的制度。随后的1961年9月16日，中共中央将《国营工业企业工作条例（草案)》（简称《工业70条》）在全国转发、实行。其中对“两参一改三结合”作了具体化详细阐述，并简称“鞍钢宪法”。可以说“两参一改三结合”对于在生产劳动过程中，工人和管理干部、技术人员之间的关系奠定了一个基调，虽然在当时的“反右倾”“大跃进”的历史阶段，后来出现了对于“鞍钢宪法”的极端化解释，但是鉴于在社会主义的意识形态定位中，管理者和工人都是工人阶级，都是劳动者。因此，“鞍钢宪法”所要求在工厂生产、管理中如何处理工人和干部、技术人员之间的关系，还是深入人心的。在H集团：

> 我们厂虽然建厂晚几年，但是“鞍钢宪法”还是很受工人欢迎的，那个时候干部也的的确确按照毛主席的伟大指示，和工人打成一片。想当初（1964年）厂子刚建成，基本生活设施还不完善，厂里的领导干部决不搞特殊，和工人吃住在一样的简易工棚里。……刚开始的时候，生产不稳定，领导黑里白里的在现场靠着，领导都不走，工人谁也不好意思走。每当生产任务紧张的时候，工人加班加点地干，哪个工人身体不舒服了、累坏了，车间里的领导只要工作允许，直接顶上就干。(YYS，退休工人)

在生产过程中，工人和管理干部尽管存在管理与被管理的区别，但是此外，共同参加生产劳动，使生产中这两个群体的互动又增添了新的内涵。生产流程、工艺控制是一个方面，管理干部“率先垂范、以身作则”的表率作用，对于缓和、融洽工人和管理干部两个群体之的差别和关系，也起到了一定的作用。劳动过程中的间歇性合作也使劳动控制变得并不那么严厉，而富有人情味。

> 那个时候每次遇到车间里生产或设备出了故障，车间主任、设备员、维修班长、维修工、操作工都会主动留下，什么时候解决了，恢复正常生产了，才回去。基本没有耍滑头、恐怕自己多干点溜走的。为国家、为集体做贡献，也为了车间和班组的集体荣誉，人人都是干劲十足。（WMH，退休工人）

> 那时候人的思想单纯，绝大多数都要求积极上进。管理干部对生产要求的时候，不像现在动不动就扣、罚、吓，而是做思想政治工作动员为主：“为了不让我们这个车间影响整个流水线的作业和产量，为了保证质量，我们得好好干，干好了，我们这群人自己脸上也有光啊，不能让别人瞧不起，说看谁谁谁或者哪个车间落后分子之类的话。”当然，严格的工艺要求和流程，还是要求工人要负起责任来，但是不像现在这么管理的严。（LXY，退休中层干部）

> 每次大修的时候，车间工人和技术人员当然是一线主力。但是车间里的科室人员也都参加到大修中来，虽然在工艺、维修、技术上他们不懂，但是他们会和工人一起从早到晚待在大修现场。干不了技术活，他们就送水的送水、做饭的做饭、贴标语的贴标语，有时候还组成宣传队演节目娱乐宣传。大修有时候要连续好多天黑白靠在现场，工人的衣服脏得不能穿了，破了，科室里的会帮着缝补洗刷。那个时候感觉工人和管理层关系还算可以。当然，这些活动过后，个人该干啥干啥，所以说差别还是有的。（ZHL，退休工人）

在当时的意识形态影响下，就国企单位内部生产政治关系而言，衡量人的标准是要求“又红又专、以红为主”，所以，大家政治上的高素质、思想上的正确方向和积极进步，要远远比技术、生产上的能力和素质更重要，而生产积极性、技术创新都是在这个指挥棒的带领下展开的。这样的意识形态也在一定程度上促进了在生产上工人的积极主动性。

> 现在回想起来，就感觉那个时候工人的工作积极性高，在厂里干活那可是实实在在的出力，争先进，为国家做贡献。不像现在很多人说的那样是虚的。现在说这个可能很多人不相信，但是我们那时候就是觉着精神上有股劲头，你说毛泽东思想的作用、实现共产主义的理想，可能都有点吧！（HJS，退休工人）

因此，如果说生产过程存在控制的话，以“工人是企业的主人”“全心全意依靠工人阶级办企业”这样的意识形态控制，是一个重要的表现。而对于这个意识形态中所定义的主人的内涵，通过国家所提供的福利、待遇等各个方面，工人也有更直接的感受，也比较认同自己的工人身份。

三 身份认同与群际差异：工人群体—其他群体

（一）工人群体

我国《宪法》明确界定工人阶级的地位：“工人阶级领导的、工农联盟为基础的……”在计划体制时代，宪法定位在国企单位工人的具体表述是：职工是企业的主人。这项关于工人在企业内部的定位，至少直到1978年改革之前，在各个级别、各类管理和宣传口径上没有发生变化。因此，笔者认为，这是从意识形态上使工人对自身身份形成认同的国家宏观外在的建构力量。而在企业管理中体现的则是工人的终身雇用制，甚至是其子女的“职业世袭制”（顶替），这样的独特待遇，也是由工人在整个国家的政治定位所决定的。

在H集团，工人群体的这个“自我”也是有区别的。1964年，该厂采用固定工、季节工、临时工相结合的用工方式。1966年对于季节工的使用期限，从原来的当年用、当年出的方式改为3年固定期限，而轮换工改为5年。这其中的原因是生产的扩展，需要熟练技术工，很多操作经验也得靠积累，所以，必须把既有的熟练工人的用工期限延长，以保证工厂生产、用工人员的稳定性和连续性。

在那个年代，工人内部因为企业的不同用工需要，形成了不同的用工身份，潜在地形成了工人内部的“身份分化”。这种分化的背后，是户籍身份造成的体制内部的差别，具体讲是工资收入、养老、医疗等社会福利保障的差异。为此许多人坚持干临时工，就为了等待时机转正。

> 那个时候要是能农转非，转成一名固定工，是农民最大的愿望。你想啊，每月发钱，医疗、住房都有希望，将来养老也有人管……所以，我那个时候不够条件也得干，只要在厂里，早晚会等到机会转（身份）。（YYS，退休老工人）

这背后，是相对于农民而言的工人身份所具有的优势，工人对这个身份是认同的。

除了因对于工人身份而带来的物质上的满足表示认同之外，工人对于前述国家关于工人阶级的历史定位和社会地位还是有所体会的。

> 那个时候，全心全意依靠工人阶级是社会的主流，工人无论是在社会上的经济地位，还是在政治上的荣誉，都不是现在比得了的。毛泽东思想要求为人民服务、大公无私、一心为公。工人是地地道道的搞生产建设的主力军，那个时候可以说每个工人心里都是亮堂堂的，干起活来就是一个目标，多做贡献啊。现在厂里评劳模，为争奖金打破头，那个时候也没钱没奖金，我们也争，靠什么争？不是靠给车间主任厂领导送礼送东西，就靠平常工作积极性，多做贡献，多出产品、出好产品，质量不能出问题。你争我抢赶先进，不为钱的劳动，这才叫真正的奉献。

……那个时候谁要是年底被评为先进工作者、劳动模范，那心里要比现在多拿两千块钱的感觉还要好，先进工作者的胸章挂上、奖状挂上，人见人夸。自己也觉得光荣！（ZHL，退休工人）

对于工人的政治地位和政治荣誉，使他们从工人这个身份上，获得了精神上的满足和自我价值感的体验。

（二）其他群体

1. 农民

身份形成于差异。新中国成立之后形成的城乡二元结构，在界定了工人身份的同时，在整个社会上只剩下两大阶级：工人阶级和农民阶级。抛开阶级的群体概念不论，相对于工人身份，农民成为实实在在的与工人截然不同、差别巨大的另一个群体。无论是收入、就业、社会保障、养老、住房，还是医疗、福利、生活物资供应、子女入学与就业等方面，工人和农民两个群体，都存在巨大差异，并且在个体发展、生活质量、自我实现等方面，呈现出一个等级差别，或者说层级的差异。这两个群体之间的差异，使每个群体内部的成员都意识到了彼此的不同，并看到了相互之间的差距、优势和劣势。

我们家当时有个邻居，媳妇在家务农，男人在工厂里，那穿着工作服、定时上下班、按时领工资，可让人羡慕了。就是家里人病了，医药费厂里都给出，过年过节还分东西……后来那个邻居家的二小子，直接顶替他去上班了。（WM，老农民）

工人身份的群体作为城市居民，拥有非农业户口，明显地看到了自己优于农民身份群体，这一群体也被农民称为“铁饭碗”“吃公粮”的。而农民身份群体的收入、养老、医疗、生活条件等诸多方面，让工人实实在在地感觉到工人群体的优越性。社会认同理论认为，社会行为均源于自我激励或自尊的评价，通过积极区分，因此个体会对自我归属群体给予高度积极评价，这会提高内群体认同和凝聚力以及成员自尊。工人对自我身份的认同感，在群际之间比较的基础上，就得以凸显。

行笔至此，我们可以看到制度性的分割所形成的工人身份、农民身份的两大群体之间存在巨大差异。而农民身份群体的存在，从另一个意义上促成了工人群体包含着自豪感的自我身份认同。

2. 管理干部

（1）工人阶级的内涵

张伟认为，工人阶级的概念是一个历史性范畴，随着不同历史阶段的发展变化，中国工人阶级在过去的60年中，其外延经历了三次扩展。① 在新中国成立之初：“工人阶级主要指产业工人，而机关事业单位、商业单位的劳动者被称为职员。当时我国劳动统计对职工的定义是职员和工人，显然把产业工人与从事脑力劳动的管理者区分开来。”“对私有制的社会主义改造完成后，中国进入社会主义社会，社会经济结构逐渐趋向单一，只有全民所有制经济和集体所有制经济，工人阶级相对人数和绝对人数都进一步扩大。工人阶级的内部构成日益丰富，管理阶层不再独立，而成为工人阶级的组成部分。相应地，这一时期的工人阶级内部阶层划分为干部和工人两种政治身份。这就是工人阶级的第一次外延扩展：干部、职员都属于工人阶级。”

如上所述，工人阶级的外延把管理干部也包括在内。但是这并不能否定在计划体制时代的国企内部，工人和干部之间身份的区别，以及因为这种区别而形成的群际差异。

（2）管理层与工人的区别

当国家把全民所有的资产委托给企业负责人之后，委托人和代理人之间的关系只有行政命令的关系，而缺少约束和监督制约机制，因此，在完成行政指令计划指标之外，企业负责人也会追求“货币收入、物质待遇、行政级别、上级表扬和奖惩、行政提升等方面”，因

① 张伟：《中国工人阶级60年》，《瞭望新闻周刊》2009年第18期。

此，企业负责人还有自己更多的利益目标要追求。① 而这些目标的实现所需要的机会、条件和资源，是企业负责人的管理地位所决定的。

> 要说工人和干部之间没有差别，那是瞎话。怎么说厂里的领导干部还是有些权力的，和工人肯定不一样。收入上、待遇上、住房上都不一样。……工人的孩子找份好工作就没多少门路，干部的路子就很多。……工人干得再多，也顶多评个先进工作者，但是干部管理得好了，车间的产量和任务完成的好，就会被提拔，所以你看，前途也不一样。（WMH，退休工人）

单位作为一种熟人社会组织，依托于中国传统的人际关系基础，单位体制内存在的非正式精英关系网和派系群众关系②、管理层和工人在权威互动之外的“面子”关系③、工人因管理干部拥有资源分配的垄断权力而形成了一种非正式的“庇护—依赖”（或称依附—支配）型的互惠交易网络④等观点，使我们看到，国企单位内部的权力等级关系是存在的，只是以正式制度和非正式的关系的方式运作着。

这就打破了前述管理层也归属工人阶级的一部分这一定位所形成的意识形态错觉。在支配关系上，虽然管理者没有权力随便辞退、开除工人，但是资源稀缺的计划体制时代，国企单位内部的资源分配对于一个普通工人来讲，还是需要通过各种正式和非正式的途径去争取的。这使工人和管理者之间的群体关系和群际差异得以保持和延续。

从生产政治的分析角度看，国家委托管理层以行政等级制的管理方式对工厂进行管理，但是如果从国家对于工人和管理层这两个层级

---

① 马建堂、刘海泉：《中国国有企业改革回顾与展望》，首都经济贸易大学出版社2000年版，第17页。

② 李猛、周飞舟、李康：《单位：制度化组织的内部机制》，《中国社会科学季刊》（香港）1996年总第3卷。

③ 路风：《单位：一种特殊的社会组织形式》，《中国社会科学》1989年第1期。

④ ［美］华尔德：《共产党社会的新传统主义》，龚小夏译，（香港）牛津大学出版社1996年版，第197页。

在工资、福利以及基于他们的政治地位的共同界定来讲，又会呈现出另外一个视角。

第一，工资与福利的差别。

H公司在1978年之前，一直实行等级工资制，整个企业内部实行干部、工人两个序列。干部序列分25级工资，1—25级工资额分别是41—261元，工人序列分1—15级，工资额分别是43—117元。通过以上数据我们看到，工人、干部两条线，一般干部和年轻工人差别无几，甚至工人的最低系列比干部还要高一点。

> 我们工人虽然和干部在工资上属于两个系列，但是无论是早先的8级工资制，还是后来的25级工资制，工人和干部系列的差别有是有，但不是很大，大家还能接受。在生活福利方面，工人和干部也有差别，但是那是国家规定的，你攀伴也攀不上，硬条件在那里摆着。再说了，涨工资论资排辈靠年限，这是死杠杠，谁也动不了。医疗费报销、年节上分东西都一样，当领导的也多不了哪里去。其他的像什么休假、探亲、疗养之类的待遇，还有小孩上学，领导干部和工人，都享有同样的权利，没多少差别。（YYS，退休工人）。

第二，政治地位的一致性。

虽然有以上差别，但是对于工人和管理层来讲，他们都属于国家对于工人阶级的界定范围。因此，政治上的一致性在二者之间的关系上，也有所表现。

> 那个时候工人对于领导干部的不正之风，还是敢说敢言的。社会上的主流思想是工人当家做主嘛，工人是企业的主人，你领导有毛病，工人有权在群众大会上指出来。要是工人同时也是党员，那在组织生活会上，也会以党员的身份提出来。当然，不排除当官的给工人穿小鞋，但是这还是少数。你比如涨工资这样的事，就不是领导一个人说了算的，硬条件摆在那里，给谁涨不给

谁涨，大家长年累月的都在一起干，都很摸底。所以，经过公开亮条件，党委、行政两委组织开会集体讨论等一些程序，才会公布。再说那个时候领导干部也大不敢搞不正之风，就是这些个干部心里，也都装着工人阶级这颗红心。尤其是“文革”期间，“狠批私字一闪念”，就是手里有权，也不大敢乱来。（LXY，退休中层干部）

基于以上所述，就需要我们对于国企单位内部的工人和管理干部层的关系重新进行思考。人们通过对自我所归属的群体和不同于自己的外在群体之间的差异进行比较，形成群际差异和群体认同。通过上述论述，我们可以基本断定，管理层群体和工人群体作为两种不同身份类属的群体之间是存在显著差异的。

四 小结

布洛维在其生产政治理论中，涉及劳动过程、劳动力的再生产、国家和市场对于劳动过程和劳动力的影响，并认为“官僚专制型”生产政体适合于分析国家社会主义的生产政治。结合生产政治理论，通过本章以上几个部分的论述，我们来对改革前国企生产政治的形态进行一下分析。

本章所讨论这一阶段，国家作为资本的最终所有者，对资源进行控制与再分配。因此，直接形态的劳资关系并不存在，而是在工厂生产场域表现为工人、干部和国家之间的劳动关系。如前所述，当工人对于自己的身份比较认同，并拥有很高的自尊感和满足感，当这一阶段的干群关系表现出相对融洽的形态，我们又如何认识华尔德的“庇护—依赖”模式和布洛维的“官僚专制型”生产政体呢？

我们认为，在“依附—庇护”之外，也有满足与认同，而且只有从认同的角度进行解释，我们才能理解为什么全面计划体制时期，工人对工作的热情和投入，也才能更全面地理解当时的生产政治形态。

（一）“主人翁”身份认同与“融洽型”干群关系

工人的身份认同是以下多方面因素共同建构成的工人主体自我的身份认同。

首先，国家通过无限期合同、全面的福利保障、工人和管理层之间的政治定位的一致性，以及意识形态的宣传与控制所形成的较为融洽的干群关系，使工人能够主动地投入到劳动中去。对于工人在劳动上的要求、很高的政治地位和待遇的界定以及思想上的“全心全意依靠工人阶级、全心全意为人民服务”的号召和宣传、鼓动，这三者是混合在一起的。其中对政治和思想上积极进步的要求是核心因素，这既可以解释工厂生产政治中，国家对于生产过程是如何让工人积极主动地投入劳动，并强化管理控制的；也可以解释工人是如何在对自我身份的认同中，获得了自尊自豪感，以及自我实现的意义和价值体验。这可以理解为布洛维所论述的“制造同意”的过程，但是这个过程的动力机制不是“赶工游戏”，而是通过意识形态上的定位、内化，并成为工人自觉的劳动投入。在这个过程中，工人身份认同，即包括了物质上的满足、群体的归属，也包括了自尊、自我存在的意义感、自我实现的价值体验，以及对自我身份的自豪感。

其次，通过以上几个部分的论述，我们发现，管理干部有资源的控制和分配权，但是对于劳动就业、生产过程控制等方面，没有多少权力。因为工人的“铁饭碗”是整个工人阶级的政治地位所决定的。进一步看，这个包括工人和管理干部在内的工人阶级定位，也在一定程度上起到了连接、协调、黏合这两个群体之间关系的作用。在群际差异和分化方面，工人与干部之间的收入差距并不是很大，而且关于福利、住房、医疗、养老等方面，基本政策面上都是比较一致的。在劳动过程中，管理和劳动的交叉参与和共同行动，也在群际差异之外，塑造着他们之间一些共同的基础。所以，工人和管理干部之间的关系，相对现在而言还算比较融洽。这样就可以解释因为工人对于自我身份的相对高度认同的存在导致了生产政治关系的基本融洽。

综上所述，笔者认为改革之前的工人身份认同是对“主人翁”身份的稳定认同，其中包含了资源获得的满足、身份的归属和群体定位的政治一致性、自尊和自我价值感和意义的体验，而工人和干部之间的关系是一种“融洽型”的。

（二）身份认同与生产政体的构型

身份认同，一方面稳定了这一阶段生产政治的形态，另一方面又构成了改变生产政治的未来潜在力量，这均基于工人的主体。而无论是华尔德，还是布洛维，他们都是从社会互动关系的结构层面来论述国家社会主义企业内部的生产政治形态的。

华尔德认为，工人对于企业形成了在社会和经济上的依附、对于工厂领导形成了在政治上的依附、对于直接领导人形成了个人依附。[①]但是通过以上的访谈和论述，我们认为工人作为行动主体，他们对于自我身份的认同是无法忽视而不能不加以考虑的。虽然华尔德在其论述中也提到在“权威的制度文化”中，人们对于权威的默认、习惯性承认是“最让人费解的”[②]，但他随后并没有对其加以关注，因为其理论关注的核心在于共产党社会的新传统主义中那些不变的、结构性的存在。随后他认为工人队伍内部的“施恩回报”关系把“工人队伍的整体从社会和政治层面都割裂开来”。他的意思是指工人阶级身份的一致被“施恩回报”关系割裂，然后无法改变生产政治关系。这其实在一定程度上夸大了上述割裂影响，并忽略了工人身份认同所构成的对于生产政治的影响。也就是说，华尔德认为“庇护—依附”关系分化了工人一致行动的可能性，但这只从制度性结构关系的角度解释了生产政治的无法改变，却忽视了工人主体的身份认同所导致的较缓和的干群关系。只有从更具主体能动性的身份认同出发，才有可能更丰富地解释生产政治的维系。

布洛维想要揭示的是为什么在劳动和资本的阶级斗争中，工人没

---

① ［美］华尔德：《共产党社会的新传统主义》，龚小夏译，（香港）牛津大学出版社1996年版，第15—22页。

② 同上书，第25页。

有积极地形成抗争行动，在通过“赶工游戏”“内部劳动力市场”“内部国家”解释了资本通过制造“同意”让工人主动参与到劳动和资本的关系中来之后[①]，他就集中力量分析“生产政治”，并通过类型化比较建立了生产政体的分析框架。但是，对于“同意”及其建构力量的分析，不能够用来替代对中国国企不同改革阶段“工人身份认同”的分析。工人身份认同存在与否，一方面能够凸现于生产政治关系中，工人作为行动主体的状态；另一方面，当改革的外部环境和制度等结构性力量改变了工人的身份认同，工人同样可以通过行动否认、反对虚假的身份认同，寻求新的自我身份认同。在本章身份认同的意义上，布洛维的“同意”解释了工人为什么没有产生行动的原因，但是身份认同还蕴含着改变和行动的可能，也就是工人寻求新的“身份认同”能够生发出改变劳动和资本的关系、改变生产政治形态的行动可能。而这需要在后几章劳资关系历史的动态变迁考察中探求身份认同与生产政治的互动轨迹。

简言之，“官僚专制型”和“庇护—依赖”模式所关注和解释的主要是，工人在生产政治中是如何被控制而处于弱势的。但是，身份认同却在很大程度上影响着生产政治关系形态，并在一定程度上缓解了工人被支配与控制的不平等程度。这两种分析的侧重点在不同历史阶段的此消彼长，改变、重塑着国企的生产政治关系。“庇护—依附”关系、劳动过程中的“同意”都不能掩盖，甚至替代身份认同的解释。随着历史的展开，当国家“隐退”、市场形成并介入、国家与市场在工厂生产政治中的关系发生转换和变化时，工人对身份认同也进行转换，进而可以推动生产政治的转变，而那时，身份认同的解释力将有更大的空间。

（三）劳动关系

无论我们对于工人在全面计划体制时代的身份认同进行多么详细的描述和分析，这始终是工人对自我的身份认同，也是对与管理干部

① ［美］布洛维：《制造同意》，李荣荣译，商务印书馆2008年版，第87—121页。

群体有所区别的自我内群体的身份认同。在政治定位的一致性背后，在政治意识形态的一致性的朦胧身影中，在劳动过程、劳动合同“铁饭碗”的低度控制的缝隙中，我们依然需要看到管理层作为国家资本的委托代理人对单位资源的分配权的掌控和把关。虽然工人作为劳动力投入到生产中去，但是劳动力的再生产却是由企业提供近乎全方位的福利供给和生存保障来完成的，而且生产的目的也不是资本的增值。“劳动的组织过程不仅仅是把原材料变为产品的过程，也能产生政治和意识形态的影响，并形成一种特殊的社会关系”。[①] 这种劳动关系中，仍然存在管理群体和工人之间因生产而形成的基于管理与控制的生产关系，只是这种管理与控制的来源不是市场和资本的动力，而是国家指令性计划和行政指标任务的要求。因此，在这些关系的背后，可以说，工人和管理干部之间的关系并非纯粹的劳动和资本之间的关系，而是一种劳动关系。

① Michael Burawoy, The Politics of Production: *Factory Regimes under Capitalism and Socialism*, London: Verso, 1985, p. 7.

第三章　身份认同的延续与生产政治的初变（1978—1992）

本章论述改革初期国企工人身份认同的延续和生产政治的初变。改革启动，国家在退出，市场机制在渐进性地进入企业。国企内部，国家对于劳动合同、工资、养老、住房、医疗、教育等社会保障和福利基本上还在提供，这些作为工人身份认同基础的物质资源获得仍相对稳定，相对农民而言，工人的身份优势犹存，这些因素共同致使工人身份认同的相对稳定，但是企业内部的改革开始通过厂长经理负责制和承包责任制赋予管理层更多的权力。由于劳动过程中的支配与控制的强化、分配的不公，导致工人和干部群际之间的差异日渐明显，并形成工人“内群体”的认同和管理干部“外群体”的分化，二者关系呈疏离化，工人的身份在相对管理层的社会互动关系中，日渐成为“干活的”、被支配与控制的对象，也就是获得不了对方的承认，身份认同的自尊感、价值和意义体验在降低。总之，由于改革在不同领域、不同层面的局部试点型推进，工人一方面保持相对稳定的身份认同，但劳动过程中的“主人翁”身份开始松动，另一方面干群之间开始分化，群际关系出现裂隙。因此，这个阶段的生产政治在慢慢发生变化，生产政体形态属于一种“过渡型”。

中国国企改革进程是从 1978 年开始的，先后经历了局部改革、全面改革的不同演变阶段。这个过程是和整个国家的社会改革总体并行的。这场至今已经 30 多年而且仍在继续的国企改革涉及管理结构、组织形态、人事制度、社会保障福利分配、产权改革等多个领域。但是在这 30 多年的过程中，全面改革是从 1992 年开始的。为了更好地分析在不同改革阶段工人身份及其认同的变化，笔者将以 1992 年全面建设社会主义市场经济为分界点，把分析时点分为前后两个不同的部分：初期改革阶段和全面市场化阶段。

本章将分析1978—1992年这个阶段，随着国企改革的初步展开，当外部条件发生变化的时候，国企工人的身份认同又发生了怎样的变动；这些变化与国企内部的生产政治形态，形成了怎样的互动关系，并影响了生产政治的变迁。

一 向市场迈进：宏观制度变革与改革实践

1978年之后的改革对于整个中国社会来说，实际上是新中国成立60多年来迄今为止最关键的转型，学界将其称为前30年和后30年改革的关键节点。因此，它对于整个社会的发展都起着决定性的作用。当我们把眼光收近，聚焦到国企改革领域的时候，能够看到，在30多年的改革中，国企是这幅历史画卷中的浓重一笔，国企领域的改革是关键中的关键。

总体上看，从“以阶级斗争为纲”转变为以经济建设为中心，这样一个大方向的转变，在国家宏观意识形态的层面上，已经成为国家各项改革的指导思想。1978年开始，从学界到政府，总体上认为国企内部活力不足、机制不灵活、国家控制得太多、党政企不分、缺少积极性、低效率、没有强有力的监督约束机制、冗员过多、社会包袱过重，等等，因此对于国企的改革势在必行。国企的改革需要从管理机制、组织结构、用工制度、利税分配、物资交易、定价机制等多个方面进行系统配套的改革。面对诸多问题，国家在改革的过程中采用的却不是“一揽子”式的解决方案，而是逐步、渐进的摸索、试点、放开的方式。

在国家宏观指导思想的层面上，我们也会看到改革的指导思想逐步变迁的过程。起初是“计划经济为主，市场经济为辅”，后来转变为“公有制基础上的有计划商品经济”，再到最后逐步转变为“社会主义市场经济”。通过以上路径的演变，我们可以看到，从计划到市场，国家宏观层面对经济建设的意识形态指导思想中，市场的取向逐步向改革的中心移动，而市场取向改革的合法化也就在这个过程中慢慢确立。本章论述的仍然是1992年之前的国企改革的初步阶段。

在全面计划体制阶段，国家就是企业的所有者、经营者，国企只是国家整体计划下的一盘棋中的棋子，走哪一步、如何走，都要在国家统一行政命令的指挥下进行，而基本上没有多少自主权。恰恰是因为这种基本上由国家直接控制和经营的管理方式，使国企除了完成指令性计划和任务，缺少了自主发展的活力。因此，处理好国家和企业的关系，是改革的重要举措之一。

（一）直接干预的松动："拨改贷"与"利改税"

首先，自1980年开始，国家试行"拨改贷"，到1985年开始在全国范围内全面实施。为了改变企业生产经营资金由国家划拨而导致企业没有成本意识的问题，不让企业再吃"资金"大锅饭，国家决定改拨款为企业从银行贷款，这就改变了传统计划体制下国家对企业统收统支、统负盈亏并承担无限责任的关系。在实行"拨改贷"以后，企业除了要向国家上缴利润外，还要向银行偿还贷款利息和本金。

笔者所调查的H公司在1983年的建设中，就面临了这一问题。当时整个新项目的筹建需要6个亿，本由国家全额拨款建设，但是由于中央实行了"拨改贷"政策，所以国家只提供1.2亿元的财政拨款，其余部分由所在省来解决，H集团从此面对偿还银行4.8亿元贷款的债务负担。这是国家实行政企分开的国企改革中，从资金层面斩断和企业关系的第一步。

从国家和企业的关系来看，国家在资金划拨方面抽身而出，国家一方面接受企业上缴的利润，却并不负责银行的还款；另一方面，企业需要向银行借贷，而国有银行商业化的改革并没有跟上，银行仍是归国家所有，因此，企业的呆、坏、死账，最后还要由国家来担负。我们已经看到，国家与企业的关系出现了分离，那么二者之间的关系表现为，"拨改贷"后国家的财政收入不再需要无偿划拨，但是却可以获得企业的不断上缴的利润。

1983年、1984年国家又先后分两步实行了"利改税"，其目的主要有两个，一是国家为了保证财政收入的稳定均衡，二是划分清楚哪些是企业留成的可支配界限。这也是调动企业积极性的重要举措。这两项改革，在国家与企业的外部框架上进行了厘清，相对于全面计划体制下的国家从资源、人事全方位的包揽和控制是一种变革，这也同时预示着企业内部的配套变动势在必行。

根据布洛维的生产政治分析框架，如果说上一章所述的全面计划体制时代的国家控制是全面的铁板一块的话，在此我们看到了国家与企业关系的松动。国家不再从资金到人事、生产经营等方面实行严格控制，也就是说，国家对于企业的直接干预在逐步减弱，这将会逐渐对生产政治的改变产生影响。

（二）权力凸显：企业自主权与厂长经理负责制

1978 年 12 月，中国共产党第十一届三中全会确立了“简政放权、减税让利”的基本改革思路，随后在四川省选择了六家地方国营企业进行“扩大企业自主权”的试点。这次改革的主要内容是：逐户核定企业的利润指标、规定当年的增产增收目标、允许在年终完成计划后提留少量利润，作为企业的基金，并发给职工少量奖金[①]。改革试点取得了巨大成功。随后这项改革逐渐在四川全省乃至 1981 年在全国全面推广。这项改革举措的重要性在于通过赋予企业自主权，实行和提高利润留成，以激发企业和职工的活力。

扩大企业自主权和厂长经理负责制是并行改革的。1982 年 1 月 2 日，中共中央、国务院下发了《关于颁发〈国营工厂厂长工作暂行条例〉的通知》，明确界定：工厂实行党委领导下的厂长负责制，厂长是工厂的行政负责人，受国家委托，负责工厂的经营管理。生产经营方面的事情，由厂长全权决定。

1983 年 4 月 1 日，国务院颁发的《国营工业企业暂行条例》中对于企业的法人地位做出了明确规定，企业是法人，厂长是法人代表。企业有权对其所经营的国家财产依法行使占有、使用和处分的权

---

① 章迪城：《中国国有企业改革编年史（1978—2005）》，中国工人出版社 2006 年版，第 17 页。

利。同时规定还确定了企业所拥有的15项经营自主权，涉及关于工资形式、分配奖金、安排福利、选录和奖惩职工、任免中层干部等方面。1984年10月20日《中共中央关于经济体制改革的决定》，明确了要实行单一的厂长（经理）负责制。

1984年5月10日，国务院发布《关于进一步扩大国营工业企业自主权的暂行规定》，这项规定进一步扩大了企业自主权的范围，包括经营计划、产品销售、价格制定、物资采购、资产处置、人事劳动、工资奖金等十个方面。企业自主权进一步扩大，而之前全面计划体制时代开除职工的权力也被列入其中："厂长（经理）有权对职工进行奖惩，包括给予晋级奖励和开除处分。"

> 虽然说厂长手里有了开除工人的权力，但是大家都是多年的老同事，进厂当个工人、办个农转非，多么不容易啊，而且那个时候不论是工人，还是厂领导，在政治觉悟上都还算基本一样，所以像开除这么严重的惩罚，基本不会发生。只有那些严重犯了错误，或者打架斗殴、寻衅滋事有流氓行为的人，才有可能被开除。……但是说到家，既然政策上规定了厂长有权力开除工人，那么谁要是违反了厂纪、得罪了人，被开除的话，也就没话可说了（退休工人，WWD）。

这样的制度界定，导致了现实中不少厂长（经理）管理工作独断专行，以权谋私。

> 那个阶段，工厂里实行厂长负责制以后，一把手的权力越来越大，他可以对人员和资金进行自由支配。H集团那个时候还没有成立，国家对企业实行"拨改贷"以后，厂里缺资金，就拿新项目的待产产品预售，换资金搞投产，这个时候基础化工原料市场还没完全放开，批条子倒手赚差价是常事，这样的权力都掌握厂长手里。厂长都能辞退工人了，谁还敢对不正之风说这说那啊！（JKW，工厂退休中层干部）

1991年9月，时任国务院总理李鹏在《关于当前经济形势和进一步搞好国有大中型企业》的讲话中，重新提出：“充分发挥党组织的政治核心作用，坚持和完善厂长负责制，全心全意依靠工人阶级。它们是相辅相成的，要把企业建设好，这三者缺一不可。”至此，企业内部的领导机制又变成了“厂长是行政核心、党委是政治核心”。但是，这样的情况并没维持多久，1992年7月，《全民所有制工业企业转换经营机制条例》在强调上述规定之外，又补充规定主张党政领导可以交叉，一人担两职，“厂长经理一肩挑”反而更加剧了权力的无人监督。

通过对以上系列政策规定的引述，我们会发现，厂长（经理）负责制的重心一直没有变化，而且越来越重要。并且在厂长、党委会、职代会的三个权力主体的关系中，厂长是第一位的。至此“一厂之长、法人代表、处于中心地位、起中心作用”的企业负责人的身份定位已经形成。我们如果把厂长经理在这一改革阶段的权力和地位与他们在全面计划体制时代的权力和地位作比较，可以发现截然不同。之前，厂长在企业内部的权力从范围上看，没有现在这样广泛；从权力的力度上来说，没有这样深重；从地位的重要性来说，党委始终是核心领导。之前厂长的主要工作就是管理好企业的人、财、物，并带领职工共同完成上级要求的计划和任务，并保证职工的工资福利待遇。但是在这个改革阶段，厂长的权力是最大的，地位是最核心的。

面对逐渐扩展的企业自主权，日益集中而又无人监督的企业负责人党政权力集于一人的现状，在国企单位的生产政治关系中，这个群体及其所任命的中层管理干部，日益成为一个与过往全面计划体制下不一样的群体，也日益成为一个有别于工人的“当官的”群体。在接下来讨论工人在这个改革阶段所受到的影响及变化之前，我们先来考察一种重要的企业经营机制的转换。

（三）承包经营责任制

1987年3月，第六届全国人大五次会议通过的《政府工作报告》提出“为进一步完善企业经营机制，根据所有权与经营权适当分离的原则，认真实行多种形式的承包经营责任制”。至此，国企改革从放权让利发展到承包责任制。这项改革的推行，“引进了人才竞争机制、引入了风险机制、引进了联合机制”，“截止到1987年底，我国大中型国有工业企业中，实行多种形式的承包经营责任制的企业占到了82%”①。

这项改革举措的基本原则是“包死基数、确保上缴、超收多留、欠收自补”。目的是让企业做到自主经营、自负盈亏，并能同时兼顾企业、国家、经营者和生产者利益，调动企业和职工的积极性。但是在推行过程中，企业短期行为严重，追求收入最大化。

> 当时流行的改革说法就是搞竞争，能者上。每年开大会的时候，就能看到谁谁竞聘上了，承包了哪个分厂、哪个项目。然后总厂领导和他们公开签每年的承包合同。……话说回来，也的确有能人，把个厂子搞得红红火火，完成任务好、上缴利润多、工人也挣钱多，上下叫好。当然，承包人完成任务，肯定拿的最多。……其实很多时候，谁能承包，全靠和上边关系好，谁和领导有关系、走得近，谁就能承包。……厂子都是国家的，你只需要领着一帮人干，多劳多得，谁不愿承包？（退休中层干部，LXY）

当国家把企业承包给承包方后，企业产权依然不明晰，资产究竟归谁所有的问题依然存在。如何解决这个问题，就是全面市场化阶段的改革任务了。

二　劳动过程、工资、合同与福利

（一）劳动过程中的权威与控制

1. “一把手”的核心地位

第二章我们曾经讨论过，由于全面计划体制时代的国企缺少强硬

① 章迪城：《中国国有企业改革编年史（1978—2005）》，中国工人出版社2006年版，第178—179页。

的预算约束，盛行平均主义的“大锅饭”，而且“又红又专、以红为主”的政治至上的意识形态思想占主导地位，因此，企业负责人对于企业内部的生产管理并没有强有力的权威。但是通过上述部分的论述，我们发现，在本章所论的改革阶段，企业自主权的扩大，一方面提供给企业负责人（厂长、经理）更加广泛、更有力度的权限，另一方面，也给了他们更多的激励去完成生产任务。

这就意味着厂长及其任命的中层管理干部在工厂生产中，越来越有可能把降低成本、提高效率作为其管理决策的出发点。而对于生产一线工人的管理，就是首当其冲的。

企业利润留成的目标指挥棒，使企业管理者把目标逐步分解，以经济责任制的方式层层落实到各个车间、班组、岗位，并进行严格细致的考核。而这套管理规程是在全面计划体制时代少见的。这就必然提高生产过程中的管理控制强度，所以，生产目标的推行、实现和生产过程中管理权威的树立是同时进行的。

> 这个时候和20世纪80年代以前在工厂里干活相比，大不一样了。车间里、班组里管得越来越严，经常有生产任务完不成，真扣钱。那个时候工资收入也不高，一扣就心疼，就得使劲干。车间里那些搞管理的，也越来越严了，有时候想想，他们也是没办法，一级压一级，厂长逼他们，他们就对工人严。（WWD，退休工人）

> 在厂里厂长是一把手，在车间里车间主任是一把手，生产、岗位安排、发奖金、评先进，大事小事都说了算，谁不听谁就试试看。工人有些不满的，有意见的，也不会提，提了说不定哪天就找个理由给你“穿小鞋”，扣点奖金、调个差岗位，都很现成。（退休工人，ZDT）

2. 承包经营责任制与管理控制

承包经营责任制这一改革措施的首要目的，就是要提高企业和职工的积极性。但是，通过对其实施过程的分析，我们会发现，首先是国家作为发包人和承包人签订承包协议，所以，直接责任人是承包者而非国企工人；其次，承包者的首要目的就是要在承包期内尽可能地产生更多的效益和利润，这样他就会在去除各类生产成本和税赋，以确保定额承包任务之后有更多的剩余，而他作为企业负责人来说，则拥有对这些剩余的支配权。这就会使承包人在经营过程中出现短期行为。他一方面会在有限时间内提高生产设备的运转效率，这样他就可以减少固定成本的均摊，并实现规模效益。生产设备的运转，直接导致了第二方面，即对作为生产劳动者的工人的管理和控制的强度，延长工时、压低计件工资，是普遍存在的问题。

原来厂子有个配件机修车间，有几十台机床，我记得有一段时间是被承包出去了，说是除了厂里的活，还可以接社会上的加工维修活，只要年底交够承包数就行。那个时候活可多了，白天干不完晚上加班赶，反正承包的说多给加班费。其实承包也好也不好，虽然能多拿些钱，但是相对于老板来说，我们那点都不算什么了。……关键是那些床子，超负荷运转，该换的不换、该修的不修，那毕竟是公家的财产，我们这些老工人，看着就心疼，但是也没人管。（WMH，退休老工人）

那个时候，谁要是承包了，谁就说了算。他们每年都和总厂签订任务，任务完不成，他就拿不到更多的钱。他签的任务目标越高，他就拿钱拿奖励越多。但是生产任务谁来完成，还不是一线工人拼命干才行。……有时候到了最后几个月，完成不了任务了，就经常加班。我们那个时候加班费很少，又不能不干，今天不好好干，明天就找碴。……这个人啊就是这样，一承包，就好像这个企业是他家的，管起工人来，和资本家没啥两样。（退休工人，ZDT）

通过以上分析，笔者认为虽然还没有进入全面市场化的改革阶段，但是生产过程中的管理控制和管理权威已经树立并逐渐加强，这相对于全面计划体制时代而言，在生产政体内部，国家已经通过主动的改革，以激活国企经营活力、提高效率为目标，赋权给企业领导层和管理层，加强了对工人的控制和管理。在劳动过程中，工人作为劳动者，是与劳动对象密切结合的关系。生产任务目标在资本追逐利润目标的驱使下，使工人相对于全面计划体制下的劳动而言，在被管理、控制和劳动强度方面，都增加了强度和力度。

我们可以纵向稍作梳理，从扩大企业自主权、厂长（经理）负责制，到承包经营责任制，扩大谁的自主权、树立谁的权威、确定谁的领导地位、把企业承包给谁，这些都很明确。但是，作为企业劳动主体的工人，在这个过程中，又发生了怎样的改革呢？

（二）劳动合同、工资、福利

如前所述，由于企业自主权的不断扩大，国企工人所面临的是不同于全面计划体制时代的新形势。笔者将从劳动合同、工资、福利、职代会与工会四个方面展开论述。

1. 劳动合同

在之前的全面计划体制下，工人在国企单位体制内的就业是稳定的终身聘用制，一般不会遭遇被辞退或者开除的风险，那是由宪法中所界定的工人阶级政治地位所决定的。但是，1978 年改革之后，到 1992 年全面市场化之前，这个终身聘用制的关系却面临着越来越大的风险。因为对于国企的改革思路，其中很重要的一部分就是国企工人的“铁饭碗”，“干好干孬都一样、反正企业也不能随便开除我”的意识，极大地影响了生产积极性和生产效率，因此，“铁饭碗”是涉及国企工人利益改革的首要目标。

1982 年，我国开始在全国九个省市实行劳动合同制。到了 1986 年 7 月 12 日，国务院发布了《国营企业实行劳动合同制暂行规定》《国营企业招用工人暂行规定》《国营企业辞退违纪职工暂行规定》《国营企业待业保险暂行规定》四项规定。这四项规定，对于签订合同（无论长期工、轮换工、短期工）、招工录用、解除合同与辞退、待业救济金等问题都作了明确规定。这可以看作是为改变国企工人"铁饭碗"迈出的第一步。但是，从实际执行过程中看，虽然签订了合同，但是这份合同的签订更像是一份形式化的手续，是对于国家政策规定的遵守和执行。

> 原来只要是进厂成了工人身份，就是旱涝保收的"铁饭碗"，到后来上边又说要打破铁饭碗。厂里和每个工人都签订合同，我们工人心里想，签就签吧，我干了这么多年了，又不犯错误，你可不能说开就开，说走就走。所以，那个时候我们签合同的时候，说实话，合同都有些啥，连看都不看，签了名字就走。……其实，厂里也真没有随便和哪个工人开了的，凡是被开的，都有特殊原因。一句话，只要你是正式工，就不怕签合同。……到期再续签就行啊！（退休工人，HJS）

1988年，在H公司，国企工人的用工形式有固定工、城镇合同工、农村合同工（或称临时合同工）、零工四类。这四类的收入和待遇还是不一样的。

> 我那个时候还是农村合同工，你不知道农村孩子要是在工厂里有份工作是一件多么重要的事。我当时已经在厂里干了四年了。那个时候厂里不定期地招工，但是一旦招工就从已经干了几年的工人里选。所以，那个时候和他们正式工比，工资基数低，没有补贴、没有取暖费、防温降暑费，除了奖金之外，就剩下干巴巴的那点工资。虽然收入不一样，但是干的活一样。就是这样，也得继续等招工。因为一旦招工，就可以转正了。只要转成正式工，工作稳定了，那以后基本不用愁了，所以，我们这些农合工，得好好干、使劲干，表现好，就有机会……当时工人之间交往感觉不到差别，就是到了发工资的时候才有感觉。但是临时工和我们还是有区别，因为他们是干多少活、拿多少钱，干一天、算一天。车间里那些最苦、最累的岗位，往往分给临时工

干。像粉尘严重的包装岗位、装卸一类的活，都是他们在干。（LCP，工人）

劳动合同的区别化对待，使工人之间形成等级。这一方面在客观上形成了工人不同身份之间的差异和竞争。为了获得一个正式的身份、一个好的岗位，不同身份工人之间在工作中主动加大劳动投入，这就强化了劳动过程中的劳动投入和劳动控制；另一方面主观上强化了国企工人的自我认同，进而从不同身份工人的比较中，更加凸显了正式工人身份的重要性和劳动合同的稳定性。

笔者认为，虽然签订合同就意味着工人和企业之间劳动关系的有始有终，但是以上工人对于合同和工作稳定的认识，其背后仍然是工人在国家中的政治定位没有发生改变。在意识形态的方面，宪法所规定“工人阶级是领导阶级”依然没有变。如前所述，1990 年国家对于国企改革的指导思想所强调的三个核心，还包括“全心全意依靠职工办企业”。但是从改革的实践来看，可以认为，国家宏观层面的政策在企业内部的实施，所体现出的改革实践，正在“全心全意依靠职工办企业”与“厂长经理负责制”之间徘徊，意识形态的定位和改革实践的路向已经出现分叉，虽只是初露端倪。

至少到 1992 年全面市场化改革之前，劳动合同的签订，对于国企工人的就业还没有造成显著影响。这就是说，这一阶段的生产政治中，虽然极大地增强了企业负责人的权力，但是企业本身还没有进入全面市场化改革阶段，所以，国企工人的劳动合同并没有让工人感觉到就业的风险。虽然在现实中已经出台的劳动合同政策，没有造成明显波动，但是它毕竟拉开了下一个全面市场化阶段的改革序幕。

2. 工资

与以前全面计划体制时代工资级别、工资额度、工资晋级制度统一集中在国家手中相比，1978—1992 年这个改革的初期阶段，国企工人的工资体制是有所松动的。

为了调动企业和职工的积极性，企业的利润按规定比例留成用于发放企业职工的奖金，1981 年 9 月出台的《关于实行工业生产责任制若干问题的意见》进一步在分配上采用了多样化的形式，包括计件工资、超产奖、定包奖、浮动工资等。这相比以前长期僵化、在低水平徘徊的工资来讲，企业职工还是感觉有发展、有奔头的。

> 那个时候，我们和上边签订了承包任务，只要完成基数，剩下的就可以按照政策规定的比例进行积累、再投入、工资和奖金发放。每年完成任务越多，给我们这些承包人的报酬就越高，但是单位利润剩余，可不是能随便私分的。所以，那个时候只要效益好了，全厂上下都高兴，除去必须留下基金外，就可以分了。那个时候社会上流行一句话："吃光、喝光、分光。"虽然有些夸大，但是只要是效益好，工人的收入、福利就高。（LXY，退休中层干部）

笔者了解到，在H集团，在国家和企业之间、总厂和分厂之间，实行承包责任制，层层发包。效益好的时候，工人每家每户小到日用洗化用品、油蛋煤气、各类时鲜水果，大到防盗门窗、太阳能，都是当福利免费安装供给的。虽然其中有些是20世纪80年代末期企业相互之间的三角债所导致的一些实物顶账物资，但是总体上看，这个阶段的各类福利还是充足的。工人们谈起那段岁月还是很有感触的。

> 那个时候，在社会上周围人看来，在H集团作工人还是挺好的。基本上吃穿不愁，工资虽然不多，但是也有剩余。你说工人吃饱、喝好，有房子住，冻不着、热不着，还求啥？企业把工人当个人看，工人才觉着像回事。那个时候，工人有怨言的不多。（工人，LCL）

从1985年开始，国家要求在国营大中型企业中实施职工工资总额同企业经济效益挂钩的按比例浮动办法。这次工效挂钩随着后续逐渐实施的承包经营责任制在全国得到了普遍推行。这首先把职工收入和企业效益相挂钩，调动了积极性。其次，企业获得了更多的自主权之后，对于内部工资的分配也越来越有主动权和控制权，这相对于平均分配的既往的“大锅饭”做法，是一种进步。总体上看，工人在国企改革领域得到了实际的收益。

> 在80年代末90年代初的时候，厂里的效益可好了，而且收入也不错。光是奖金就名目繁多，比如什么超产奖、月奖、季度奖、一条龙奖（流水线共同考核奖）、效益奖等等，工人心里欢喜，干着也带劲。（LZQ，工人）

3. 福利

全面计划体制下国企单位对于职工包括教育、医疗、住房、养老等方面的社会福利保障是全面的，自1978年至1992年这一改革初期阶段，在全国范围内总体上还是延续着原来的社会福利供给模式。

在这一阶段，虽然住房改革在全国有零星的试点，但是并没有成为普遍改革实践。在笔者所调查的H公司，这些方面的福利提供也还是保持未变，并且在原来的水平上还在进一步地不断完善，在1994年之前，还在免费提供公用住房。

在企业养老保险方面，“截止到1991年底，全国已经有5200万国营企业固定职工和1400万合同工参加了养老保险。截止到1990年底，待业保险业也在初步建立，并已经积累结存达18亿元”。[①] 这项改革举措的实施，已经预示着下一个改革阶段，当国企全面改制、破产、重组、兼并、联合的时候，一些受到影响而被迫下岗、失业的工人，他们的待业金和基本生活保障如何配置的问题。

随着改革的展开，企业要逐渐摆脱办社会的包袱，在市场上竞争、生存、发展。也就是说，工人的基本福利，包括养老、医疗、失业等基本保障，不能再拖累企业，也不能再依靠企业。社会养老、待业保险、最低生活保障领域已经实施的改革，预示着国家正在逐步通

---

① 章迪诚：《中国国有企业改革编年史（1978—2005）》，中国工人出版社2006年版，第281页。

过改革尝试把企业人员的养老、失业、工伤等风险，从企业内部转移到社会领域，这一方面平衡了未来改革中因为企业的倒闭、破产等市场风险所导致的不稳定因素；另一方面保持了在市场风险加大、企业面临困境的时候，工人作为企业所需要的劳动力要素，作为“活劳动”，能够保持劳动力再生产的连续性。这也是国家从直接干预到间接干预的目的。

4. 职代会与工会

1981年7月13日，国家出台《国营工业企业职工代表大会暂行条例》规定，职工代表大会是企业实行民主管理的基本形式，是职工群众参加决策和管理、监督干部的权力机构，是激发职工群众主人翁责任感、发挥当家做主的积极性的重要组织形式。在随后的党委领导下的厂长负责制和党委领导下的职工代表大会制，确定了党委集体领导、职工民主管理、厂长行政负责的原则，这样就基本确定了三者的关系。但是随着厂长经理负责制的日渐凸显和中心定位，在现实中职代会的职能日渐弱化、边缘化，并不能起到其应用的审议重大决策、参与监督的权力。

职工代表大会五年一届。届内每年一次会议，平日可以召开临时会议。笔者分析过H公司1985—1990年、1990—1995年连续两届的职代会文件。每年的程序、会期长度、审议和讨论的程序，都基本一致。但有两点区别：首先是职代会的成员身份发生了变化，前一届的职工代表中来自车间一线的工人还能占1/4到1/3，但后一届，工人身份基本上见不到了，取而代之的是清一色的科、处级管理层人员。其次，前一届的会议记录资料丰富，尤其是各议题的分小组讨论记录，涉及技改、职称、技能培训、工资福利、费用支出等方方面面，但是后一届的会议记录，小组讨论的会议记录只有寥寥数页，并没有详细的讨论意见和汇总。根据时间推算，后一届已经是全面市场化改革阶段。依据这两届文件资料的差异，笔者认为，职代会的决议所采用的先民主、后集中的形式，后来逐渐被简化；职代会的成员构成，已经逐渐被管理层充斥；职代会的发声职能，逐渐被管理层代言。

关于工会的研究，学界已经多有涉及，至少就1978—1992年这一改革阶段来看，工会并没有发生质的变化，工会仍然是党委领导下的组织，是党和政府的助手。由于在全面计划体制时代，国家是企业的所有者和经营者，企业管理干部和工人都属于工人阶级，都是工会会员，面对没有资方的劳动关系，工会也不可能像西方国家工会一样代表工人利益进行维权，而且在国企工人全面福利的时代，工人也无权可维。在改革初期的国企内部，工会主席依然是由上级主管部门或政府任命的，其地位在国企相当于厂长或经理副职，因此，工会只能协调关系，传达工人讯息，磋商解决。但是对于涉及工人群体利益的事情，工会并不能发挥实际作用。尤其是在厂长负责制发展为中心地位之后，厂长书记一肩挑，工会更不可能对厂长的相关行为或决策形成强有力制约。

> 工会的工作其实很尴尬，想做的做不成，不想做的事一大堆。工人说我们："工会工会，唱唱歌、跳跳舞，吃吃喝喝，累了就睡。"我们也无话可说。不是我们不想干事，是体制太那个，怎么说呢，让人很无奈。俗话说"吃人嘴短"，工资是企业发，经费是企业拨，主席是企业任命，工会还能带领工人和企业对着干？况且，都是国有企业，工人是和国家有矛盾呢，还是和管理干部有矛盾？这个说不清，说不清就做不了。……工人其实对工会期望很高，生活、工作、工伤、劳动保护、家庭纠纷、小区邻里什么的都找工会，我们也只能小事快解决、一般事慢慢协调解决，大事搁置解决。……一句话，工会既是工人的帮手，也是企业的帮手。(SGL，公司工会负责人)

三　身份认同与群际分化

（一）比上不足、比下有余

国企工人在本章所论的改革阶段，从福利、工资、劳动合同等方面来看，尽管在或多或少地进行不同程度的改革，但是和全面计划体制时代并无多少实质性变化，而且在工资和福利这一方面，相对以前而言，还有增加和提高。这样的待遇和收入，相对于社会上其他群体比如农民群体而言，他们还是能感觉到自己作为国企工人身份的优越性和优势所在，因此，相比较而言，国企工人在这个阶段仍然能从这个身份中获得自我定位、自尊、自我实现和价值意义感，也因此，仍然能够拥有较强的自我身份认同。

那个时候当个工人相对于农民来讲还是香饽饽，要不为什么还有那么多人想着办“农转非”，很多农村女的找对象，还是首选工人。像我就是这样，我还把家属和孩子的户口给带了出来，厂里还分了套房子给我，不管现在房改怎么样，反正那个时候，我觉得当个工人，还行！（ZDT，工人）

但相对于改革初期出现的个体工商业户而言，国企工人的身份认同感在降低。在 1978—1992 年这个改革阶段，对于个体工商业的发展，国家出台的政策是日渐宽松，不少嗅觉敏锐的先行者提早踏入了这个领域，个体私营工商业户在全社会受到提倡，他们的收入相对于工人而言，已经可以说是有过之而无不及了。因此，相对于农民群体而言，他们对自我群体的身份认同感还能感觉比较强烈。国企工人和个体工商业户这个群体相比较而言，自我认同感已经在降低了。

说实话，那个时候说起自己工人身份还是挺自豪的，当然这都是相对而言，比起在村里种地的农民来说，我们感觉还可以，但是那个时候周围经商的已经很多了，就是所谓的“万元户”，相对于人家，工人就不能比了。（LZQ，工人）

（二）群际分化：干部与工人

这一阶段，国企内部群体认同和群际差异日渐明显。如前所述，企业负责人和管理干部已经在这一个改革阶段逐渐成为企业的中心，并获得了越来越多的独立决策企业经营和发展的权力。他们也在政策的定位与改革的实践中，形成了自我群内认同。干部与工人之间政治地位的一致性，在改革实践中的表现也越来越模糊。

> 国家原来像对自己的孩子一样养着企业，这突然说不管就不管了。企业还担着那么多贷款，这对我们这些干部来说，也是个负担。……政策变了，但是厂还是那个厂、工人还是那些工人，还是要吃饭、要生活的。国家那个时候给企业的自主权越来越多了，我认为有好处。原来的时候，国家管的太多，这不能动、那不能变。后来厂长手里的自主权大了后，可以灵活的管理了。……要是没权力，怎么管？不管好，几千口人等着吃饭，厂子（效益）不好了咋办？（YDJ，退休干部，分厂厂长）

国企工人作为管理对象，除了能够保持全面计划体制下的优势没有丧失而言，他们并没有获得更多。虽然在福利、待遇各方面都还能基本保持满足和稳定，但是对干部群体在改革实践中的权力强化、管理实践中的严格控制、承包分配中的巧取豪夺，大家还是看得清楚。

> 1990年前后的时候，厂子的效益很好，×××成了抢手货，资金回来得快，积累的也多。厂领导手里的权力也越来越大。附近的县镇，谁和他关系好，只要是说需要资金支持发展个什么项目，随便近百万的钱就拨出去了。可以想象，这样的事情绝不可能白做。事后的事实（领导犯法）也证明，他们拿公家的钱做了私下交易。……权大了、钱多了，人就会变。和过去相比，厂子里的领导干部变化大了，买好车、给自己盖别墅、把承包工程放给自己的亲戚朋友等等，和工人的差别已经不是一点两点了。……地方本来就不大，谁都看得见，但谁也没办法，改革就这样。（LXY，退休中层干部）

工人日益感觉到，这个群体已经成为一个截然不同、存在着极大群际差异的“外群体”。对于这个“外群体”，基于以上原因，工人滋生了不快和敌意，并对这个群体出现了“资本家”的类型化想象。

> 什么都是他们沾光，分房子他们分大的，分奖金系数他们拿高的。他们坐在办公室里喝茶看报纸，不受苦不闻味（化工企业的刺激性气味），还比我们多拿钱，没我们累死累活的干活，他们还能完成任务？（LCL，工人）

就更深一层次而言，国家从体制上对于他们的保障正在准备逐渐脱离，毋宁说这一阶段的国企工人依然保有的优势是渐进性改革路径和改革策略重点选择的结果。

扩大企业自主权在一定意义上就是对企业负责人的赋权。而当企业负责人的权力对于工厂内部的管理、物资、资金、人事等几乎一切都有了支配和决策权的时候，国企工人作为劳动力要素的角色，只是被即将转型变为市场的有计划的商品经济的薄纱所掩盖，而随着改革的步伐，这层面纱很快就会被拂去。但是在这个阶段，对于国企工人群体而言，相对于他们这个群体之外，在日常工作中和生产场域，存在一个和他们越来越不一样的，或者说不一致的群体，这个群体有权、有势、有地位，在这两个群体之间，存在着极大的群体差异。

四　小结

（一）“主人翁”身份认同：稳定与变动之间

在改革初期这个阶段，国家整体的改革方针是建设有计划的商品经济，这是一个过渡阶段。国家和市场作为生产政治的重要影响因素，呈现出一种相互替代的关系，但是在改革实践中，这种影响是一种渐进的、局部的、逐步拓展的过程。这个变革过程，对于既往被称为“主人翁”的工人身份认同而言，可以说也在稳定与变动之间。

首先，对于工人的身份认同的基础而言，我们看到，在工资收入、福利保障等方面，还都基本在延续改革之前的供给模式。诸如医疗、教育、养老、住房都基本未变。而在劳动合同、失业保险等方面，如前所述，也只是在政策上进行较小部分试点，并没有在全国范围内全面推展。而此时，相对工人之外的其他群体而言，工人身份的优势感还是很强。因此，从这些构成身份认同最基础的资源获得、物质满足的方面来看，工人的身份认同还是比较稳定的。

其次，我们也要看到，在建立有计划的商品经济的过程中，在工厂内部的生产政治关系中，管理群体日渐获得了更多的自主权，包括资源的配置、财务的使用、人员的调配与考核等各个方面。相对工人群体而言，这个在意识形态的定位上被界定为工人阶级的一部分的管理群体，逐渐呈现出越来越明显的群体分化和群际差异，在逐渐游离于工人群体之外的同时，工人也越来越感觉到他们是一个不同于工人自我的外群体，这样，“内群体”和“外群体”的群体认同就逐渐形成。而由于管理群体按照市场化的原则获得自主权的同时，他们在生产和劳动过程中与工人的矛盾和冲突也日渐明显。工人与管理群体相对于改革之前的关系也在发生变化，也可以说，工人在与管理群体的互动关系方面日显劣势，并被强化了管理中的控制与支配。因此，工人的身份认同从群体认同、群际关系角度来看，正在发生变化。

所以，笔者认为，工人在改革之前被建构的“主人翁”身份在部分保持稳定的同时，也在慢慢被悬置、散落。

（二）“疏离型”干群关系

通过前几部分的论述，笔者认为，在改革的初期阶段，身份认同与生产政治之间充满了张力。工人虽然在劳动合同、福利、工资等方面没有发生明显的变化，整体境况也并没有变得更糟，但是由于在扩大企业自主权的同时，企业负责人的权限也在逐渐扩大，并日渐形成厂长（经理）负责制占主导地位，乃至厂长党委书记“一肩挑”的一权独大的局面，那么在实行改革的过程中，厂长（经理）作为国家的委托代理人，逐渐获得了更多的管理权限，并在生产经营中加强了对国企工人的控制和管理。但是如何看待工厂生产场域中互动的企业负责人和管理干部，源于以上的论述，国企工人认为他们已经是和自己这个工人群体存在较大差异的另外一个群体，而在管理过程中这个群体的管理控制权威的存在，更使国企工人明确地划界，并生出了对于自己所归属的“内群体”与“外群体”之间差异的认知。对于以上的变化，相比较全面计划体制下的“基本融洽型”国企干群关系，笔者认为这个阶段呈现为逐渐“疏离型”。

（三）“过渡型”生产政体

这一阶段，相对于农民等其他群体的存在，国企工人对于自我身份的优势犹存在较高的自我认同，也对自己属于国企工人的这一群体身份颇为认同，这种对自我身份认同的稳定性，同时也维系了目前生产政治关系中干群关系的基本稳定性，尽管日渐疏离。这样，我们发现布洛维所论生产政体的国家社会主义类型“官僚专制型”分析思路可以说依然有效，但是国家已经行走在尝试把对企业的直接干预变成间接干预的路上，并逐渐让企业的定位回归到经济营利型组织的市场竞争中求生存的角色，这又是这个阶段不同于“官僚专制型”生产政体形态的地方。或者可以说，改革初期的生产政体类型是一种过渡型的。相对于劳动力的再生产、福利、收入、工资收入都没有变差的时候，我们如何判断在改革过程中所呈现的管理干部和工人的“疏离型”关系的出现？又如何判断这种疏离关系并没有导致生产政治中激烈的矛盾和冲突？笔者认为，这需要从身份认同的角度去分析。

身份认同一方面稳定了国企工人对自我身份的认同，另一方面通过不同社会群体之间的差异性比较，又形成了一个逐渐呈现“疏离”关系的群体。这两类关系共同纳入生产政治的分析框架，我们就会发现其内部的张力，一方面能够稳定地认同现有的关系，另一方面又存在着疏离和矛盾的群体关系。而这样充满张力的生产政治的内部形态，身份认同必须作为解释变量纳入其中才能得到充分理解。身份认同蕴含着国企工人作为主体的自我认知和行动选择，当身份认同保持稳固的时候，生产政治基本不会发生变迁。随着第四章即将论述的国企全面市场化改革的展开，当生产政治中的国家和市场共同或单独对身份认同的稳定性构成了影响，国企工人主体可能会通过行动寻求新的身份认同，并进而重构生产政治形态。

本章论述了改革初期（1978—1992）阶段，随着企业自主权的扩大，厂长（经理）负责制也在企业中成为首要原则，以厂长（经理）为首的管理干部层级获得了对于企业管理的决策权，并逐渐在生产过程中影响到工人。而这个阶段的国企工人在工资收入、福利、劳动合同等方面，反而依然维持很高的身份认同。这两个群体之间的关系日渐呈现“疏离型”，进而国企领域的生产政体形态也表现为一种“过渡型”。

第四章　身份认同的背离与生产政治的转换（1992—2009）

本章将对自1992年全面开始社会主义市场经济建设，到2009年的国企改革这一个阶段中，宏观层面的结构性变化、企业组织微观层面的变革，及其对国企工人身份认同的背离与重构及进行解释和论述；同时进一步讨论在这一改革阶段，国有企业工人的身份认同与国企生产政治的互动关系和作用机制，并讨论这一阶段生产政治的独特形态。

这个阶段的画面可谓波澜壮阔、风云变幻。全面市场化，国家隐而不退，包括住房、养老、教育、医疗等福利与社会保障在内的身份认同的基础部分被逐步剥蚀，市场化逐渐使管理群体（准资方）一枝独大，在微观制度制定和实施、企业改制与股份分配、工资制定、劳动合同、劳动过程中的控制与支配，都使工人边缘化、弱势化甚至底层化，而管理群体却逐步变身为实质上的“资方”，工人和管理层之间的群际分化、群际差异、群际冲突日渐形成，工人“内群体”认同和“当官的”外群体紧张和对立关系形成。工人与管理群体或资方所形成的社会互动关系逐渐显性化为劳资不平等关系，工人的弱势和被支配地位使工人的“主人翁”身份彻底散落、解体，工人不再认同原有的身份，而是形成了自我弱势群体的“内群体”认同。当宏观意识形态的工人身份的定位保守未变、企业微观改革制度实践上的低参与度、新旧企业文化混合的意识形态对工人身份的重构、劳动过程中市场传导网络和隐微的控制并存时，一种意识形态、治理技术上的霸权、制度实践上的低参与度的独特“混合型”生产政体已经形成，其核心表现是劳资不平等关系结构，而国家、市场和企业或独立或联手合作，共同打造了这个阶段的生产政治关系形态。

一　全面市场化改革与国家的隐而不退

自1992年以来，国企改革进入了全面改革的深水区。中国共产党第十四次全国代表大会明确提出：经济体制改革的目标就是建立社会主义市场经济。1992年7月23日，国务院颁发《全民所有制工业企业转换经营机制条例》，在国企改革领域，就是要是使企业成为“自主经营、自负盈亏、自我约束、自我发展”的企业法人。这就涉及对于国企的内部管理机制、组织结构、公司治理结构乃至产权的一系列调整。

现代企业制度的基本特征是产权清晰、权责明确、政企分开、管理科学。为了实现这个目标，核心问题就是要解决国家作为企业的产权所有人，如何让企业成为一个独立的法人实体，然后进行自我约束和发展。在后续的改革中，我们看到，尽管采取了种种改革措施，但是国家在其中的角色和地位，始终隐而不退，即便是在全面市场化之后的企业中，我们也会看到国家的影子。此处所论的隐而不退，不仅仅指产权的所有问题，而且还包括在政企分开的原则下，国家对于行走在市场化道路上的企业的作用和影响。

（一）国企改革的步步深入

1. 从国资委到企业集团

自1994年起，国家就对国有资产和运营体制改革进行了试点，由省级政府成立国有资产管理局，主要在政策、法规、方针上进行管理和监督。此外，向国有资产投资公司委派产权代表，对国有资产进行委托经营。此类公司具备法人资格，是企业的股东。而国有资产经营执行机构，就是由各类国有企业构成，这些企业依法享有国家等出资人投入企业的全部财产，实施自主经营。这项改革举措，虽然把国有资产管理的机制和层级明晰化了，但是，在企业自主经营的过程中，国家的立场是明显的。

根据《公司法》，企业公司化、集团化是国企建立现代企业制度所必须采用的组织结构。企业在发展的过程中，以产权为纽带，通过改组、重组、改造和加强，来形成强大的企业集团实力，并进一步实现优化结构、增强竞争能力的目的。

笔者所调查的 H 公司是国务院建立现代企业制度的第二批 61 家企业集团试点。在企业集团的战略重组中，国家的角色在产权上的隐退并不意味着她的缺席。

H 公司的主导产业是基础化工原料，在 1995 年之前，是归原化工部直属管理，而它所需要的另一种化工原料，是属于国家轻工业部管理，在当时国家部门条块分割的管理体制下，双方近在咫尺，却因为体制分割而无法达成交易，因此需要远赴内蒙古、青海等地购进原材料。在市场化的改革思路下，这两家公司实现了行业联合，共同成立了 H 集团。截至 H 集团成立时，其旗下共有分公司、子公司共计 20 余家。产品也多围绕其基础化工原料的上下游产业链和产品深加工而形成。

2. 从抓大放小到股份制改造

国家在大力支持和发展企业集团的同时，对于中小国企的改革采取了“抓大放小”的举措，而这个举措是和“优化资本结构”的改革同时进行的。在搞活中小企业的过程中，全国各地大量地采取了改组、联合、兼并、股份制重组、租赁、承包经营、出售等多种形式，把一大批中小企业推向市场。而与此同时在全国范围内推行的“优化资本结构”主要采用了“增资、改造、分流、破产”的改革措施。

这个方面的改革与企业集团改革的背后有着共同的思路：按照市场竞争的原则，“择优扶强、优胜劣汰，形成兼并破产、减员增效机制”。

股份制改造是国家在国企改革领域探求解决国企产权模糊、机制僵化的重要改革思路。首先，按照《公司法》的要求，股份制改造后，企业的股权可以多样化，这样就可以通过引入外来多元投资主体，对于企业行为构成约束，以增强企业的激励和约束机制。其次，可以理顺国企产权关系，实现政企的分离。再次，股份制必然需要改组改制，这样可以剥离相关企业办社会的负担，实现轻装上阵，提高竞争力。最后，企业可以通过上市融资，获得资金支持。

在笔者所调查的H公司，企业集团化、股份化和抓大放小的改革可以说是前后密切关联。

H公司在企业集团化之后，提高了市场竞争能力。完成了行业联合后，纵向产业一体化的改革思路带来的是交易成本的内部化，因此一方面将外部成本内部化，另一方面实现了规模经济效益。这使其在同行业乃至全国声名鹊起。为了加快发展、做大做强，H集团从其20多个分、子公司中拣选了几个产品市场广阔、具有发展潜力的公司，进行了捆绑上市。上市成功之后，共募集资金6亿多元。这为企业的发展提供了强大的资金支持。H集团以母公司控股的形式，参与上市公司的经营管理。可以说，1995年前后，该公司在地方企业中是首屈一指的老大地位。

在H集团成立并成功上市的时期，其所在地方政府在国企领域正在实行“抓大放小”的改革。对于那些没有规模、资产负债率高、历史包袱陈旧、技术改造能力差、升级转产无望的企业，采用破产、兼并、重组、出售等方式进行了改革。这类企业的总数统计共20多家，行业呈现多元化分布，遍及建材、钢铁、煤炭、机械制造等多个领域。而涉及的国企职工人数近14800人，包括其背后的家属估计共有35000人左右。这样，工作多年的国企工人在改革过程中突然下岗、失业的改革后果大量出现，这对于当时地方政府来说，虽然不是新问题，但却是集中性地出现。地方政府官员虽然以追求GDP政绩为目标，但是他们还有一个重要责任就是维持地方社会稳定。因此，如何既要做好“抓大放小”的改革，又妥善安置这群国企职工及其家属，决定着其任期内的政绩和未来的政治前途。

近在咫尺、实力雄厚的H集团，给了地方政府很大的机会。

由于我国的职业经理人市场还不健全，同时国有企业的出资主体是地方国资委，因此，地方国有企业负责人（包括董事长和党委书记）的任免权和考核权大多还在政府手中，具体是由国资委提名，省市地方政府的组织人事部门考察、任命。地方政府为了财政收入、

GDP 和政绩，就与国企负责人达成了目标一致。所以，当地方政府提出要由 H 集团采取兼并重组的方式收纳这 20 多家中小国有企业、几万名国企职工的时候，H 集团采纳了地方政府的建议。这些濒临破产倒闭、存在各方面问题的中小企业进入之后，H 集团的账面总资产从 28 亿元跃升到 60 亿元，这时该集团的发展思路已经变为“以主业为主，多元化发展战略”。

企业集团的发展，本应是沿着优化产业、资本、投资、治理机构的基础，稳步发展。在地方政府的干预和撮合下，这些没有竞争力的后加盟企业，让 H 集团以把“小舢板捆绑成航空母舰”的方式，做大做强了企业集团，但是当国企改革逐步向全面市场化进军的时候，市场不相信仁慈的眼泪。在后来的国企改革进入“三年脱困时期”后，除了极少数通过重组和依靠市场机遇获得发展的企业之外，那些先前并入的企业，都不得不再度面临剥离、破产的命运。而 H 集团，也基本被拖累得奄奄一息。

在这个联合兼并事件中，政府的影子无处不在。它们一方面要遵从、执行中央政府要求进行“抓大放小”的国企改革，另一方面，又要完成自己的政绩、保持地方的社会稳定，这就致使两级政府之间的目标和行动取向出现了不一致。此处仅仅论述了他们对于国企之间改革关系的影响。在下面企业的改制、破产、分流、减员、重组中，地方政府深入到了企业内部，影响到了企业的股权结构、破产重组中的资产评估等方面。

3. 从国企“三年脱困”到国有企业战略性重组

1998—2001 年，在亚洲金融危机造成的大势影响下，国有银行向商业银行的转制，使本来就深陷泥潭的国企整体形势下滑，资产负债问题日渐从暗处显现，多种所有制共同发展的市场化道路上，激烈的市场竞争，进一步凸显了国企的低竞争力，这个阶段国企亏损严重，并直接导致了开工不足、停工停产、工人工资减少、下岗失业等后果。国家提出要使国有企业“三年脱困”。而脱困的主要途径就是“选择好企业负责人；鼓励兼并、规范破产、下岗分流、减员增效、实施再就业；想方设法为企业增资减债”。[1]

在这个阶段，全国范围内的企业改制、兼并、破产，工人下岗分流待业失业，成为社会上最关心的焦点问题。

在H集团，面对亚洲金融危机，该企业的发展也受到了很大的冲击，不良资产已经达到了12个亿。加上其内部新近加盟的那些资产不良、没有生机和出路的企业，除了分摊成本、占用资金、消耗积累之外，并不能为H集团发展带来产业结构升级和利润。而前一任地方政府官员已经到期离任，另就他职。新一任的地方政府官员所面临的新问题，是如何拯救H集团。因此，在这个阶段，为了H集团的整体发展，在新一届市政府的支持下，该公司决定，对H集团下属的那些没有出路的企业逐项进行资产评估，能改的改、能卖的卖、能破的破。

在改制过程中，国有资产变为民营资产，是盘活不良资产的主要方式。而产权转换前的资产评估，是一个重要的环节。如何把一个基本面还可以的资产评估为不良资产，如何把几千万元的资产评估为几百万元的资产，这对于购买方来说，是可以想象、但靠单方面无法完成的目标，而地方政府官员对于此事的参与和最后的结果至关重要。地方官员有两个动机，第一，急于把此类资产改制出手，这样既完成了政治任务又摆脱了“烫手洋芋”。第二，地方政府官员要有切身利益在其中，与买方形成利益共谋，这项资产缩水的评估和转制才能完成。这项切身利益既可以通过收取回报的方式实现，也可以通过在改制后企业拥有股份的方式来实现。但是，无论从哪种意义上来讲，这都是国有资产的流失。地方政府此举，也直接损害了国企工人的利益、国家公有资产的利益，也与中央政府的改革目的相悖。

综上所述，笔者认为，在这个阶段，国有企业的总体发展路向是全面市场化，核心问题是要实现企业发展活力、明晰产权、政企分开。改革的路径和措施在逐步地推进，无论是国资委还是控股公司，

---

① 章迪城：《中国国有企业改革编年史（1978—2005）》，中国工人出版社2006年版，第480页。

在企业存续的前提下，只有在实行了改制、股份制改造、股权主体多元化之后，股权的明晰性才逐渐呈现。但是，这个过程也是国有股被分化、稀释、变卖乃至流失的过程。在这个过程中，中央和地方两级政府的作用“隐而不退”，同时，二者的关系在改革的过程中时而一致、时而相逆。

（二）制造资方：从委托—代理到 MBO 的产权改革

在 1978—1992 年的改革初期，厂长（经理）已经被定位成为国企的核心领导。那么，在 1992—2008 年的全面市场化阶段，厂长（经理）或许变身为总经理、董事长，但是他们在国企中的核心领导地位仍然一如既往。

1. 委托—代理与内部人控制

（1）委托—代理制的基本关系

委托—代理关系始终是国企治理机制的重要问题。无论是全面计划体制时代，还是全面市场化时代，因为国有资产的所有者是国家，而国家是虚位的，因此为了实现对于国企的生产经营，必须委托给企业家作为代理人进行管理。

根据《公司法》章程，企业集团成立之后，要根据有限责任公司的组织结构章程，设立董事会、监事会、股东大会等。在 H 集团，这些权力、监督、执行机构也都先后设立存在，但是因为国企体制的延续性，一方面，国家尽管设置了国资委和国有控股公司，但是他们不是产权的所有人，因此他们仍然难以作为实际意义上的委托人来对代理人进行管理和监督。另一方面，在市场化时代，当股权逐渐分散，国企工人身份从主人变为企业在市场化过程中投入生产中的劳动力要素的时候，职代会的作用只能成为一种形式的延续，尽管在董事会、监事会中也有职工的代表，但是这些代表成员的身份也都是管理层或公司决策层成员。因此，董事长的管理权力仍然是第一位的、基本不受约束的。这意味着公司治理结构缺失的前提下，代理人的权力缺少约束和监督。“在转轨国家中，在私有化的场合，大量的股权为内部人持有，在企业仍为国有的场合，在企业的重大决策中，内部人的利益得到有力的强调。"① 这样就形成了国有企业被以企业负责人为核心的"内部人控制"局面。在没有实现股份制的国有企业，企业厂长（经理）仍然是第一管理权威和领导核心。在H公司，尚未建立企业集团时，公司的党委书记、总经理一人兼。在形成企业集团之后，公司负责人变成了董事长、总经理、党委书记三个职位一肩挑。无论是在公司会议还是在对外宣传时的称呼，一般都是党委书记在最后。这也从另一个角度反映出作为负责人的代理人的权力一枝独大的状况。其实质是无论谁排前后，三个职务一肩挑，权力就极有可能受不到有效的约束，这就为国企的发展、国企工人的命运、决策的公平性埋下了隐患。

（2）委托—代理人与"对政府负责"

由于我国缺少有效的职业经理人市场，因此，国有企业的负责人都是由政府任命的。在H公司，从1978年至2009年，连续三届企业领导人都是政府任命的。这样一方面缺乏有效的机制对企业负责人选贤任能，另一方面公司负责人由于自己的晋升决定权在政府手中，因此，在努力争取实现政企分离目标的国企改革中，这种关系恰恰会衍生出使企业改革在某些时候不得不"唯政府马首是瞻"的决策。这种国企改革的悖论根源在于企业负责人也是人力资本，却不参与市场，但在企业内部却拥有至上的权力。

此外，在市场转型理论中，"权力的延续论"认为②，市场转型国家，企业负责人从原来的政治精英转换为现在的经济精英，而对国有资产的管理和支配并不是因为管理者的政治身份就可以决定的，政治身份和管理能力很多时候是分离的。因此，企业负责人的任命往往得不到国企工人的认可，认为他们没有资格和能力担当此任。这就为下文将要论述的国企工人对于"管理群体"的不满和群际冲突埋下

① ［美］青木昌彦、钱颖一主编：《转轨经济中的治理结构》，中国经济出版社1995年版，第18页。

② 边燕杰：《市场转型与社会分层：美国社会学者论中国》，生活·读书·新知三联书店2002年版，第22—24页。

了部分隐患。

2. 股权分配

在本章所论述的全面市场化阶段，股份制试点改革一直在进行之中。随着改革的深入，国有企业通过股份制，可以吸引集体资本、外资、非公有资本参与国有企业，进一步形成股权多元化格局，发展混合所有制经济。因此，股份制已经成为国企改革路径选择中公有制的主要实现形式。

在股份制改造过程中，由于上述企业负责人的一权独大，因此在股权分配方案中，一般会依据“管理层级的权限和责任”来分配股权。在委托—代理关系缺乏监督约束机制的同时，企业负责人的权力往往在利益的驱动下倾向于做出使自己以及管理群体利益最大化的决策。对于管理群体的优厚政策，一方面会对现有任期的管理形成激励、方便管理，另一方面对于自己离任之后的未来，好做出有利于自己的派系的培养和安排，这是多年来国企内部非正式权力关系的延伸和反映。

在H公司，在股权分配方面，由于集团作为母公司控股其旗下处于子公司地位上的上市公司，而H集团的董事长也兼任上市公司的董事长。所以在分配股权的时候，股东会按照董事长的管理旨意，从管理层责任重大、应该持大股的理论出发，按照等级和职位的高低，进行股权配置。更详细地来说，如果没有足够的资金购买股份，可以将日后股份的分红不进行提取而留置作为对原初股份的购买本金的补偿。在H集团上市发行的股份中，还包括向公司内部职工定向发售的几千万股。总体的执行原则是管理层持大股、职工人人持股。这里对于股权配置资格的划分简单而明了，就是工人群体和管理群体的区别。这导致国企工人的内心深处生发出“我们”“他们”的外群体差异和内群体认同。

这个企业是国家的，又不是他们家的，凭什么那些管理部门、坐办公室的、当官的，就比工人股份分的多？我看着这不叫分，叫夺，明目张胆地抢夺国家财产。我们这些老工人干了这么

> 多年，到最后就眼睁睁地看着企业被那些当官的分了。……从这个事你就可以看出，谁是工人，谁不是工人了。(LCP，工人)

这种自我内群体认同是基于对普遍不公平的遭遇的认知，群际差异也是基于不同群体在权力和资源占有方面的等级性差异而形成的。这会逐渐积累并形成两个不同群体之间的隔阂、怨恨乃至“冲突”。

因此，在企业内部的股权配置改革中，管理层持大股引发了诸多讨论。首先，企业管理层决策权力不受约束，做出自己报酬最大化选择。其次，企业负责人不是通过经理人市场产生，其管理能力并不与其所获得的股份报酬相称。再次，国企负责人的管理层持大股是对国有资产的变相侵夺，这导致了国有资产的流失。最后，管理层持大股是不公平的，它忽视了国有资产是几代国企工人在“高积累、低收入、低消费”的原则下经过几十年积累而成的。因此，国有资产不能无视他们的付出，而直接按照市场“谁有钱、谁购买”的原则进行处置。这里需要指出的是，地方政府对于国有资产是负有管理和监督职能的，这种股权配置不公平的现象的存在，可能是地方政府的监管不力，也可能是地方政府作为利益相关者参与了合谋与分配。

> 企业改制中，关于资产评估这一方面太乱了。明明说是第三方评估机构进行评估，但是谁想得到改制的好处，谁就会背地里和评估公司有合作。其中不少资产，就直接作了缩水评估，或者叫廉价拍卖。这个事情凡是明眼人都知道，低价评估、出售，凡是搞到手的，基本上都是当官的那些七大姑、八大姨的亲戚。(YYZ，H集团下属分公司改制负责人)

无论如上的争论还有多少，它们共同指向企业改制中的不公平，这不仅仅是程序的公平与否问题，而且是对国有资产的直接瓜分。恰恰是管理层对股权的分配不公，导致了工人对自身群体之外的那个“当官的”群体的差异性非常敏感，也逐渐从既往的“疏离型”关系升级为“对立型”。当然，这需要下文将要论述的其他结构性环境的变化共同使然。

3. MBO

MBO 是英文 Management Buy - out 的缩写，意思是管理层收购。MBO 在我国国企改革中推行的时间并不长，其目的主要是解决股权不清的问题，使资产能有真正的“到位所有者”，以改变国企产权主体缺位的状况。

MBO 的运作机制主要是指公司的经理层利用借贷所融资本或股权交易收购本公司的一种行为。通过收购使企业的经营者变成了企业的所有者。这样的收购能在激励内部人员积极性、降低代理成本、改善企业经营状况等方面起到积极的作用。

2005 年 4 月 14 日，国务院国有资产监督管理委员会、财政部正式公布了《企业国有产权向管理层转让暂行规定》，对企业国有产权向管理层转让提出了规范性要求。《暂行规定》明确规定，大型国有及国有控股企业的国有产权不向管理层转让，大型国有及国有控股企业所属从事该大型企业主营业务的重要全资或控股企业的国有产权也不向管理层转让。

至此，MBO 在中国国企改革的实施就此叫停。国务院叫停的理由如下：“考虑到企业国有产权向管理层转让不是普通意义上的向一般社会法人和自然人转让，而是向企业‘内部人’这类特殊的受让主体转让，为保证企业国有产权转让的公开、公平、公正，《暂行规定》规定，在企业国有产权向管理层转让中，国有产权转让方案的制定以及与此相关的清产核资、财务审计、资产评估、底价确定、中介机构委托等重大事项应由有管理职权的国有产权持有单位依照国家有关规定统一组织进行，管理层不得参与。”①

在笔者调查的 H 集团，其管理层对此酝酿已久，但因国家的叫停而未能成行。此时，该集团年利润额近 8 个亿。

通过以上三个方面的论述，笔者认为，在不同阶段所实施的不同改革政策中，国家对于企业的关系，虽然努力从产权上廓清关系，变

① 《现代快报》，http：//news. sina. com. cn/c/2005 - 04 - 15/01535652687s. shtml。

直接干预为间接干预，但是国家依然在场，虽然政府和国企之间的关系时常若即若离，但是关系仍然是密切的。企业负责人无论是在委托—代理关系中，还是在企业改制的股权分配中，其管理权力基本上不受制约，而且一定程度上地方政府也参与共谋。国家与工厂、市场与工厂的这些变化，改变了国企生产政治的关系形态。这些因素共同建构了企业负责人群体（管理群体）或者“当官的”群体，是与工人不一样的群体，在利益上是冲突或对立的群体。

二 工资、福利、劳动合同与劳动过程

进入全面市场化改革阶段以来，在工人工资、福利、劳动合同这几个方面，改革最为明显。1992 年 1 月 25 日，劳动部、国务院生产办、国家体改委、人事部、全国总工会联合发出《关于深化企业劳动人事、工资分配、社会保险制度改革的意见》，提出建立“干部能上能下、职工能进能出、工资能升能降”的机制，是转换企业经营机制的重要任务。

这个领域改革的最大目的有两个，一是打破工资讲求平均主义大锅饭的“铁工资”，打破终身就业的“铁饭碗”（如果加上打破干部“铁交椅”，实现能上能下，就是通常所说的砸“三铁”），二是在社会福利方面突破国家全额负担的单一局面，根据不同的社会保障项目，实行由个人、企业、市场、国家或单独或联合的供给模式。

（一）工资

1. 工资结构的差异化、复杂化

在 H 企业，从 1992 年至 2008 年，工人的工资形式先后实行了以下几种。

（1）1992 年，根据《劳动部关于进行岗位技能工资试点工作的通知》，把计划体制时代的等级工资制转变为岗位技能工资制。岗位技能工资制的具体构成如下：技能工资起点 95 元，分为 34 级，最高为 419 元；岗位工资起点为 45 元，分 26 级，最高为 180 元。此外，

工资中还包括了三项补贴：图书补助费每人每月 15 元，洗理费每月补助 15 元/男、17 元/女，交通补助费每人每月 10 元。[①]

在此之前的等级工资制，分为工人和干部两个系列，每个系列只有单一的等级高低差异，而那个时候的晋升标准，一般是按照资历、技能、年功等标准，是固定而略显僵化的。现行的岗位技能工资，能够在岗位和技能之间作出区别和适当的比例分配，这既考虑到了工人岗位劳动的劳动强度、劳动条件、劳动投入，又照顾到人的技能积累对于劳动的潜在影响。二者的共同点是都分为工人和管理层两个系列。其中，工人分九大类岗位，管理分办事员、科员、正副科长、正副处长、正副厂长八大类，二者的收入比较而言，工人最高的一、二类相当于管理层的正科和副处之间。这相对于以往等级工资制而言，实际上拉大了工人和干部之间的差距。同时，此类差距以一条明显的界限划分了工人和干部两个不同的群体，而且对于那些从计划体制下走过来的工人而言，他们对于既往等级工资制的历史记忆强化了他们对于岗位技能工资制在管理者和工人之间存在的差距的认知，并进一步反馈到他们与管理层群体之间群际关系的建构方式。

> 以前的时候，工人和干部虽然工资有差别，这个必须承认，但是也没有现在这么离谱啊，那个时候工人工资虽然低，虽然不能和厂领导比，但是也不比中层管理干部差到哪里去。可是现在，就是连中层干部的工资收入，我们工人就是连想也不敢想的。谁要是说他们还是工人阶级，谁就是睁眼说瞎话！（MQK，工人）

两者之间收入差距的扩大，这个阶段才刚刚开始，随着分析的展开，我们会看到，这是国企市场化改革进程中的趋势。当然，这个趋势是由多种因素共同促成的。

（2）1998 年，H 集团对于岗位技能工资进行调整，工资构成分

---

① H 集团志：第 673 页表 3 - 33。

固定工资（包括岗位工资、技能工资、年功工资）和动态工资（剩余部分的其他工资），前者固定发放，后者根据考核结果发放。这一次改革单独拿出一部分做动态工资，根据劳动成果重新分配，以调动工人的积极性。其实质是强化了对于生产劳动的考核与控制。

（3）2004 年，H 集团实行岗效薪点工资制至今。

岗效薪点工资制是以岗位评价为基础，以岗位绩效考核为手段，按照岗位价值定点数，依据岗位实际贡献定系数，以与单位经济效益挂钩的工资总额定点值，综合确定岗位报酬的一种弹性分配制度。

岗效薪点工资制主要由两部分构成：岗点工资和工龄工资。岗点工资依据岗位责任、岗位技术复杂程度、岗位劳动强度、岗位工作环境、岗位人才稀缺程度等影响要素进行测定。工龄工资固定按出勤天数发放。而专业技术等级或即技能等级，作为上岗和任职的条件，不再参与岗薪计算。

这套岗效薪点的实施主要是实行工效挂钩、把单位经济和员工收入密切挂钩、把岗位贡献与员工收入挂钩。同时，在运行过程中，还通过岗点的考核结果，对工人岗位实行上岗、试岗、下岗的动态管理。

首先，这套工资制度除了对工人的工资收入进行类别分解，还进行了数量化的点数分解，以更严格、细致地考核工人的劳动投入和产出。其次，把工人、工人群体、单位整体效益密切捆绑，共同控制。最后，它还通过考核结果，把工人的工作岗位变为动态，让每月的考核随时决定着工作的稳定与否。

> 这套工资，目的就是客观地、实事求是地对待工人的劳动，既要让工人感觉到投入和产出成正比，又要让整个公司在计算劳动成本的投入产出时有收益。通过把个人和班组、车间、分公司的效益共同捆绑挂钩，这样就能把每个层次的积极性给调动起来。（ZKL，公司人力资源部科长）

对于这套复杂的工资计算方式，很多一线工人不知道怎么理解，他们唯一的方式就是管理层吩咐什么，就按照着做，唯恐违反了哪一条细则。

这套工资计算得太复杂了，有些数字我们也掌握不清，比如整个车间的整体任务目标情况，我们工人的级别到不了那个层次。再就是里面的那个叫什么“加权”的方法，好多个百分数，我们搞不太明白。每个月，只要知道全车间本月的岗位点数平均值多少钱，然后算出了就行了。（ZYJ，工人）

笔者有一组数字，是关于H集团利润的年增长率：

年份	利润（亿元）	年增长率（%）
2000	0.8017	640
2001	1.5	87.5
2002	2.48	165
2003	3.7	149
2004	7.27	196
2005	7.85	13.8
2006	7.96	1.5
2007	11.3	42.1
2008	缺失	缺失
2009	1.23	

资料来源：来自H集团各年度生产经营报表。

但是，同期工人收入比却是2001—2007年，年平均增长率不到10%。2008年金融危机，H集团工人月平均工资下降18%左右至今。

现在回过头去看，H集团的工人工资并没有随着企业的发展而逐年增长，这是不正常的，但也没办法。如果将近十年的通货膨胀率计算在内，其实，每个人的工资不涨反跌。工人再埋怨，我们只能提意见，也改变不了领导层的决定。今年（2009）决定给工人恢复到2008年的水平，同时根据××省的最低生活保障线，在原有工资基础上上调180元。……其实工人的工资在制定标准的时候并不是随行就市的。可以这么说，工人工资总是在最低保障线的基础上有一个增幅，但绝不可能随着企业效益的提高而增长。你想，哪个公司愿意增加工资成本啊！（ZKL，公司人力资源部科长）

通过以上分析，笔者认为，在国企全面市场化的改革中，企业的效益增长与工人的收入不是同步增长，而是脱节。其背后的原因，我们可以尝试理解为日渐显露的劳资之间不平等的控制与支配所致。如前所述的国企生产政治中，国家退出之后，市场规则成为生产领域的主导规则。工人和改革中被制造出来的管理群体（资方）之间的群际差异与分化日渐明显，二者之间的矛盾和冲突与日俱增，劳资关系逐渐形成。

2. 工资与身份差异

目前在H集团内部，因为工资而导致的差异，不仅仅发生在工人和管理层之间，而且也发生在工人内部。由于实行岗效薪点制，除了工龄工资的差别，刚进厂的新工人和已经工作了20多年的老工人，相差无几。这在工人内部对原本具有的身份差异而加以忽视，造成了工人内部的隔阂和矛盾，新工人感觉同岗同酬，很公平，老工人感觉资历老、经验丰富、拿钱不多，工作动力不足，也是心有怨言。

我今年45岁，工龄28年了，技校毕业后就进入工厂，到现在为止和刚进门没两年的年轻人工资收入拿的差不多一样，心理总是感觉有些别扭。要是按照公司里解释的干什么活拿什么钱，也觉得有道理。但是在工作的时候，明明我们的经验和技术就与新进年轻人不一样，比如说我们能在一个电机烧坏之前通过声音和联动装置来判断会出问题，防止了联动停产、保护了电机设备，这不是贡献是什么？这都是看不出来的贡献。但是现在的待遇和收入，说句不负责任的话，有时候都想发现了问题也不管，反正和我没关系。（LM，工人）

通过上述比较，其实同一工人身份群体相比较管理者而言，他们的工资和待遇是比较一致的，因而当与管理层群体比较的时候，他们有着明显的“我群”与“他群”的区别。但是，因工资因素导致的内部分化对工人群体认同的一致性也造成了一定的消极影响，这也会导向对国企生产政治的内部形态和关系的影响。

通过对H集团前后实行不同工资结构和发放形式的变化轨迹的概述，笔者认为在工资方面整体上对于劳动投入产出的考核越来越严格，管理层对于工人的考核和控制程度更严、更细。管理层和工人之间的收入差距也越来越大，两个群体之间的差异也越来越明显。而内群体和外群体在收入一方面的等级性不平等群际差异，也为将来可能发生的群际矛盾和冲突埋下了伏笔。

（二）劳动合同

在我国国企的改革过程中，劳动合同的签订执行得比较早。在全面市场化阶段，劳动合同的签订能更有效地保证工人的合法权益。H集团自1993年起就开始实行全员劳动合同制，对于工人和干部一律适用。无论是原来的固定工，还是合同工，都一律签订合同，合同期限分别为5年、10年、15年。

但是在H公司，笔者观察到劳动合同签订形式化大于它的实质意义。

对于所有工人而言，首先是工会和公司签订集体劳动合同，然后再与每个个体签订劳动合同。但是对于劳动条款的商讨、制定、修改，由于个体工人并没有渠道或机会参与，所以他们感觉到签不签都是企业定的，无所谓。所以他们在签的时候，连看也不看。

> 国有企业从来就这样，改革了，要签合同了，但是企业也不能随便赶你走。再说了，合同都已订好了，你就是有意见，还能怎么着，只能保留。（LZQ，工人）

对于老工人而言，他们认为按照国企管理思路，只要自己不犯大错误，就不会赶自己走。但要是企业出了大问题，签订劳动合同也没用。

对于新工人而言，签订合同还是对自己好，至少感觉管理上要正规些，而且企业也要承担起相关责任，比如五险一金的缴纳，等等。但是对于“80后”尤其是“90后”的青年工人来说，无论是从他们自己的想法，还是来自管理层的反馈，他们认为一份工作倘若不好，就可以随时走人。

> 合同应该签，虽然我们决定不了人家企业给的待遇和条件，但是你要是不签合同，一旦企业违约，打官司也没有凭证，所以，我觉的一定要签合同。签了就比没签正规，企业想赖也赖不掉。……反正现在都是雇用制了，一个人不可能在一棵树上吊死，企业不好，换一家就是了。（YCG，工人）

2003年，H集团出台了《关于续签劳动合同、规范和加强劳动合同管理的实施意见》。其中要求在续签合同之前，各单位要对合同到期职工进行全面考核，对于那些不能胜任工作的、工作业绩差的不再续签。对于本研究所选取的工人之外的管理人员，无论是管理层、技术层、工人技师层次，还是重要特殊岗位主操作人员，都是签订三年合同，而其他一般工人则签订一年。2008年实行了新的《劳动合同法》之后，又按照相关规定进行了补充。

通过以上对于劳动合同的规定，可以看到已经明显地把工人和管理层作了区别对待，这样，在劳动合同方面，在工人群体和管理群体之间划出了明显的界限，也进一步显示了工人和管理层的群体差异，从群体认同的角度来讲，更容易识别和形成内、外群体差异。

（三）福利与社会保障

全面市场化的国企改革阶段，经营机制转换的题中之义，包括让企业回归其作为纯粹的经济组织本位，进而改变企业办社会所担负的众多社会成本和沉重负担，比如住房、教育、医疗、养老以及各类一应俱全的生活设施的配置和供给，以让企业轻装上阵，提高企业的竞争力。所以，改变“企业办社会”的模式，是在这个领域改革的首要目标。

1. 住房市场化

在1995年之前，H集团住房还是实行分配制度，分房标准按照职工工龄、职务与职称、荣誉证书、文凭、计划生育等因素进行综合计算。但是从1993年开始，H集团按照1992年的工资基数提取住房补贴，并收取公有住房的房租0.8元/平方米。1994年开始实行住房公积金制度，这一部分就由职工个人和单位按月工资5%的比例缴纳。从此，住房方面由公司和工人共同承担。1994年，H公司按照392元/平方米的价格出售公有住房2795套。1998年开始发放住房补贴。

这意味着H公司的住房问题在国家政策出台的短时间内，就完成了从福利到市场的过渡。

2. 福利设施的全面剥离

如第二章所述，全面计划体制下的国企所提供给职工的福利设施在H集团应有尽有，而且在其成立集团之前，由于其下属企业的国有性质，因此，无论是医院、学校（幼儿园、小学、初中、高中、技校），还是电视台、报社、公园、电影俱乐部、宾馆、商业设施、食堂等，都是在两套以上。

在1996年之前，除了电视台和报纸之外，以上单位全都剥离改制，改制的方式采取了整体剥离归地方政府、解散、租赁、出售、承包等多种方式。

需要指出的是，H集团是资源性企业，其所在地域属于距城市较远的“孤岛型”社区特征，在市场化之前，这种社区特征也要求其必须按照计划模式承担起企业办社会的系列职能并提供相关设施。但是市场化开始，当这些设施都被剥离、推向社会和市场之后，除了学校、医院的公共性服务的提供之外，其他都需要通过市场的方式购买服务。但是当一个地域的社会服务并没有发展到一定程度的时候，其现存服务的市场化就呈现出垄断的特征，因此，生活成本骤然提高。

这也在一定程度上加剧了国企工人对于自己拥有什么、失去什么有了更切身的体会和认识。国企工人这个身份所带来的东西已经在慢慢消失，工人对自我身份的认同也越来越弱。

3. 养老保险、医疗保险、失业保险、工伤保险的多方共担

在这个阶段，H集团的养老、医疗、失业、工伤等保险已经快速的按照国家相关政策进行了改革，并进行了社会统筹。最终实现个体交一部分、企业拿一部分、国家出一部分的多方主体共同负担的改革目的。

在社会保障与福利领域的改革，使企业摆脱了承担的诸多社会职能，得以轻装上阵抓管理、搞经营、促竞争。这一部分逐渐由社会、国家、个人三方共同承担。从生产政治的角度来讲，这也是国家对于生产政治中的劳动力再生产的干预。

综上所述，无论是住房，还是医疗、教育，当他们从企业分离全面市场化之后，这样的改革对于国家的整体发展思路可能在当时看来是有利的（因为进入21世纪之后，我们已经看到在教育、医疗等公共服务机构全面市场化之后所出现的改革弊端或者是改革的失败），但是对于生活在当下的、作为改革对象的工人来说，他们所受到的冲击、所面临的日渐窘迫、越来越重的生存压力来说，无疑是最现实的问题。这也就是本书之所以要在长时段的变迁中来分析和理解我们的研究对象的原因所在，国企工人作为行动主体他们如何理解、赋予他们的行动以意义，又是如何看待他们的生活世界的失衡、断裂，如何通过行动来重建其在其中安身立命的生活世界的完整意义的。

（四）劳动过程中的支配与控制

1. 市场、技术与流程控制

在1992年之前，由于整个社会的改革路径还未完全转向市场化，所以在工厂生产领域，市场的压力还没有完全传导给生产过程，但是在某些方面以及生产流程的安排和设计方面，已经有所体现。1996年，国家经贸委下发了《关于认真贯彻全国学习推广邯钢经验暨企业管理工作会议精神的通知》（国经贸企［1996］202号，1996年3月

29日）。自此，H集团也加入了全国工业企业学习邯钢经验的热潮之中。邯钢经验的核心理念是“模拟市场核算，实行成本否决”，也就是说企业以市场可以接受的价格为目标，倒推算成本，这样就把企业职工和市场挂起钩来，使企业职工不仅负责生产产品，还要担负价格和效益的责任。这样就做到了两个挂钩，一是把每个职工与市场、成本、效益挂起钩来，二是把企业每个层次、每个环节、每个岗位和市场挂起钩来，形成全厂上下人人关心市场、人人关心成本、人人关心效益的新机制。

如果说在国企改革步步深入的过程中，前期的企业体制、股权改革都是在企业整体结构层面的探索，那么学习邯钢经验就是把市场的机制在生产过程的微观层面全面实施。邯钢经验以市场的机制，把工人、班组、车间、部门、分公司、子公司、总公司都统一进行定位，然后把成本控制作为责任、奖惩、考核的绝对指标，实行一票否决。这样就在生产过程之中，把所有市场无法接受的成本吃干榨尽。H集团结合对邯钢经验的学习，针对自己的生产流程，形成了“点、线、面”的网络控制流程。对于每个岗位、每个控制指标、每个班组都有详尽的控制指标，而且在24小时的流水线连续生产中（四班三倒制），四个班组之间的竞争和比较，最终落实到每个具体岗位操作工人的指标考核上。在邯钢经验的指挥棒下，H集团的工人感到了前所未有的压力。尤其是在实行管理层年薪后，为了完成任务，全额或者超额拿到年薪，工人感到管理上更加严格、苛刻，在生产劳动过程中更紧张了。

自从他们开始了年薪制后，他们高兴了，工人受苦了。他们怕每年年底任务完不成，影响拿年薪，就把目标分解到每个月、每一个轮班班组身上，然后再具体到岗位工的工作量上。那些不好计量的地方，他们就以整个班组为考核单位，好计量的地方，就具体到每个人。号称“千斤重担人人挑、人人肩上有指标”。（LCL，工人）

以上严格的管理控制指标的实现，除了得益于“点、线、面网络管理”的生产控制之外，还得益于技术的自动化改造。生产流程的安排与控制，围绕降低成本的目标，劳动力和技术是重要的两个方面。而资本有机构成的提高，是企业提高竞争力的关键。H集团通过技术改造，采用生产流程的自动化控制，就可以形成劳动替代，这样就会降低了劳动成本。

> 这几年，公司降低人工成本，实行自动化控制，每个岗位上的人更少了，说是自动化控制，就是人和机器步调一致才行。有时候一个工人顶两个岗位，虽然自动化程度提高了，但是工人要随时监控，两个岗位来回跑。(LCL，工人)

据笔者调查，H集团其中一个车间，年产60万吨的时候他们是350人，年产150万吨的时候，他们共有157个人。这样形成两个方面的影响，一方面凡是留下来的多是技术熟练工人，年龄大、无法适应改造后新技术的工人就被迫分流到其他的分、子公司或新建项目。另一方面，岗位劳动力的减少，意味着要求工人成为一人多能、一岗多职的复合型劳动力，这样就在单位时间内使工人的劳动投入加大并浓缩化。

> 技术改造后，我们这些工人要通过厂里、车间和班组的考试，然后决定谁能留下来，按他们的说法（管理层），谁留下来，谁就水平高、技术过硬，就是好手。那些考核不过关的，就得分流出去，到那些次要的辅助车间或者简单岗位上去干。在厂子里这样的车间和岗位，大家都知道，收入肯定高不了。有的甚至直接分流到那些亏损的、效益差的分厂里，说不定哪一天就关门了。……不愿意也没办法，厂里说这是市场的需要、是技术的需要，他们也不愿意这样。(ZYC，工人)

在生产政治的劳动过程中，市场、技术、管理安排共同形成了劳动过程的控制与支配，并且以中立化的市场和技术方式加以表现。

2. 激励参与和自我管理

除了劳动过程中的控制和支配，生产管理通过各种方式和活动的安排，也使工人主动参与到了生产中。

首先，H集团的合理化建议活动，起初是由工会牵头搞，后来是工会和技术中心联合在全公司开展。合理化建议在H集团的各个分公司、子公司、分厂、生产车间和班组都会定期开展。在车间和班组层面，是每月一次。由岗位工人以书面的方式写出建议，提交班组，然后班组提交车间，由车间进行评定筛选，提交到公司层面，再由公司的技术中心来总把关，决定是否采纳实施。

> 公司这么大，只有最基层的、最接近操作流程的一线工人，才真正地了解情况，知道问题出在什么地方。所以，合理化建议这项活动就是为了把工人对生产的意见及时了解、采纳，这样，工人就能参与到生产管理和技术改造中来。……我们对于工人的合理化建议制定了详细的考核办法。凡是经过筛选、评比、采纳的，我们会根据建议所创造效益、降低成本的多少，给予不同额度的奖励。从几百元到几千元不等。（SGL，公司工会负责人）

H集团的合理化建议只限于技术和生产方面。

> 我们两个人前几年提出的过滤×××前置分流方案，被厂里的技术中心采纳了，听说每年能节省近四百万元的物料消耗，要是加上间接的效益影响就更大了。……我们俩当时每人拿了3000元奖金，心里挺高兴的。说实话，提建议的时候不是为了钱，只觉得自己是一般工人，也能改进工艺，这说明自己不比专门的技术员差。当工人，技术上能被承认，感觉挺自豪的。（WXF，工人）

其次，H集团的各个分厂、车间还有大量的QC小组。QC是全面质量管理小组的简称。是指在生产工作岗位上从事各种劳动的职工，围绕企业的经营理念、方针目标以及生产现场存在的问题，以改进质量、降低消耗、提高人的素质和经济效益为目标，运用质量管理理论和方法开展活动的小组。QC 小组的最大特点是自发性和民主性。是工人自发组织、自我参与、自我管理、共同提高的小组。H 集团每半年都要定期召开一次 QC 成果发布会，这样的成果发布会评定出来的优秀奖项会参加省市乃至全国的 QC 质量管理成果大赛。

> 我觉得工人不都是外界看起来的大老粗，干了这么多年，对自己的车间工艺还是熟的。工艺上有问题，自己心里有想法、有主意，就试试看。正好公司里每年都搞 QC 质量管理小组活动，搞好了还有奖金。……这是自愿的，没人要求你必须拿出技术革新的东西，都是工人自己和几个熟悉的伙计搭伙，一起搞，也挺有意思的。（LYD，工人）

H 集团开展的合理化建议和 QC 技术革新活动以“1351”工程为主要内容，即全年每个职工提至少一条合理化建议，每个班组进行至少三项小改小革，每个车间进行至少五项技术改革，每位职工平均创经济效益 1000 元，设立主人翁奖、主人翁班组奖和主人翁成果奖。

下表是 H 集团合理化建议 1995—2005 年的成果和效益统计。

年度	收到合理化建议（条）	实施合理化建议（条）	较大技术改造（项）	小改小革（项）	增加效益（万元）	破纪录（项）
1995	28000	8000	270	17000	4800	/
1996	18000	5000	186	6400	3600	/
1997	19000	4000	137	4300	3500	320
1998	16700	5800	168	3500	4000	380
1999	18800	5600	132	4100	5000	375
2000	17600	5900	157	3900	6000	326
2001	19500	6300	203	5300	8000	278
2002	19800	6500	197	5700	8000	263
2003	18900	6100	154	4900	10000	197
2004	17600	6700	276	5800	11000	274

续表

年度	收到合理化建议（条）	实施合理化建议（条）	较大技术改造（项）	小改小革（项）	增加效益（万元）	破纪录（项）
2005	18700	6500	234	5600	12000	289
合计	212600	66400	2114	66500	75900	2702

资料来源：H集团工会内部材料。

以上数字显示，H集团十年间在合理化建议方面的成果还是越来越多。其背后有十年间企业扩张规模导致总量增加的原因，也是工人在劳动过程中主动参与的结果。

综上所述，全面市场化阶段，H集团管理层对劳动过程中的控制相比改革初期阶段而言，是严密和严酷的。对于生产成本的一票否决和严格考核，加大了对工人的管理与控制，工人的劳动压力、劳动投入、劳动强度进一步加大。在生产劳动过程中，结合市场、技术、管理设置、制度激励下工人主动参与等多方面，全面市场化阶段的生产政治中劳动过程的管理和控制，市场的参与程度加大、加深，并无情地渗透到工厂劳动过程的每一个层面和角落，管理层的控制是以弗里德曼和爱德华兹的自我主动性的责任控制和中立化的技术控制为特征的支配模式。

在劳动过程中的管理和控制加深的同时，伴随着前述工资福利的削减，工人的身份认同以及与管理层群体的群际分化，使生产政治发生了质的变化。接下来我们先分析前者。

三　身份认同与群际分化：背离与建构

身份对于个体而言，所蕴含的意义不可谓不重要。首先，身份从构成论的角度看，在与他人的关系中界定自我。拥有一个怎样的身份，对于“我是谁”的界定是首要的。但孤立、原子化的自我无法界定自身，因为倘若没有社会中与自我互动的他人，自我也就没有任何意义可言。其次，自我的同一性建立在对身份加以认同的基础上。而认同是对自我身份的社会关系或者说社会群体归属的一种明确认知。再次，这类身份的归属，是需要得到自我的意义赋予和价值体认的。这就需要分析身份对于自我作为主体而言的意义。除了自我和他人的主体间界定之外，自我的心理能够感受这个身份给自己带来的安全、稳定、归属的满足，也让自我能够依托这个身份得到存在的价值和意义，能够进一步获得自尊、自我实现。这样，身份认同才得以形成。

那么，国企工人的身份认同在全面市场化阶段发生了怎样的变化呢？如第二、三章所述，由于自我之外的其他群体（农民、商人、管理层）的存在所形成的比较和差异，在前两个阶段，国企工人的自我身份认同还能保持相对稳定的状态，但是在本阶段，这一切都发生了方向性改变。

（一）群际分化

在全面计划体制时代和改革的初期阶段，相比国企工人之外的农民群体来讲，工人身份所蕴含的职业社会地位还比较高，工作稳定没有风险，收入也还相对可观，住房、医疗、养老都还由国家提供，其他各类社会保障和福利供给也都能够获得满足。在国企内部，同事之间、工人和管理干部之间在待遇、收入差距等各方面都在相对合理的范围内，工人和干部之间的关系在计划体制时代相对而言较融洽。改革初期阶段或者说到了20世纪80年代中后期开始，随着企业自主权的扩大，管理干部群体在国企内部生产领域的权力无论在广度、深度还是力度上，都在日渐扩大、强化。因此，为了逐渐面对日渐竞争的企业发展环境，对于生产的管理和控制也逐渐增强。这就导致了相互之间的疏离。但这类疏离只是一种群体差异的初露端倪。随着市场化改革的全面展开，这些群际关系呈现出一种完全截然不同的形态。

1. 管理群体

国家宏观层面的制度支持、政治定位和意识形态的一致性、身份认知和自尊、自我实现的价值、意义获得、与他人的比较、工人和管理干部之间的关系等系列因素共同建构了国企工人的身份认同，但是，在1992—2008年这十几年的全面市场化阶段，国企工人的身份认同不再稳定，而是逐渐地呈现散落的状态。换言之，国企工人对自己的身份不再认同。

正如本章前几个部分所述，国家在推行国企改革市场化的过程中，第一，从制度和政策层面上将改革路向定位为全面市场化，从砸“三铁”、现代企业制度中的企业集团和股份制、抓大放小与破产兼并，到国企关停并转、战略性重组，改革的重点围绕市场化的核心，从内部制度改革到法人治理结构、股权多元化，这十几年的国企改制变迁的道路，让企业产权明晰化的目标越来越清晰，但是除了彻底的变卖、出售、股权多元化之外，市场化对产权明晰、法人地位的要求与国家和企业负责人之间的委托代理关系的矛盾始终得不到最终的解决。因此，第二，作为企业负责人的董事长（兼总经理、党委书记）就从名义上的代理人成为实际意义上的国企产权掌控人，而为了企业的生存和发展，国家赋予了企业负责人可以说是从 1978 年到现在为止最大的管理权限，自由地处理人、财、物，乃至国企改制的核心——股权分配中的权力。第三，在以上国家大政策和企业内部改制政策的影响下，工人的劳动合同、福利保障、工资制度沿着市场化、社会化、精细化的方向不断改革，这就使他们面临更多的生存压力，此时工人这个群体的身份所能给工人带来的东西，除了一份能够养家糊口的工作之外，并无其他更具优势或者更留恋的东西。

整个国企的改革大环境相对恶劣，劳动就业市场一直供过于求，劳动力过剩严重。因此，在国企的工作已经成了一份“鸡肋”，食之无味、弃之难舍。与之相比，改制过程中管理群体的权力、地位、财富得到巨大的膨胀和积累。

1999—2000 年，H 集团开始对各分、子公司负责人、一把手、相关经营管理人员实行年薪制，年薪与计划任务指标完成相挂钩，专业技术人员实行岗位工资制，高级技术人员按副处级岗位执行、中级技术人员按正科级岗位执行。这项改革旨在调动各下属单位负责人的积极性，但是，也在工人和管理层之间的收入方面迅速拉开了一条鸿沟。

2008 年，金融危机对企业的影响直接导致了 H 集团工人和管理层收入的减少。但是，面对市场风险，这两个群体承受风险的能力却不一样。如前所述，首先，从2000—2008年，工人的工资收入基本在低水平徘徊，并没有随着企业的效益增长而增长。与此同时，被工人视为“外群体”的管理群体（准资方）从2000年起开始拿年薪。二者十年的积累形成了巨大的群体差异。其次，2008年的金融危机使工人和管理层的收入各降低16%，但是对工人以1000多元为基数的16%和管理层平均以3500—8000元的范围为基数的收入的16%进行比较，显然巨大的群际差异、分配差距，基本构成了两个群体之间的矛盾和冲突的基础。即便是随后的逐渐恢复，也并没改变两个群体的分化与差异现状。

无论是上述静态的指标，还是在生产过程中双方关系的表现，这两个群体之间差异显著，两个群体对各自所归属的群体及其之间的界限有明确的认知，区别在于管理群体认知的是自我群体的优势，而国企工人群体对于自我身份群体的认同是从弱势，或者说地位逐渐下降、利益受损的角度来讲的。

而在生产空间中这两个群体的密切互动，管理者和被管理者的直接关系，导致了这两个群体之间摩擦不断，矛盾和冲突日渐升级。

> 工人要是有点什么意见反映一下，你听听当官的是怎么回答的，他们甚至会直接对我们说，你只是个工人……然后人家就不往下说了。这个时候我们心里那个滋味啊，怎么说呢！是啊，改革到了这份上，人家的权力越来越大，企业实际上都算是人家的了，我们工人算什么，只是工人，那舌头后边压住的半句话意思就是，你工人就是干活的，领导叫干啥干啥，别那么多毛病，要听话。不听话，不换思想就换人，再不听话，换个岗位让你试试看。……是啊，我们工人是笨，就是生来干活的命，但是我们也是人，也知道好孬。我们不是被吓唬、被呼来唤去、挪来挪去的牲口……我们干活、我们收入低，我们也不是没脸没皮的，我们是人，也要尊严，他们凭什么这么对我们?!（GMP，工人）

在生产领域的互动中，管理者对工人的身份建构，与前几个阶段发生了截然不同的转变。在管理层来看，工人的身份已经只剩下生产过程中投入的劳动力要素这一定义内涵。而工人从“当官的”群体中的身份建构所形成的群际差异、分化中，工人身份的弱势化、内心的屈辱感，都为群际矛盾和冲突积累了条件。

在这个阶段的国家宏观改革层面的市场化取向中，有不少观点认为改革的过程，必然是一个利益调整和重新分配的过程，一部分人肯定会受到影响，是推行改革需要付出的必然代价。为了把经济的“蛋糕”做强做大，需要牺牲一部分人的利益。面对这种代价论，工人很不以为然。

> 企业是该改革，发展市场经济也挺好，但是到底怎么改才让大家伙满意，可是真刀真枪的。……啥叫必然代价？他们当官的瓜分国有资产，坐好车、住别墅，给自己定年薪，把工人的工资福利这减那减、这扣那扣，搞不好就下岗分流，到最后直接干活的工人倒成了代价，凭什么我们工人就必须变成代价？他们想怎么改就怎么改，工人问不得、说不得，说多了，还给你扣个破坏公司安定团结的大帽子！叫我说，代价论是狗屁理论！（WXF，工人）

从本质上讲，在1992—2008年这个改革阶段，国企工人和管理者之间的关系，已经从劳动者和国家之间的劳动关系变为按照市场化运作的劳资关系，劳动者作为劳动力生产要素，被资本雇用。其中的关键在于一系列的改革，管理者已经从单纯的代理人变为实际意义上的资方。这个过程中，由于改革的路向就是要实现政企分离，因此国家再度作为资方已经不再可能，那么管理者作为代理人成为实质上的资方，虽然在这个过程中会出现“内部人控制”，但是这并不妨碍管理群体和工人群体之间的关系发生上述变化。

2. 农民群体

工人群体和农民群体之间的群体差异在1992—2008年阶段的改

革中是逐渐形成一种反差的。

笔者在H集团调查期间，经常问工人这样一个问题，就是如果说比上不足、比下有余的话，这个“下”会选谁？从1992年至2000年前后，在这个阶段，工人还选择农民，他们认为：

> 国企工人的收入虽然不是很高，但是收入稳定，而且八小时工作制，不像农民一年到头都在地里忙活，除了够吃的，也倒腾不出几个钱来，而且最重要的是养老问题很难解决，但工人至少退休之后有稳定的养老金。（MQK，工人）

在经历了一系列改革之后，“铁饭碗”没了，工资没有多少增长，生产中工作压力和控制更严格了，但是相对农民群体而言，他们对于工人身份所带来的优势还能找回一些，来保持工人身份认同的稳定性和连续性。而对于工人而言，这种稳定性和连续性是使他们对工作和生活赋予意义并持续其行动选择的一个重要保障。

谈到2000—2008年这个阶段，很多工人对于“比下有余”这个“下”的选择，就基本没有再包括农民这个群体。

> 他们现在有地，农业政策改革后，也不用交税了，还有各类农业补贴，现在农产品价格不断上涨，农民在家里随便干点，一年就收入几万块钱。现在到处搞建设，他们在农闲的时候，可以去打点短工，虽然苦点、累点，但是收入也很可观。所以，我觉得比工人强多了。（LCZ，工人）

> 大学生外出读书，现在很少有迁户口的，他们不迁户口一样找工作，而且家里还有土地，这样外面出了问题，回来还有饭吃。有些村集体经济好的，每年的村民待遇也是很可观的。（LLG，工人）

国家在1992—2008年这个阶段，随着农业政策的调整和重视，

“农民”这个身份不再意味着贫穷，而是逐渐成为“工人”羡慕的对象，而工人从计划体制时代和改革初期的“工人老大哥”到现在的纯粹劳动力，这个身份地位的落差是明显的。

以前的时候，大家都争着把自己的户口变成“非农村户口”，想尽快地成为城市人，但是现在你看有多少人愿意变，变了就没地了，就不是村里人了，村的什么政策都沾不上光了。（WJH，工人）

也就是在这个过程中，相比较“农民”这个身份群体，工人这个身份群体，感到了实实在在的失落。工人身份不再风光，这个身份所带来的许多东西已经在改革中被打散、分化、市场化，这些外在的失去，反过来影响并建构了工人主体的内在认同，他们无法再从这个身份感受到自尊和满足，更难以体验成功和自我价值的意义感。因此，相对于农民群体而言，工人群体的身份认同发生了动摇并逐渐解体。

记得以前的时候，相比周围来说，咱们公司（指H集团）效益还可以，工人的工资收入也让人羡慕，但是现在虽然没下降，但是别人提高了，每月这1000多块钱，物价又这么高，真是过日子很难，都怕人家知道我们是工人。（LCZ，工人）

以前的时候，还觉着穿着工作服出去买东西，没什么大不了的。但是现在，谁还好意思穿着H集团的工作服出去晃荡啊，还不够丢人的。（ZHG，工人）（H集团的工作服在工人和管理层之间是通过颜色和设计样式来区别的）

听我父亲说很早的时候，工人找对象人家都争着找，后来至少在1998年以前，工人找对象人家感觉也可以，还凑合，至少不嫌弃；但是现在，人家一听工人，有时候连面都不会见。我周围很多小伙子就是这样的情况，他们开玩笑羡慕我结婚早，沾光

了！（ZYC，工人）

（二）意识形态建构与身份认同：反差与背离

1. 意识形态的反差

（1）宏观：国家意识形态

对于工人阶级的界定，从国家层面上来说，新中国成立60多年来，始终没有变化。宪法规定：中华人民共和国是工人阶级领导的、工农联盟为基础的、人民民主专政的社会主义国家。但是经过多年的改革，当工人的切身体验与意识形态的宏观定位背离时，人们就会对这种定位产生动摇。

> 我觉得说这些都没用，那都是老皇历了，最现实的就是看看报道、看看周围就明白了。我们工人不是不愿意相信，我们也很向往以前国企工人的好时候，但是现在的光景、地位、收入，不得不让人现实一些。（MQK，工人）

（2）微观：国企组织内部

在全面计划体制时代和改革初期，“职工是企业的主人”是一句耳熟能详的话。

> 那个时候，国企还没有向产权方面改革，工人和管理者都是国家雇用的职工，相互差别也不是很大，企业既是工人的，也是国家的，反正不是管理干部的。所以，那个时候可以说职工是企业的主人，没错。（WWD，工人）

1990年，在国家层面的国企改革指导方针中，“全心全意依靠职工办企业”是搞好国有企业的“三个关键”之一，但是随着1992年全面市场化的开启，这些政策层面的描述已经逐渐消失。

笔者围绕H集团1995—2008年的公司文件进行了文本分析和访

谈，认为可以从国企日常管理经营的活动形式和文件措辞两个方面来理解。第一，“全心全意依靠职工办企业”“职工是企业的主人”这两句话，多出现在年终总结大会、“五一”劳动节表彰大会、“七一”表彰大会以及每年的“工会”和“职代会”的会议上，从时间上看，1992—2000年，这一阶段还经常出现。但是2000—2008年，已经越来越看不到了。第二，在文件方面，也是如此。笔者对H集团的秘书处进行访谈的时候，没有人能说清楚这两句话具体是什么时间消失的，但是可以肯定的是，随着企业的改革，这两句话是逐渐消失了。

通过对以上两个层面的意识形态分析，我们可以看到，总体上国家在宏观意识形态方面并没有变化，但是相比而言，国企组织内部微观层面对于国家意识形态的执行和阐释是不一致的，值得思考的是这从中国的现实情况看，意识形态的口径存在差异是极其少见的。这是微观层面对于国家宏观意识形态的背离。

本章前几部分对于国企全面市场化的改革路径、政策、管理层和国企工人的处境变迁等方面的论述，说明改革已经在实践层面上与企业层面的意识形态构成否定性背离，这也许是失去了现实实践基础的“两句话”在国企改革进程中逐渐消失的原因。

国企工人对于“两句话”的认识，也是随着改革实践的推进逐渐发生变化的。他们发现自己的各项优势在每一项政策出台之后逐渐丧失，而“职工是企业的主人”背后所隐含的意思应该首先是“企业是全体工人的”，但是随着国企的改革，无论是管理控制、劳动分配制度，还是股权配置等方面，他们越来越处于劣势、无权、被忽视、被管理、被支配的角色。工人身份原来的丰富内涵，已经变得非常干瘪，几近于纯粹劳动力要素的单一身份了。对于改革的现状，他们曾经启用“职工是企业的主人”这套社会主义意识形态话语来力图改变自己在改革中的劣势，并争取利益，但是当微观层面的实践依托于“国企改革”、建设社会主义市场经济的合法话语，对于国家宏观层面意识形态发生背离的时候，这套意识形态对于改变国企工人的处境已经基本丧失了作用。工人甚至以戏谑的、相反的话语来阐释这个变化过程：

> 原来是全心全意依靠工人办企业，现在是全心全意依靠企业“办”职工，怎么说呢，企业几乎就是他们（管理干部）的，他们说怎么样就怎么样，工人一点办法都没有，只能任人摆布，可不就是依靠企业“办”职工吗？（LYG，工人）

在此不得不提及的是，在前述社会福利机构全面按照摆脱“企业办社会”包袱进行剥离的时候，意外但又在意料之中的是H集团的电视台和报社这两个机构却继续留在公司内部，作为舆论宣传和传播的阵地，它们在意识形态的霸权建构和企业的管理控制中毫无疑问发挥着重要作用。

> 虽然是企业，但是这两个舆论阵地对于统一全公司上下的整体思想、凝聚人心、上下沟通，并把公司领导的改革思路和公司的发展动态快速在全公司传达，还是很有必要的。所以，这两个社会媒体，当时不可能很快改制放到社会上去，报纸和电视，对于公司的经营管理，还是非常重要的。（ZQY，H集团××中心副主任）

综上所论，工人的阶级身份在国家层面没有改变，但是在微观层面的政策与改革实践、意识形态的定位与阐释上，工人身份已经发生了实质性变化。至此，国企工人名义身份和实践层面的真实身份形成了背离、分裂和冲突。

这样我们可以认为：意识形态层面的变化，意识形态和改革实践的背离，共同构成了工人身份认同变迁、散落、解体的基础。

2. 意识形态的建构：企业文化与管理控制

布洛维认为工人是按照组织目标的要求去以“同意”的方式做工，并强调了国家和市场合作的几种外在结构力量，但是他也没有从主体内部寻求到答案，而只是指出了工人主体的参与状况。因此，工人主体性的问题依然存在。但是，后来的理论发展认为，工人也接受资方的部分价值，并在劳动过程中进行自我理解、自我控制。随后理论界出现了让工人认同企业价值观的企业文化运动[①]，提倡工人自我管理论等趋势[②]。这些往往被称为“公司企业文化主义”“规范管理”“公司殖民化”“后福特主义霸权控制”[③] 等。有学者认为通过这些管理方式，工人获得了生活的自我控制和意义感[④]，与之相反的观点认为工人并不接受组织的规范价值[⑤]，也有学者对以上两种观点持调和论，认为在服务业的劳动过程中既存在自治，也存在控制[⑥]。

由以上可以看出，资本家对工人的控制逐渐从直接、强制、显性的方式向间接、规训、隐形的方式转变。因此，围绕着资本主义劳动过程的生产政治理论，也出现了从结构化的剥削过程到主体参与、从被动接受到主动抗争、从宏观控制向微观控制、从结构主义向后结构主义的转换趋势。[⑦] 在这个过程中，人们不仅仅参与实现组织的目标，而且在理念和精神上接受了组织的价值观。

那么在国企组织内部，当宏观和微观的意识形态价值观和传统理念在人们的心中逐渐解体之后，又出现了怎样的变化呢?

中国国企在全面市场化的1992—2008 年期间，自 20 世纪 90 年代前后开始，在管理学界、企业实践领域，集中关注和研究“企业文化”日渐成为热点。笔者认为，这是管理学界和企业改革实践之间互动的结果。为了研究企业沿着市场化道路应该怎样改革与发展，学界

① ［美］威廉·大内：《Z 理论》，孙耀君、王祖融译，中国社会科学出版社 1984 年版。

② Linda Fuller，Vicki Smith，Consumers' Reports：Management by Customers in a Changing Economy，*Work*，*Empolyment and Society*，5，1 -6. 1991.

③ Marek Korczynski，Randy Hodson，and Paul K. Edwards，*Social Theory at Work*，Oxford University Press，USA，2006，p. 443.

④ Patrice Rosenthal，Stephen Hill，Riccardo Peccei，Checking out Service：Evaluating Excellence，HRM and TQM in Retailing，*Work*，*Empolyment and Society*，11，481 -503，1997 .

⑤ Gideon Kunda，*Engineering Culture*：*Control and Commitment in a High - Tech Corporation*，Temple University Press，2006.

⑥ Linda Fuller，Vicki Smith，Consumers' Reports：Management by Customers in a Changing Economy，*Work*，*Empolyment and Society*，5，1 -6. 1991.

⑦ Marek Korczynski，Randy Hodson，and Paul K. Edwards，*Social Theory at Work*，Oxford University Press，USA，2006，pp. 444 -446.

介绍了国外的“企业文化”研究，而国内的企业改革实践也正需要一套新的理论来启发改革中出现的问题。客观上，笔者认为，企业文化建设在国企改革中的兴起，无论是从管理理念、“VI”视觉识别系统建设还是制度建设等方面，都促进了企业的改革与发展，但那不是本书关注的重点。本书认为，在国企改革中，工人身份认同的逐渐散落、解体，也同时消极地影响了工人对于企业的认同，而这又进一步影响到了工人对于工作的热情、劳动的投入，而企业文化的目的之一就是要形成工人对企业的凝聚力、向心力，使工人将自己的发展目标和企业的愿景合二为一，共谋发展。这就是前述企业文化作为价值体系，如何让工人主动理解、接受、认同并投入主动积极工作的意义所在。因此，从生产政治的角度看，布洛维虽然提及了劳动过程是在政治、经济和意识形态三个要素统一发挥作用的过程中被塑型的，但是，他在论述建构“同意”的企业内部结构性力量之后，很快就转向了在生产政治中，而对于不同生产政体的形态是如何被建构的问题，意识形态的作用机制在生产政治中是如何生发的，并没有多少着墨和停留。笔者认为，在国企改制的过程中，企业文化从意识形态的角度，在国企改革中，以身份的“修辞”转换、传统“国企文化理念”的借用、实用主义的文化取向等多种途径和方式，力图重构工人的身份，并将其与企业的生产和发展密切关联，用工人的话说就是：“和企业一条心、多干活”。因此，笔者认为，对于国企改革中企业文化作为一种意识形态的形式，把身份认同和生产政治进行结合分析，需要对中国国企改制的实践进行仔细分析，来对布洛维的生产政治理念进行拓展和补充。

（1）企业文化建构与身份修辞的转换：工人、员工、股东

国企工人被称作“职工”是由来已久的习惯。笔者对 H 集团的公司文件进行了梳理，发现出现最频繁的词汇是“广大职工”，但是在 1995 年成立集团之后，“职工”的称呼在逐渐消失，而是慢慢变为“员工”。

从工人或者职工变成员工，感觉到更亲切了，工人或者职工

感觉到好像还是原来的老国有企业遗留下来的称呼，你看要是称呼工人的话，就好像在工人之外还有管理干部，好像有点从上往下看被小视的感觉，但是换了员工，就感觉不一样了，就是说大家都是企业的一员，没有高下之分了。（GMY，工人，女）

员工本来好像只有外企或者三资企业采用的称呼，我们国企也采用了，好像更现代、更进步了似的。（WFH，工人）

可见，对于工人这一身份，在措辞上发生的变化，给工人的印象和感觉在一定程度上消除了“工人和管理干部”之间的区别，而现实中这两个群体之间，群际差异却是越来越大，关系越来越紧张。

在H集团控股的子公司，由于在上市的时候发行的股票中有向内部职工定向发售的几千万股，每个职工手中都有了一定数额的股份（当时的购置比例也是按照管理层级的高低来配置的），所以，在该子公司，员工在很多文件、会议、场合，多被称为“股东”。

干了一辈子工人，公司上市了，自己成了股东，感觉挺好的。（LYD，工人）

按说是股东，就要为这个企业负责啊，工作上要负责，因为这个企业的资产有你的一部分。（YJ，工人）

新型企业文化理念中把工人变为“员工”“股东”等，力图重新建构一种全新的工人身份，以使工人在工作中与企业合二为一，发挥意识形态的整合作用。

（2）传统国企管理理念的借用

在H集团成长的过程中，也不断地从其他国企学习和借鉴优秀的管理经验，比如向大庆学习以“三老、四严、四个一样”为代表的“大庆精神”，向吉林化学集团学习，等等。

我们可以仔细分析一下“大庆精神”。“三老、四严、四个一样”

是这样解释的："三老"是当老实人、说老实话、做老实事；"四严"是严格的要求、严密的组织、严明的纪律、严肃的态度；"四个一样"是领导在和不在一个样、有人检查和没人检查一个样、白班和夜班工作一个样、坏天气和好天气工作一个样。而以上理念所内含的对工作的要求是明白清楚的，就是要求工人在企业里要踏踏实实、认认真真地工作，而且在有人管理和没人管理的时候工作投入一个样，恶劣的条件和好的条件下工作积极性要一样。其实质是通过这些理念的选出，让工人认可这些理念，并在工作实践中自觉遵守、执行。这样，企业文化就发挥了其意识形态的作用。使企业在不必投入直接的管理控制和监督成本的前提下，工人就可以自觉地投入到劳动中去。

（3）文化的"实用主义"取向

在H集团1992—2008年这个阶段的发展过程中，伴随着整个国家经济大环境的波动，H集团也在不断的颠簸中前行。

在改革的初期阶段，当企业发展需要将市场化的压力传导给企业内部的时候，这就需要把企业在计划体制时代的松垮、人情、平均主义的管理方式，转变称为压力型的"严、细、实"的管理方式。因此，在H公司的主要入口处，曾悬挂着一条大型标语："进入工厂者请放弃一切自治。"这是从恩格斯的《论权威》摘录出来的一句话，这对于工人来说，无异于工厂一方携带着市场的威严，在工厂生产管理过程中铁面无私的态度，其实质很类似于爱德华兹所说的资本在劳动过程中对于劳动力的控制从简单性控制向结构性控制的过渡。进入工厂者不仅仅是工人，还有管理者，二者都要放弃自治，意味着他们在工厂领域一方面都要受工业生产工艺技术流程的控制，另一方面还要受管理组织中的官僚控制，而后者的控制，从表面上看不是管理者自身要求的，而是所面对的市场竞争的残酷性、工业生产的组织管理模式所要求的，"而非管理者自己非要和工人过不去"（WZM，公司企业文化科长）。然而仔细分析我们可以看出，其背后的关系实质是资本和劳动之间的日渐明晰化的控制和被控制的关系。

在1998年前后，全国普遍密布国企改革的兼并、破产、联合、重组、工人减员、分流、下岗、失业的阴云，这一段时间对于国有企业工人可以说是一段终日忧心忡忡、人心惶惶的日子，面对铺天盖地的改革浪潮，企业的起伏不定的命运，工人的何去何从，都是未知数。H集团也不例外，如前所述，在1995年集团成立之初，地方政府以“拉郎配”的方式，让H集团兼并了很多经济效益不好的、没有发展前景的、甚至濒临破产的地方中小企业。这使H集团背上了沉重的包袱，到了全国企业抓大放小、兼并联合的改革攻坚的“三年脱困”阶段时，H集团需要对这部分企业进行改制破产。所以，虽然整个H集团没有垮掉，但是内部的几十个分、子公司至少接近一半进行了各类改制。这其中涉及不少企业需要破产，工人分流下岗。因此，整个H集团的职工都目睹了周边兄弟企业的改制现状，工人工资下降、岗位减少、提前买断工龄、破产失业。而H集团在此不失时机地提炼出一句企业文化的理念，并将之粉刷成每字四平方米左右的红色大字，在工厂内部的一条大路的尽头厂房墙壁上醒目地写着：有活干就是幸福。

这句话的背后所蕴含的企业文化的理念，是从反面的角度警示工人要珍惜现在的工作，不要这不安心、那不满意，相对于那些失去工作的人来讲，能有活干就已经很不错了。所以，不要挑三拣四，毛病多多。自然，也就会要求工人对企业内部的生产管理和劳动安排，一切要听从指挥，不然的话，下一个失去岗位、丢掉饭碗的就是你。

严格地讲，这句话不应该属于企业文化的一部分，因为对于企业文化本身来说，是应该通过用正面的理念、把管理对象当作核心、当作有尊严的、有追求的，而非单纯的挣钱的“经济人”来对待和管理的，是以信任和尊重为基础的，让工人主动参与到企业的管理中来，而非类似上述的这种以威吓、失去工作为条件，负向的管理理念。但是，事实就是这样，而且被H集团的管理者作为企业理念的方式公开宣称。这可以从两个方面来解释，一方面，这说明当时国企改革阶段，国企内部工人和管理层二者之间关系已经日渐疏远，而且充满了威权管理；另一方面，这其中也蕴含着传统计划体制下的“父权制”的管理风格的延续或者再现，国企管理者代表国家把工人当作这个社会主义大家庭的子女来看待，并提供工作和福利，满足各种需要。虽然国企在向市场化改革的路上迈进，但是管理者仍然以“父权”的方式看待工人，只不过这个时候的“父权”没有了各种恩惠和保障，却充满了权威和铁律，同时认为，工作就业机会也是他们所提供的恩惠。

虽然国有资产的产权还没完全改制，但是作为国企代理人的企业负责人及其管理团队，已经在行使这部分职能，形成内部人控制，而这个阶段，也正是H集团开始向管理层发放年薪的时间，当国企生产任务完成情况越好、生产盈余越多的时候，从最高负责人到下属的各个管理层级，他们管理的越到位，生产任务和指标完成得越多越好，同时也就意味着其未来的年薪收入期望值会越来越高，而且会变成现实。

因此，“有活干就是幸福”的出现不是偶然的，其背后的以“父权制”为代表恩威并施的管理方式，在市场化改革阶段，强化了对工人群体的管理控制。

（4）新型企业文化的身份建构

随着国企改革的推进，生死存亡的“三年国企脱困”在全国范围内基本完成，在H集团内部也是同样，无论下属的分、子公司的工人经历了多少磨难和眼泪，但是对于整个集团来讲，困难的日子已经过去。因此，企业文化建设需要新的理念来重整企业内部的管理。

企业文化在管理理念层面，是信任人、培养人、发展人的过程。也就是要把人当人看，除了收入上的满足，还需要让员工对企业形成归属感，并以此来凝聚人心，形成企业的向心力。因此，“企业是员工的命根子、员工是企业的台柱子”“企业是我家，发展靠大家”“多点沟通、少点抱怨，多点理解、少点争执”这样的文化理念在整个企业的生产空间里，从生产流水线、作业岗位到班组休息室、主控操作室，乃至到车间、厂部、科室的走廊、墙壁、候车点，处处宣传张贴。

在企业内部，他们还开展了关于文本阅读的系列活动，阅读文本包括《基业长青》《谁动了我的奶酪》《致加西亚的一封信》《没有任何借口》《细节决定成败》，等等，而这些学习文本中所涉及的核心理念就是在工作中如何没有任何借口地强化执行力的问题，也即是说在公司内部，在生产过程中，如何对于管理上的规定和要求，在减少或缺少外界督促的情况下，自觉去实施、执行的问题。如果我们将其与传统企业文化理念进行比较的话，我们会看到无论是以前的管理理念，还是现在的新企业文化，其目的是一致的，也即要让管理对象在管理中更自觉、更高效地接受管理，自发、主动地投入工作和劳动过程中去。

企业文化是一整套的管理模式，具体到可操作化的层面，其有三个分系统，包括物质层面的视觉识别系统、制度层面的行为执行系统和价值层面的理念系统。这三个系统是共同发挥作用的。前面我们讨论了其文化理念层面的东西。下面，我们分析一下其物质视觉层面。

在H集团的新型企业文化建设中，包括重要的VI视觉形象识别系统。也就是说，通过一定的鲜明、醒目的符号，让视觉对象记住、识别其符号的所指对象。首先，H集团有自己的企业标识，并且在其产品包装、运输车辆、公司招牌、广告宣传、工作服装、办公用品、礼品盒等凡是能够代表企业的地方，均有其标识所在。其次，H集团通过工作服装，来让工人对自己的身份归属时时明确，进而进一步遵守公司对于工人的要求和管理规定。笔者认为，这是H公司通过企业服装的方式，对于人的身体的规训与管理，随着职工的身体位移，来将其管理和规训在不同的时间、空间内实施控制。其实质是一种文化系统对于工人行为方式和行动选择的支配。还可以说，这是文化通过物化的方式对于人的控制。

H集团还开展了很多活动，以喜闻乐见的方式来实现企业文化的意识形态功能。其中有一项由职工参与的楹联活动，楹联的内容以“爱岗敬业”为核心表达思想，每个人可以根据自己的岗位写作不同的内容，通过评比之后选出优秀楹联，除了奖励之外，还在全公司进行推广宣传。H集团还请了不少书法家对这次活动产生的优秀作品进行写作装裱，并悬挂在与之相关的岗位上，以此激励岗位工作人员。笔者在此分析一例。

“分析产品、化验人生”，这是H集团通过这次活动选出的优秀楹联作品。楹联作者是一位化验岗位的工人。虽然数字不多，却表示了作者将自己的人生价值和自己的工作进行勾连、融合、升华的工作态度。对于大工业流水线的生产，产品的取样和化验是需要每小时一次的，但是对化验岗位的管理是无法随时监控的，所以这就需要化验员自觉地按照工作要求来操作。这句楹联，就反映了管理者所期望的状态。岗位工人通过对自我的严格要求，并把自我的价值实现和工作的化验相连，其核心在于化验产品的工作本身敬业与否，直接就是在检验自己的人生价值和理想，做一个诚实、敬业的人。因此，可以说这副楹联所传达的理念，正符合管理层所要达到的目标，工人自觉地参与工作，自我有效地按照管理规定和要求去执行。工人把对自我身份的认同和对企业的关心、向心力合二为一。企业文化以意识形态的方式整合人心的目的得以实现，同时实现了企业降低管理成本、强化管理控制的目的。

3. 身份认同的背离

国企工人对自己的身份所发生的变化是敏感而明显的，对于在国企改革中自己作为工人的身份定位和改革实践中的遭遇是有着清醒认知的。

> 现在工人谁还说是企业的主人啊，还不够让人笑话的呢！连“当官的”都不好意思说这句话了。大家心里都明白，那是过去的身份，现在就是干活的。……怎么说呢，社会上说病不起、养不起（孩子）、住不起（房子）、上不起（学），我们就这样，什么都要自己掏钱，这么多年工人的工资不涨反降，你说工人变好了还是变差了？越来越糟！所以，那些什么主人、什么股东、什么台柱子，都是蒙人的话。这么说，你手里有了几千股，你就是企业的股东了？瞎话！一句话，工人的日子越来越难过！（MQK，工人）

国企工人在意识形态定位中的名义身份与自己在改革中的真实身份发生了背离，这种背离说明个人对自我的身份认同已经不再稳定，他们原有的身份认同被分解、散落了。因此，从生产政治角度看，企业从企业文化的角度力图实现的对于工人的控制，虽然从原来的硬性的、明文规定的、显性的向软性的、更富文化气息的、隐性的方式转变，但是国企改革中的工人自身的“经验”性际遇，使这种控制目的落空，国企工人已经慢慢并不再相信企业文化的理念。

> 企业文化提出的很多说法，我们觉得都很好，但是怎么落实、能不能落实，我们看不到。工人的收入越来越少、地位越来越低，你们“当官的”吃饱喝足，又有钱又有权，你让工人怎么相信企业文化那套东西，那不是唱高调又是什么？要我说，企业文化就是忽悠工人多干活。（LLG，工人）

国企的发展与生产管理面临越来越严酷的市场竞争，所以对于企业的管理和控制只会越来越严。因此，为了维持企业的正常生产经营的运作，管理控制在一定程度上还会依靠一定的强制和威权。这是一个逐渐的过程，也是一个管理控制和企业文化的意识形态并行的互动过程。

工人，在国企中的工作需要继续存在并持续下去。他们的地位虽然在滑落，但在资本与劳动的这场持久的博弈中，他们会安心面对并承认这种现状吗？身份认同，意味着一个人或者一个群体从自己的身份中获得自我的需求和归属，并通过行动来获得自我成就、自尊和自我存在的意义价值感。工人对原来的身份不再认同，他们又如何通过自己的行动来寻求、建构自己新的身份认同？这将是本研究下几章所要讨论的问题。但是在讨论这个问题之前，我们需要重新分析一下全面市场化阶段，国企领域的生产政治该如何认识。

四　小结

（一）“主人翁”身份认同的解体与意识形态的建构

无论是从国家和企业的意识形态的角度，还是从企业自身的新型企业文化建设来看，在“职工是企业的主人”“全心全意依靠职工办企业”逐渐失去了其整合作用的时候，企业又通过新型企业文化建设的方式，在国企组织内部进行了国企工人身份的重构，从“工人”“员工”到“股东”，这个过程是把“工人”这个身份向企业这个“家庭”的“主人”身份靠拢的过程，也是欲图把企业命运和工人命运拴在一起的过程。但是，伴随这个过程的是国企在市场化的进程中，严酷的改革过程；是国企工人的地位逐渐下降，福利待遇被逐渐减少的过程；是管理层作为国家在国企代理人的权力逐渐扩大的过程；是管理层对于工人的管理日渐严格、控制程度日渐加大的过程；也是工人群体和管理群体之间的群际差异逐渐明显、群际冲突日渐疏远、升级的过程；更是工人群体和社会上其他群体（农民群体等）之间地位反差出现反转的过程。而这个过程无论是与国家在宏观层面的定位，还是国企在组织内部的微观层面所力图达到的意识形态定位进行比较而言，都是一个极大的反差。

工厂生产政治中，国家在改革的过程中隐而不退，市场的力量全面介入企业领域，企业的改制、股权的分配、工资和福利保障的削减和多方共担、劳动过程中的日趋严格的管理控制和支配，使工人和“当官的”管理群体之间无论是在经济资源改革分配中的掌控与获得，还是管理过程中双方的权利和支配权的强弱，都呈现出显著的群际差异、群际分化，并逐渐形成了内、外群体认同。工人内群体的认同，又是在这个过程中逐渐强化的，这就为群际矛盾和冲突准备了基础。上述过程，同时也是工人身份认同基础中，工资、福利、待遇、保障等方面被逐渐剥离、削弱进而散落的过程，工人也就逐渐不再认同这个身份。哪怕传统意识形态的延续和新型企业文化的意识形态再度建构一个名义身份，也无法和改革实践中呈现出的工人真实身份相一致。这就构成了身份认同的散落和背离，至此工人对自我的“主人”身份认同解体。

从宏观层面对于工人的意识形态定位到微观层面企业文化对于工人身份认同的建构，笔者认为企业都在力图稳定目前生产政治中的紧张关系，遮蔽劳资关系日渐显性化的不平等结构，这是其意识形态双刃剑的一面。另一面，当前述意识形态的身份建构、定位与制度实践发生背离时，意识形态的虚假性一面就会显露。身份认同的散落使工人通过对于“我（们）是谁”的追问，在群际关系和冲突中，重新寻求新的身份认同，这就可能会形成生产政治的变迁动力。这是意识形态霸权作为双刃剑的另一面。

在国家干预的隐而不退、市场的全面展开、福利保障的剥离、群际分化的加剧、意识形态的建构、身份认同的背离这多方面因素的影响下，生产政治内部的生产政体呈现出一种独特的形态。

（二）生产政治中的中央和地方

布洛维在其生产政治的分析框架中，围绕国家与工厂的关系，对国家干预进行了界定。但是，对于国家在地方和中央两级政府在与企业的关系中所存在的差异，及其对劳动力再生产和劳动过程中管理与控制的影响，布洛维并未细分论述。基于前述，笔者认为，二者之间的关系是若即若离而非始终保持一致的。因此需要对生产政治理论框架中的国家变量进行细化分析并分别论述，才能更全面地呈现全面市场化阶段，国企生产政治丰富而复杂的内部关系形态。

在国企改革过程中，中央和地方两级政府所扮演的角色，有时一致，有时貌合神离，按照新政治经济学的解释，当把政府作为一个追逐自我利益目标的行动主体时，这些都可以得到很好的解释。因此，在国企改革过程中，至少在这一阶段，所谓政企分开，无论在产权上还是政府对企业经济改革的涉入程度，都还没有实质性的变化。

对于中央政府而言，国家在国企改革的过程中，按照市场化的思路进行行业兼并联合、发展壮大国家在化工领域的H集团，是国企改革的成功经验，也是优化国有资产分布结构、投资结构、组织结构的有效途径。

对于地方政府而言，有两个方面值得分析。其一，1994年国家实行分税制之后，地方政府和中央政府财政分成的基调基本形成，这对于地方政府来讲，地方企业的发展好坏直接影响着地方财政收入，因此，地方政府在扶持企业做大做强、健康发展方面可谓是不遗余力。其二，在1978年以后的改革路向上，以经济建设为中心的基本思路决定了中央对地方政府的考核，基本上是以GDP为主要指标。因此，地方官员为了自己在任期间的政绩，对于地方所在企业，无论是省级所属还是市级企业，只要是能够创造效益，地方政府就会全力扶持。

无论是在企业集团化、股份制还是股权分配改革中，我们会随时看到国家的身影。中央政府虽然在改革取向上努力实现股权的多元化，但是由于地方政府的自身利益取向（包括财政支持、政绩目标、官员个人或群体利益共谋），这就使国企全面市场化阶段的生产政治中，地方政府与国企管理层出现合谋的可能，导致了资产低估、股权改革的不公平分配，继续扩大了工人和管理层（准资方）的群际差异和分化。而后期中央政府对于MBO的紧急叫停，在客观上又制止了地方政府和管理层共同参与的国企资产的流失。因此，国家对于企业的干预中，地方和中央两级政府的不同关系影响了生产政治内部的复杂性。

（三）“混合型”生产政体

1. “混合型”生产政体的独特机制

布洛维通过对世界各地工厂内部的生产政治的形态进行的比较分析，认为根据国家对于工厂内部涉入程度，以及工厂和国家之间的组织和制度形态，可以将工厂生产政体分为四类，依次是霸权型、市场专制型、官僚专制型、集体自我管理型。在布洛维的分析中，当国家与企业相分开的时候，企业就专属市场了，所以，此时的企业内部生产政体的运作逻辑是按照纯粹市场的逻辑展开的。说明这一点之后，我们可以对这四种类型稍作解析。第一，市场专制型，在这个类型中，国家对企业的干预和涉入是直接的，但是国家和企业在组织形态上是分开的，这个时候的生产政体形态是市场专制型，这种形态多存在于自由资本主义发展的初始阶段，那个时候以市场逻辑为主导，资本和劳动之间的关系是强弱的、对立的互动关系，如果资本对于劳动的剥削过于强大，就会引起劳动的抗争与不满，这个时候国家就会直接出面进行干涉，而非采取一种间接控制双方关系的方式。第二，霸权型，这个类型中，国家对企业的干预改成间接方式，而国家和企业在组织形态上仍然是分离的，这个时候市场和劳动之间的关系并没有发生根本性改变，但是由于国家提供了对于劳动的系列社会保障法规和政策，比如《劳动法》《劳动合同法》《工会法》，而且相关的最低生活保障、养老保障、失业保险、工伤保险等，都放在社会上进行解决，这就使劳动力的再生产与资本雇用劳动的生产过程相分离，即不再依附于雇用劳动关系。这样国家为免除资本和劳动之间的无穷尽的争论和斗争，提供了一块看似中立的、缓冲的、解决问题的中间空间。国家对于这些措施的实施，也同时在最低限度上保障了劳动力的再生产。在这个阶段，劳资矛盾不再像原始资本主义积累阶段那样尖锐，同时在劳动过程中，资本对于劳动的控制也不再像上一个类型中的以专制的方式进行，而是采用了更中立、更隐蔽、更制度化的方式进行。第三，官僚专制性，这个类型中，国家与工厂的组织关系是混合在一起的，也就是说国家的行政组织和企业的管理组织是混合的，而国家对于企业的干预和涉入程度也是直接的。这样的类型，多表现在东欧原社会主义国家的工厂中。第四，集体自我管理型，这种类型是很特殊的、极少见的一种类型。主要表现在南斯拉夫的工人自治管理中。

本章在前面已经对我国国企在全面市场化阶段的改革进行了论述。在我国国企改革中，改革的目标是要实现政企分开，使产权得到明晰化，并以此形成企业的活力机制。我们看到虽然在根本的产权所有和归属问题上，我国的国企还没有最终解决，但是国家通过对于财政、价格、生产要素市场、货币、股份制等市场化所需要的配套政策进行建设和完善，已经很大程度上减少了国家对于企业发展的干预。此外，在社会福利方面，养老、医疗、工伤、失业都已经从企业的包袱中释放给社会、国家、个人三方共担，并建立了最低生活保障制度。这一系列改革看似说明，国家也正在摆正自己作为中立的、提供公共服务职能的角色。但是，笔者认为，由于我国改革的政府主导性，这些措施的采取还远不能证明国家与企业的关系已经脱离并中立化。笔者所讨论的国有企业H集团福利制度的发展思路中，相对上述布洛维的霸权型生产政体的分析思路而言，有如下比较。

首先，有两点是相同的。第一，路径和方向一致。二者都是通过公共政策的方式，通过个人、企业、国家三方共担的形式提供了最基本的社会福利保障。第二，结果是一样的。都是让社会成员能够在市场之外，既通过自己的努力，也通过国家公共财政的支持，在养老、医疗、失业等领域获得基本保障。

其次，有两点是有差异的。第一，二者的出发点不一致。在发达资本主义国家，他们所进行的社会福利制度改革的目的是解决社会公平问题，进一步减弱或纠正劳动者在与强势资本相遇时的不平等关系和弱势地位。而我国的社会福利制度改革却是要改变原来那种缺少发展活力的、过分平均主义的福利供给模式。第二，具体发生的历史条件不一样。发达资本主义国家所进行的福利改革，是在资本主义市场经济极大发展之后的产物，更是自由市场资本主义发展过程中所遇到的经济危机对社会构成了伤害之后的产物。我国福利制度的改革是在市场刚刚开始发展，计划体制在各方面的遗留问题还比较明显，因计划体制的过分僵化导致整个社会经济生活窒息的情况下所推出的改革。

基于以上国家、市场和企业关系的复杂性，布洛维的生产政体理论中的任何一类，都不太适用于对我国国企生产政治关系进行分析。

在霸权型生产政体中，我们看到的是国家的干预是间接的，而市场和劳动之间发生的关于劳动保障、福利等系列关系到劳动力再生产的事务，都由国家转移到社会上进行保障、解决。而在我国的国企改革中，我们看到，国家也在不断地退出，并且也建立起系列的社会保障制度，总体是国家在退出、市场在推进，国家还企业于市场。但是，由于所有权的问题没有得到最终解决，这就仍然会在所有权、产权、经营权、控制权之间发生矛盾和冲突。此时国家的力量仍然“隐而不退”。

即便现在国家的产权由地方国资委代管，但是作为国家代理人的国企负责人仍然具备了极大的权限，而且其任命权还在国家手中。从新政治经济学的角度来分析政府的话，政府也是一个利益组织，它有着自己的利益追求的最大化目标。① 作为国有企业的实际所有者、作为政策的制定者和监督者，政府是强势的。而在市场化的改革过程中，我们看到企业中整个管理群体相对于国企工人的地位和权力而言也是强势的。可以说，国家已经把整个国企发展的环境构建得充分市场化，把工人也作为劳动力要素纳入市场范围，通过社会保障、劳动合同等法规加以规范和约束，把作为代理人的企业负责人作为虚拟产权的“企业法人”来考核管理。但是除此之外，并没有赋予处理他们之间相互关系的根本性规则，尤其是在弱势的劳动者群体一方，当集体谈判机制缺失的时候，双方之间的任何协商都只是一种弱肉强食的借口而已。

无论是市场转型理论中所论及的政府厂商化，还是孙立平所谈到的权力和资本的联手，都说明了在市场化的改革中，政府仍然没有退出企业，或者说仍然在推动或者支持企业。从笔者所分析的H集团的案例中，我们可以看到，当企业成立集团的时候，政府的直接插手导致了对破败企业的兼并，虽然是对社会稳定的贡献，但是延缓了企业的发展。在股份制改造过程中，在股权配置、资产评估等方面，政府的手再度伸进企业内部，获得自己的利益份额。在劳资关系处理方面，我们虽然看到国家也采用了将福利社会化的方式，但是这并没有从根本上解决劳资关系问题。因为在布洛维所论的霸权型政体形成的条件是，市场非常发达，关于劳动合同的签订、劳动条件、工资待遇等，基本是通过劳、资双方谈判的形式得以确定和解决的。但是在我国而言，虽然有《工会法》、职工代表大会，但是他们作为工人权益代表组织在历史上形成的依附性，决定了他们无法真正代表工人的利益，更无从或者说没有力量对在市场化的过程中工人利益的受损和不公平的遭遇进行维权，或者代表工人的利益发出他们真实的声音。

此外，从制度保障上来讲，新《劳动合同法》在2008年的实施，在一定程度上改善了工人的基本权益保障，但是作为资本和市场中资

① 黄新华：《当代西方新政治经济学》，上海人民出版社2008年版，第37页。

本和劳动之间的权益界定，应该是两个利益主体之间斗争、协商、妥协、博弈的结果，而非自上而下的制度设置的结果。即便是制度的结果，我们也无法从《工会法》《劳动法》中看到作为实施对象的广大工人的声音和诉求。更不用说在现有的政治空间下，集体谈判权和罢工权的赋予和实施。因此，从制度上看，制度的制定、执行都没有工人的参与渠道、机会和空间。

因此，笔者认为，在当前国有企业中国家的退出只是领域和程度的差异。在所有权方面，国家直接拥有和控制；在劳资关系方面，国家明确了作为国家资本的代理人的企业负责人作为雇用者的权力和地位。对作为雇用方的国家委托代理角色的经营者方面，国家因为自身作为利益参与方而给予了充分的倾斜性支持，却没有赋予劳资冲突中劳动者相对有利的地位和权力。在宏观意识形态方面，国家一直基于传统社会主义话语而没有改变。在微观方面，国企改革的实践一直与此前的意识形态话语形成了背离和冲突。

综上所述，笔者认为，我国国企目前的生产政治形态是混合型的，也可以说是国家和市场联手，共同建构了意识形态、治理策略上的霸权和制度实践上的低参与度的现状，这就是目前国企的生产政体形态。张璐曾经讨论过中国企业的霸权专制的生产政体的形态，但是她的观点是在企业中对于国企体制内工人采用霸权型、对于农民工采用专制型，与此处笔者论点并不冲突。①

2. “混合型”生产政体的关键影响因素：市场抑或国家

有一种观点认为，目前企业中生产政体的形态（论者称之为工厂制度），是市场化的作用，而与产权无关。② 这种观点认为无论是改制的还是没有改制的企业，企业在与工人的关系方面，无论是签订合同，还是生产过程中逐步加强的控制，这些变化是一致的，都是市场

① Zhang Lu, Globalization, Market Reform and Changing Labour Relational in China, 1980 – 2006: A Case Study of The Chinese of Automibile Industy, *Foueteen GEPRISA International Colloquium*, Paris, France. 2006.

② 赵炜：《工厂制度重建中的工人》，社会科学文献出版社 2010 年版，第 142、163、186 页。

残酷竞争的压力传导机制导致的。笔者认为此论值得商榷。

首先，从因果上看，我们发现，当市场强大的时候，劳资关系发生了改变，但是我们进一步推论就会发现，在这个过程中，当市场在强大过程中，国家如果放弃过分向代表资方的管理方倾斜、支持乃至联手，而是保持中立的姿态，国家如果在制度上勇于赋权给工人通过集体谈判权或罢工权来解决矛盾和纠纷，那么国企的生产政体形态就会发生改变，但是我们目前看到的是一幅强弱失衡的局面。所以，市场的强大，不必然导致国企生产政体形态的改变或者劳资关系的紧张，而是国家作为中介变量如何通过制度设置来规范市场中劳动和资本之间的关系。

其次，对于企业而言，当产权独立的时候，企业和工人之间的关系就是一种纯粹的劳动和资本的关系，这种劳动和资本之间的关系，就可以直接谈判协商。但是当产权在国家手中的时候，劳动和资本之间的关系，本质上是劳动和国家之间的关系，无论是从意识形态的角度考虑，还是从其他方面考虑，这方面的劳资冲突没法采用市场的方式解决，而且因为有了国家力量的介入，除非工人维权行动引起的社会稳定代价高于国家从企业获得的利益，否则，发生在国企的劳资冲突多会以弱势受损的方式解决。

即便布洛维对于工厂政体中劳资关系的解决非常悲观，但他还是对在既有的框架下，国家和市场两股力量在生产政体内的此消彼长为工人在劳资关系中的弱势地位所带来的改变有些希望。但是上述论点却把工厂生产政治的决定性因素都推给了市场，而忽视了国企改革中国家力量的隐而不显的影响。

因此，当市场规则逐渐主导企业的运营时，劳资关系的处理不再是布洛维所界定的“市场专制型”生产政体所指向的那种赤裸裸的劳资纷争。正如企业在市场中需要由国家提供作为公共产品的基础性规范这种制度供给一样，劳资关系的处理也需要国家提供规范型框架，但是当这个框架的制定没有规范对象的参与和意见诉求的反映，当制度框架向某一方倾斜的时候，国企生产政治的霸权与制度实践的低参与度并存的混合形态就会出现。

本章分析讨论了1992—2009年这十几年间国企在全面市场化的道路上所进行的改革中生产政治与身份认同的互动关系。通过分析笔者认为，在国家制度变革，国企代理人权力剧增，社会保障和福利削减、社会化，其他群体的地位对比差异日渐明显并反转的情况下，国企工人对于自我的身份认同已经不再稳定，并呈现解体、散落状态。而宏观、微观意识形态领域所建构的名义身份，又和国企工人在改革实践中所遭际的真实身份发生背离。因此，国企工人的身份认同解体。同时，国企工人的内群体认同以及与管理群体之间的群体差异也在逐渐加深，群际正在形成一种对立的关系。

以上也是国企生产政治中生产政体形态发生改变的过程，国家的撤出、市场的推进，看似生产政体在向霸权型转变，但是由于国家的力量始终没有真正退出，加上国家作为“利益行动者”的定位，使国家、市场和企业共同构建了意识形态、治理术上的霸权、制度实践上低参与度的“混合型”生产政体。

第五章　改制后工人的身份认同与生产政治（2003—2009）

本章将围绕国有企业在改制之后民营化阶段工人的身份认同、群际差异及其对生产政治所带来的变迁和相互关系，进行分析和讨论。这个阶段国家撤出，国家、企业和工人之间形成契约关系，一方面，改制后的股权配置、企业文化的身份建构修辞、公司治理结构的转变，使工人形成了“工人、股东、员工”多元身份的叠加，这使工人和资方通过股权符号混为一体，看似工人也在与资方的双向社会互动关系中得到承认，工人的身份认同得到了相对的自尊和人际满足感，进而隐蔽了劳资不平等关系和冲突。另一方面，工人相对于其他群体的身份优势，企业与工人的“双赢”策略，表现在工资、福利方面均相对改制前有所提高，工人身份认同基础资源的再分配和获取得到满足，工人表现出相对稳定的身份认同。但是，劳动过程中的市场网络传导机制和主动参与管理激励机制的支配与控制、股东代表中的工人缺失、相关切身重大利益决策的无参与权、日益不公平的股权配置，又在结构上表现为工人和资方之间的群际差异的悬殊，所以在关键问题上劳资之间的矛盾和冲突一如既往。上述因素综合使此阶段仍然呈现出意识形态、治理技术的霸权和制度实践上低参与度的“混合型”生产政体。而一定阶段的工人相对积极稳定的身份认同，又在一定程度上缓解了生产政治中劳资之间的矛盾和冲突。

以往学者对于国企生产政治的研究，多集中在改制前后，但是很多研究案例在研究调查完结之后或改制后，甚至还没有改制就破产解体了，这对于我们完整地了解一个国企在改制前后的变化和比较研究是一个缺憾，在本书所选取的调查对象H公司，其在几十年的发展过程中一直是国有企业的身份，但是进入21世纪之后，由于旗下的分、子公司众多，随着公司和市场发展的需要，2003 年，H 公司下属的一个实力比较雄厚的子公司——W 公司实行了改制。

因此，本章将根据 H 公司的子公司 W 公司走向民营的发展路向进行论述。在展开论述之前，笔者需要简单说明一下为什么 H 公司的子公司 W 公司的发展能够代表 H 公司民营化的路向。首先，W 公司在民营化之前是 H 公司的一个子公司，在分、子公司的管理体制内，公司的法人治理结构是相似的。其次，二者同属于同一地域，而且产品都在化工领域。再次，W 公司在改制前，作为 H 公司的下属公司，在人事、财务、生产管理、原料和产品的进出口、市场销售等方面，都归 H 公司统管，因此，W 公司具备 H 公司的基本特征。所以，笔者认为，可以将 W 公司作为 H 公司改制后的研究对象。

一 国家退场与市场契约

W 企业在 1998 年亚洲金融危机期间并入 H 公司，当时主要问题是流动资金短缺，企业负债率比较高，银行等已经无法提供担保，企业面临停工停产。因此，加入 H 集团之后，可以获得相关资源的内部配置，同时获得银行的授信，重新注入流动资金，企业得以恢复生产，虽然已经并入 H 集团，但是由于历史的原因，包袱太重，直到 2003 年，公司净资产还是 -6700 万元。为了继续生存下去，企业决定改制，此时 H 公司也希望进一步甩掉包袱。在 2003 年，W 公司实行股份制改造，新公司注册资金 2800 万元，其中 H 公司以债转股的形式持股 20%（后来转交给市国资委），16% 是由社会募集资金的战略性投资者持有，剩下的 64% 是由 W 公司的全体人员共同持股。

改制后，W 公司从股权分布结构来看，已经成为纯粹的民营企业，对于 20% 的国有股来说，其股份并不能形成控股能力。随后，按照《公司法》的要求，W 公司的组织形式、法人治理结构等方面都发生了显著的变化。

（一）同股同权

国家对于公司管理层的任命，已经不再具有“操纵”或“安置”自己人的能力。而是根据自己手中的股权比例，按照同股同权的规则，在董事会中行使自己的那一部分权力，但是由于股份受限，国家并没有决策权。同样，对于企业的发展等重大决策，包括企业的投资扩产、兼并联合等重大事宜，也不会出现像前几章所论地方政府为了地方官员的政绩（包括社会稳定），强行“拉郎配”把不良企业并入H公司的事情。在W公司，由于股权已经多元化，任何危及企业发展的事情，都有可能得到来自其他股东的反对。这比较重要地体现在W公司上项目这类事情上，以前的时候，“人人是主人、兴衰没责任”。反正资产是国家的，那么对于项目的决策，企业负责人的责任担当意识就不一定特别的高，但是现在改制民营之后，因为企业上项目的资金投入、盈利能力，在很大程度上影响着企业的发展，甚至决策不慎的话会直接拖垮企业。所以，在上项目的过程中，慎之又慎是企业的基本风格。

> 以前的时候，反正出了问题是上边的，所以上项目的时候不怎么慎重。现在的话，必须得慎重。现在得小心了，得看上了之后对企业的发展、效益、职工的收入是不是有好处。要是不行，因为上这个项目出现了失误，那么，很有可能就把这整个企业给拖垮了。企业在发展过程中，稍微亏损点没关系，但是要是不能及时发挥效益，或者出现了失误，那么，问题就大了。我们上项目的理念是：各级领导干部对上项目要慎之又慎。因为现在改制后，全部都是我们的了。亏了也是我们的。（JWL，W公司党委副书记）

所以，对于公司重大事务的处理，已经基本可以按照制度规范化的路径进行，而国家的权力在逐渐退场。

（二）市场契约

股东之间的关系，是依靠投入资金的链环结合而成的。它们之间的关系完全是契约关系。他们背后所代表的是以资本为代表的市场逐利的特征。即便股东中有国有股份的存在，“国家所有”的身份也是退居身后的，它在市场契约中与其他股东的关系就是共同合伙出资人之间的关系，在这个意义上看，国家是以契约的方式形成了与 W 公司及其他股东的合作关系，而非既往的国家行政权力的延伸或者国家行政主导。

企业与职工的关系也是靠市场契约的方式连接而成的。在传统国企，在全面市场化阶段，国企与工人之间也必须签订劳动合同，但是由于身份的延续性，很多工人并不特别担心自己的工作会因这份合同的签订而有终结（但是随着改革的深入程度，这份担心在不断加大），除此之外，企业和工人之间的关系并无其他维系的方式。在 W 公司不同，如前所述，在 2003 年改制期间，W 公司整个股份中有 64% 是 W 公司全员持股。也就是说，W 公司的内部职工具有绝对的控股权。全员持股，意味着 W 公司的每一个员工，手中都或多或少持有一定份额的股份，这就是为除劳动合同签订之外的另一份以市场契约连接企业和工人关系的方式。

（三）工人与股东的交叉与分化：复杂的劳资关系

1. 股东与非股东

2003 年，W 公司内部职工持有 68% 的股份，对于工人而言，每人分得 4000 股。2003 年的时候，该公司共有 1250 多人，暂且不论其内部股权结构的差异性，在 2003—2009 年这段时间，随着企业的发展，新项目的竣工投产，全公司的职工人数增长到 2500 人左右，这相比改制之初的时候基本增加了近一倍，而且增加的这一倍人数中，基本都在生产一线，也就是说工人占绝大多数。而这些新增加的工人是没有股权的。在每年分红的时候，全公司只有一半的人员拿到股利分红，如果再具体细分的话，工人中只有一小半拿到分红，超过半数的却拿不到分红。但是，W 公司所有的人员大都在同一个公司、同一个车间班组、同一个生产空间、同一条流水线作业，在工作方面的投入和付出也是有目共睹的，而一年下来共同创造的企业财富和利润却只能分配给一小半人。

这样，拥有股份的和不拥有股份的工人之间形成了新的区别，W 公司改制之后原本只有工人群体和管理层（资方）群体之间的生产政治关系的差异，此时又增添了新的维度：拥有股份的群体和没有股份的群体之间的区别。而且这二者之间的关系正在逐渐向劳动者和纯粹的资方二者之间的关系发展。我们可以做一种预想分析：如果 W 公司这种持股结构的现状一直没有发生改变，那么 20 年之后，W 公司的所有在职人员每年所创造的效益都会拿出很大一部分供已经退休的或者另谋他路的股权持有者所分配。但这就是市场所决定，也是符合《公司法》规定的。这种再分配的结果是一连串的事件所促成的。其根本在于资本和劳动之间的关系结构。

所以，我们可以认为，在改制后的企业，工厂生产政治关系，有两个分析维度：工人群体和管理者群体之间的关系、劳动者和资方之间的关系，这两个维度之间有交叉，但是随着发展，他们有合并的趋势：共同向劳动和资本之间的关系发展。

W 公司认为，这样的持股结构现状的确在一定程度上影响了工作的积极性，但是他们认为，调动管理者的积极性是首要的。而对于工人持股而言，并不因为工人的人数众多或者持股比例的非普遍性，而在股权结构的改革上有优先权，这是因为：其一，工人持股比例不高，但人数众多，这样的话，就会需要更多的股份。其二，工人对于整个公司的股权改革的决策并没有影响力，因为无论多少，他们的股权份额都不足以构成决定权。其三，不进行改革、不赋予股权，鉴于劳动力就业市场的紧张形势，和 W 公司在当地的声誉，工人也会继续留在 W 公司工作。

W 公司对于在 2003 年股份制改造之后进入公司的、没有股权的管理层，已经制定了股权配置方案，以形成激励机制。W 公司采取期权的办法，也就是持股人的股权是目前拥有，但是需要在服务期满七年之后才能兑现，而且只有在本公司才能行使权利，离开W公司之后，期权不能带走并终结。但是，对于工人的股权，管理层的改革路向不是增加配置，而是打算对工人手中现有的股权进行回收。下面详述。

2. 二次改制的背后

2003年，W公司进行股份制改造，经过2008年的金融危机之后，2009年，该公司的发展态势非常不错。公司董事会认为，要进一步把企业做大做强，这样才有更强的抵挡市场风险的能力，经公司管理层讨论，初步决议争取上市，通过上市来募集资金。

对于领导层来说，公司上市之后有两个方面的益处：其一，公司可以通过上市，继续加强管理，融得资金，并完善公司治理结构，把公司做大做强，争取成为本行的头号公司。也同时提高了企业的市场声誉。其二，由于公司的股份是内部职工持股，这样上市之后，工人的股份可以获得更多配股权和配股份额，也可以实现股权的自由流通和转让。

> 上市之后，公司可以向社会募集资金，这样企业的总资本增加了，就可以继续发展壮大、上项目了，对于企业内部员工来说，可以进一步扩大股份，企业也更有实力了。（ZDM，W公司副总经理）

如前所述，W公司虽然68%的股权是内部人持有，但是股权本身的配置结构在工人和管理层之间的差别是悬殊的，因此，当公司上市之后，这些股权的分配以及随后的扩股融资，对管理层所产生的收益远远高于工人所可能获得的收益。

W公司目前的上市目标要想实现，就必须克服一个障碍：股权过度分散。根据上市公司的有关规定，上市公司的股东比例不能超过200个，但是仅就W公司来讲，就有1250多人持有股权。这种现状，对W公司的上市计划极为不利。

W公司想过两种解决办法。第一种是从公司外部引入战略投资者，核定价格之后，按一定比例的价格向内部人员回购现有股份，但是由于自2003年至2009年这几年期间的分红比例非常诱人，所以，对于这种办法，一般股权持有者不会以动态红利来换取一次性收益。因此，第一种办法基本不可行。第二种就是，公司虽然在发展，但可以通过财务结构的账面处理，减少账面利润，连续几年停止分红，或逐渐降低分红比例，以降低股权持有者的分红期望，然后再找有利时机，以一定比例的价格进行回购。这样就可以实现减少股权过于分散的目的。

由于上市公司对于股权的要求是股东数量，而不是股份额度的多少，所以，最佳回购策略就是以较少的成本，面向公司的普通股权持有者，也就是工人进行回购，而这些决策，也不是工人所能左右的。这一方面源于其股权的持有比例并不能对公司董事会的决策构成重大影响，另一方面是由工人在劳资关系中的弱势地位所决定的。

二　工资、福利、合同与劳动过程

（一）福利、劳动合同与工资

1. 福利

在W公司从H公司中改制出来之前，W公司工人福利中的住房、教育等就已经基本市场化了，而关于劳动力再生产的养老、医疗、失业、工伤等保险也都按照个人、社会、国家三方各自分担的比例从企业办社会的责任中转移出来。此外，如前所述，W公司已经改制，国家与企业的关系在产权方面是市场契约的关系，在服务上是用财政、货币等政策和法规进行间接引导、调控的关系。因此，可以说，从这些角度来看，W公司的企业生产政治中，政府逐渐脱离了W公司，不仅仅是对企业的干预和涉入更加间接化，而且与全面市场化阶段的国企相比，最大的区别在于从产权角度厘清了与国家的关系。

2. 劳动合同

W公司目前跟所有的雇用人员全部签订劳动合同。但是，在工人中，其劳动对象分为两类，合同工和代理工。合同工是指我们通常而言的，工人与W企业直接依据《劳动法》和《劳动合同法》签订劳动合同，这部分工人包括公司改制前的老工人，也包括新进的工人（这些新进的工人身份多为从代理工转正过来的），还包括改制后新进的大学毕业生。即便是大学毕业生，W公司规定，这些毕业生必须是正规院校毕业的。在调查中，笔者发现，其中不包括三本院校、技工学校、职业院校的学生（他们属于下面所述的代理工）。

另一类是代理工，从严格意义上来说，他们是W公司的雇用工人，但是合同的签订方却不是W公司，而是这部分代理工与地方劳动局签订合同，然后由劳动局做代理，以劳务外派的形式转给W公司进行劳务使用。从代理工的真实身份来看，他们相对于W公司就是临时工，地方劳动局为了解决用工过程中“四险一金”的缴纳问题，与这些临时工签订了代理合同，以方便对于类似W公司等劳务使用单位的“四险一金”缴纳情况的监督和管理。也就是说，对于临时工而言，他们又多了一层管理单位。作为劳务外派性质的雇用，地方劳动局也参与了劳务外派佣金抽取。这从某种意义上可以认为，地方政府行政部门的参与，塑型、固化了改制后民企生产政治中劳动和资本的不平等关系。

因此，在W公司依然存在合同工和代理工的区别。对于合同工而言，他们可以根据新《劳动合同法》的规定，签订定期合同或者不定期合同。对于代理工而言，他们只需要和地方劳动局签订合同，由地方劳动局进行代理。在W公司，职工总人数达2500多人，其中代理工人数占1/5左右。代理工的待遇和合同工的待遇是有差别的，这些差别体现在基本工资收入，当代理工转为合同工的时候，工资由基础的700元升为1200元左右。除此之外，在奖金发放、防暑降温费、取暖费、住房补贴等各个方面，都存在差别。

关于代理工向合同工如何转正，W公司并没有明确的规定。在过去的7年中，W公司根据企业的发展需要、效益的好坏、新建项目的劳动管理投入、熟练劳动的保留等方面的因素，不定期地进行了三次转正。基本的评价标准并不是年限的积累，而是根据贡献的大小、获得公司“先进工作者”等方面的奖励的次数，来确定转正的人选。

我27岁，20岁参加工作，一进来的时候是代理工，因为连续五年我都被评为先进工作者，所以五年后转正，转正后收入比代理工月工资多拿600—800多块钱，这不包括奖金，还有其他取暖费、住房补贴等，都可以领取了。（CHS，W公司某车间副班长）

从以上分析我们可以认为，W公司对于工人内部的身份采取了区别对待的策略，并以待遇和收入区别对待的方式来进行管理。他们并不制定明确的转正规则，而是弹性地依据企业发展和市场情况来对代理工身份的工人进行身份的转正。尤其是对于转正的标准设定得非常苛刻，这样就可以让工人即十分努力地加大工作和劳动投入，又可以长期或者无定期地廉价使用代理工。当W公司解释使用代理工的理由时，他们倾向于把市场的力量传导给企业所面临的竞争压力和困境，逼迫企业采用降低劳动成本的举措。

总而言之，W公司通过工人身份分化、转正规则设置、转正标准的不确定性，使工人在投入同样劳动力的情况下，减少了企业的用工成本，并加强了企业对工人的管理控制。

3. 工资

在工资政策方面，如前所述，W公司改制之后，W公司的工资收入采取了“双赢”战略，也就是说企业的发展、效益的提高，是和工人工资同步增长的，但是在工人工资的政策制定上，工人却并没有发言权和决策权。为什么这样说呢？

W公司工人工资收入的内部结构由两部分构成：工资加奖金。其中纯粹工资收入占不到总收入的一半，另一多半是由奖金构成的。其中，工资部分是稳定收入，而奖金部分是由W公司各分、子公司根据当月总体的经济效益构成所决定的，这样，工人工资的收入起伏很大程度上是与市场的波动、风险联系在一起的。当市场出现波动的时候，W公司可以很快地通过降低劳动成本来缓冲企业的风险。换句话说，W公司可以让工人来承担企业的风险。这在企业内部，是通过公司总部、分公司、子公司、车间班组、岗位个人形成层层分解的成本责任网络，形成一个传导机制，来传递把企业面临的市场压力的。同时，也通过把市场压力传递进来，对管理层加大压力，使生产过程中的管理控制日趋严格。

当工人的工资收入受市场波动剧烈的时候，工人明显地感觉到了对生活的影响。所以，当他们对工资的结构和状态表示不满的时候，公司管理层直接回答：

> 这不是公司的错，而是市场的错，既然改制了，工人和公司的命运是连在一起的。所以，必须承担这种风险。（W 公司党委副书记，JWL）

以上说明，关于工资的状况并没有改进，在 W 公司工人由于在劳资关系中的劣势地位，也由于在改制后的企业法人治理结构中，工人无法参与到决策中去或者没有能力、渠道、空间影响关于与自身利益相关的决策。

（二）劳动过程

如前所述，在 W 公司改制之后，管理层所实行的最明显的策略就是把市场的压力传导到生产过程中。当管理依据市场的理由强化管理和控制的时候，工人基本无话可说，进而，劳资关系中工人所处的结构性不平等关系被市场的理由所解释并掩盖了。

> 改制后，工人普遍认为，管理比以前严格多了，也简单了。管理的严和细的程度上，更强了。能感觉她是一套冷冰冰的制度来管人的。奖惩办法、规章制度，一套一套的，很严格。公司要求管理上水平、上台阶，按规定办事。你违反了哪一条，就是哪一条。上班打盹睡觉，当事人扣罚 50 元，同时实行连带责任，班长扣罚 10%，一级一级地扣，直到车间主任。上班玩手机罚 100 元，小班长 10 元，大班长 20 元。当事人不能补偿班长。

（YJQ，W 公司工人）

由此可以看出，W 公司改制后在管理制度上由既往比较盛行的传统人事的管理转向靠制度、规则来强化管理控制。这个阶段比较类似于爱德华兹所说的从“简单控制”向“官僚控制”或“技术控制”转变的过程。这与我们上章讨论国有企业在全面市场化的改革路向上，劳动过程中管理控制的转向是一致的。

在 W 公司，他们对于生产过程的管理实行了“块、线、点”网络化管理体系，这套方法的总体理念是“凡是挣钱的地方都有目标，凡是花钱的地方都设卡”。这套管理方式是将市场的成本和利润目标，由上而下层层分解，然后再由下而上层层设立责任制，并在“块、线、点”的班组、个人身上层层落实，要求能计量的地方一定计量，不能计量的地方整体核算。这套管理体系，的确把市场的压力传递到了每个人、每个岗位。但是对于工人而言，他们认为，无论怎样分解，这每一层指标的下达，在每一管理层级身上的无非两个方面：一是将目标的完成和其年薪的获取直接相关；二是强化了对管理的严格控制。这套网络化成本、目标利润管理体系，最终是在最基层的一线工人的工作中得到执行。因此，生产线上的工人压力是最大的。

网络网络，这是一张扣住工人的网。（W 公司车间内部顺口溜）

但是在 W 公司，并不是所有的劳动过程中的管理控制都是冷冰冰的、制度化的方式。W 公司还实行了“8 小时班长制”，每个生产班组的班长都不是固定的，而是每天由一名工人轮流担任，这个体制有以下几方面的特点。第一，工人可以在担当班长期间，体验管理的难处，疏解了工人和班组长之间因管理而发生的矛盾和纠纷。第二，工人可以通过担任班长来以生产管理的全局视角看问题、想办法，并强化自己业务技能的全面性。第三，可以通过让工人角色的转换，实现工人工作积极性从“要我干”向“我要干”的转变。第四，可以使人人都变成全局意识的班长，即便上班的工作日不是自己当班，也可以拥有全局流水线的技术和管理意识，这样就会实现岗位和管理的衔接，实现管理的整合和自觉。这个“8小时班长制”从管理控制的角度，实现了布洛维意义上的让工人“主动”参与管理的目标，同样加强了生产过程的劳动自觉投入和自我管理。

另外一种方式，就是由于W公司是一个有多年历史的老厂，所以，其内部劳动关系的工人和管理者之间，无论改制前后，都是多年“熟人关系”，在改制之后，随着管理的强化，“熟人关系”对于管理紧张的缓释，成为一种有效的策略。这种策略，也发生在生产劳动过程中的“动员”上。

> 这个公司是从国企改制过来的，很多人都是老关系、老伙计，要不是看在面子上，早就闹翻了。……当个班长，兵头将尾最难干，很多工作，既要坚持原则，又要灵活处理，不然工人直接和你翻了脸，最后还是干不成。所以，大家都不容易，干工作还是“搭伙”，一句“我们都是为某某老总打工的”就全解决了。（YFR，W公司某车间班长）

但是，值的指出的是，这样的熟人关系随着管理层级的提高，熟人关系越来越不好用。这也可以理解，为什么班组长仍被视为工人群体的一部分，而车间副主任就不再是工人的一种理由。这其中也暗含着，工人和管理群体（资方）的群体关系、群体差异、群际分化的一种表现。

三　身份认同的建构与群际差异的形成

（一）身份认同的建构

1. 外部制度与其他群体

W公司改制前，其公司的工人绝大部分是国企工人，但是改制后，由于 W 公司实行了全员持股的改制方案，所以每一个人员都持有不同比例的股份，暂且不论在持股比例上根据企业内部的等级分层，它们相互之间的差距有多大，但在人人持股这一点上，是确定无疑的。这样一种持股方案的实施，至少从股权结构与分配上，以制度的方式对于“股东”的身份有了一个明确的界定。

工人对于自己的身份从工人到股东有着明确的认知。工人感觉，这个公司无论有多大，至少其中有自己的一份财产。原来国有企业工人的身份定位是“职工是企业的主人”，但是那个身份的定位暗含企业是国家的，也是全体职工的，但不是某一个职工的，因此，对于单一个体来说如何体现“主人”这个身份定位，是无法实现的。相比之下，工人认为，现在反倒是实实在在地体现了“职工是企业的主人”的定位。

当股东就是这种感觉，企业好了，我就有分红；不好了，我就得不到钱。（LYL，W 公司工人，持有股份）

和谐社会，要求共享发展成果，过去提的职工是企业的主人，反倒没法体现，现在最实在的方式，就是把职工变成股东。这就会体现职工是企业的主人。这是最实在的实现共享发展成果的办法。（ZDM，W 公司副总经理）

但是我们不得不指出的是，虽然全员持股份的形式看似是对于“职工是企业的主人”的重新阐释，但是这个阐释同样把“职工”模糊化，进而掩盖了企业的内部管理层和工人之间的差异和区别，随后我们的分析将涉及这方面的讨论。但是至少目前，无论是管理层还是工人，对于因股份而来的身份定位，比较一致。

改制后，我们也注重双赢理念。企业发展了，要让职工、股东共享发展成果。企业是大家的。创造的财富也得大家共同享受。这几年我们企业每年都有发展，效益每年都有提高。职工收入每年也都有提高。这样才会调动职工积极性。这样职工就从企业发展中得到实惠。这样企业改制才算事。（ZDM，W 公司副总经理）

W 公司在股权分配方面，对于最普通的工人而言，是每人 4000 股。自 2003 年至 2009 年，W 公司每年都进行股利分红，分红的比例每年根据企业效益而不等，在 20%—100% 之间，其中有三次 20%，两次 100%，其他都是 50%，这就意味着，从改制前到现在的这几年内，持股工人的股本金早就已经收回，其他都是纯粹的红利收入。W 公司在企业发展上的观点是“企业发展、职工收入同步增长”的“双赢”理念。这部分源于在企业发展中，由于股权结构已经发生了变化，因此在股权分置上，虽然管理层和工人在持股比例上有差别，但是每一股份的盈利是相同的，因此，只要企业有发展，必定会在股利上得到体现。此外，对于企业的发展，由于理清了国家和企业的关系，所以，除了上缴国家税费之外，企业其他的盈余都会在公司内部进行再分配，比如积累资金、福利、折旧、投资等等。而企业的发展，得益于企业全员的工作积极性，这样就会形成一个良性循环。因此，“双赢”是由以上两种原因促成的。

W 公司工人每年的收入由两部分构成：工资收入与股利分红。这对于工人而言，是由其在 W 公司的工人兼股东身份所带来的双重收入。他们从其中的得到的满足是肯定的。

我们现在每月除了工资之外，还有奖金，最后年终还有股份分红，总之一年到头感觉手头还是很宽裕的。（LYL，W 公司工人）

W 公司改制之后，很大程度上激活了企业的发展活力和内部工作的积极性。在 W 公司所在地，W 公司的声誉是很高的，无论是从其发展实力、工资收入，还是利税额度等方面，在社会各界看来都是不错的。因此，相比较周围的在其他国有企业、民营企业工作的工人而言，工人的收入水平是高的。

感觉作为W公司工人很自豪。2003—2006年，W公司全国行业排名第六。现在W公司的工人买房子、买车、提高生活质量，这是普遍现象。从工人的干劲上，也能看出，都感觉很光荣、很自豪。W公司的双层班车，在全市也是首屈一指的。就连商店里的售货员，一听是W公司的，二话不说就把最好最贵的拿给顾客。（WCY，W公司车间主任）

无论是相比较以前国企工人身份的定位，还是相比目前身边的其他群体而言，W公司工人对于自己的身份是认同的，而且能够拥有很高程度上的自豪感、自尊感，从这个意义上来说，工人对自我的身份认同是相对稳定的、持续的。

2. 企业文化的建构

W公司原来属于H集团，在企业发展中也非常注重企业文化。W公司的企业文化也包括视觉识别系统、理念系统和制度系统三部分，笔者在此侧重分析后两者。

在W公司的总部和生产厂区，自1998年至今，每天白天的早、中、晚三个时间段的上下班时间，遍布全场各处的扩音器就会穿插播放两首歌：《众人划桨开大船》和《幸福不会从天降》，其基本文本如下：

众人划桨开大船

一支竹篙哟，难渡汪洋海；众人划桨哟，开动大帆船；

一棵小树耶，弱不禁风雨；百里森林哟，并肩耐岁寒，耐岁寒。

一加十，十加百，百加千千万，你加我，我加你，大家心相连。同舟共济海让路，号子么一喊浪靠边，

百舸么争流千帆竞，波涛在后岸在前。

（童声白）一根筷子轻轻被折断，十双筷子牢牢抱成团，

一个巴掌拍也拍不响，万人鼓掌声啊声震天。

一加十，十加百，百加千千万，你加我，我加你，大家心相

连。同舟共济海让路，号子么一喊浪靠边，

百舸么争流千帆竞，波涛在后岸在前。

幸福不会从天降

樱桃好吃树难栽，不下苦功花不开，

幸福不会从天降，社会主义等不来。

莫说我们家乡苦，夜明宝珠土里埋。

只要汗水勤灌溉，幸福的花儿遍地开。

通过对这两首歌的歌词文本进行分析，我们会看到W公司力图通过歌曲这些喜闻乐见的形式，在生产工作空间每时每刻、天长日久地播放。无非是想通过歌词的内容，使全公司的人员形成集体的力量，发挥团队的优势，合力同心达到既定的目标。其一，它能够让全体员工忽视内部存在的小矛盾和争论，无论是管理层还是工人群体，为了更大的目标形成一股合力。其二，面对未来，只有使出更多的力气，全力投身于企业的生产经营、项目建设中去，才能够更好地实现理想目标。而这种力量是企业组织通过把组织目标融入工人的日常娱乐之中，一方面疏解了劳动的疲惫，使身心得到愉悦，辅助完成了劳动力的再生产；另一方面，以一种习而不察的、潜移默化的意识形态教化的方式，让工人把自我的实现和企业的总体愿景目标加以结合，把工人的工作和劳动投入再度整合进生产中，强化了对工人的管理控制。

在W公司的车间里，调查中笔者在不少人的工作台上发现了这样几段话，题目是“十个一点”：

沟通多一点、抱怨少一点；行动快一点、效率高一点；做事多一点、理由少一点；肚量大一点、脾气小一点；业务精一点、失误少一点。

这段话被当作该车间的工作理念，在全车间推广。其内容把人情交往、修身养性、工作要求等融为一体，作为车间内部工作的指导性思想，可以看到，W公司无论是从公司层面，还是车间层面，甚至到具体班组和岗位，都可以见到把工作要求和对称工整、朗朗上口的企业文化理念密切结合这种管理方式。

W公司在企业文化中把他们的领导理念总结为："要想让职工干什么，首先要告诉职工能得到什么。""不能为企业提高效益的领导不是好领导，不能给职工增加收入的干部不是好干部。"结合上文我们所谈及的W公司的"双赢"战略，此处我们可以分析一下工人身份的建构逻辑。在工厂组织中，作为劳动力要素投入生产的劳动者与资本之间的关系是核心问题。但是当面对资方通过"双赢"管理、变工人为股东、企业文化的理念渗透等多种方式，来建构工人对其身份的认同的时候，我们又如何理解工人对于身份的认同本身？当身份给予身份拥有者一系列因身份而来的需求的满足、收入的增长、与他者相比的优越感、团队的归属感，乃至自我发展、自我价值的实现，或者对自身存在的意义感和价值感的体验时，身份认同就已经形成。

3. 历史的记忆与传统的延续

第一，历史的记忆。W集团在1998年因资金危机差点破产，所以，每一个工人对于既往的那段历史中，自己所亲身经历的均有切肤之痛。由于是传统的国有企业，有些工人一家三代、夫妻双方都在W公司内部工作，所以，企业一旦面临困境，对于工人的经济收入、家庭生活和基本生存的打击是巨大的，所以，在W公司工人的历史记忆中，"居安思危"的危机意识是经常存在的。也就是这种危机意识，直接导致了面对资产－6700万元的困境，实行了2003年的企业改制。

改制之后，在企业的管理、工人的认知等各个层面，调查中笔者能确实感觉到历史记忆中的危机意识对于工人的影响。

1998年亚洲金融危机，企业没有资金，全部停产，当时厂里让工人集资开车，不拿钱就别来上班了。W公司是个老国企，有很多家庭一家三代或者夫妻双方都在公司内部工作，企业一出问

题，整个家庭一下子就瘫了。现在想起那个时候，再对比一下现在的生活，就很知足了。（LYL，W公司工人）

改制后，破产企业的职工分流进来，他们亲眼看到了企业破产后的凄凉光景，他们真的认识到如果企业真的不行了，我们现在是改制后的民营企业了，政府再也不会管我们了。他们对这个问题的认识刻骨铭心。以前那些破产、兼并的经验，分流的过程非常痛苦，已经倒闭、关门，政府给的基本生活费很低，而且有期限，所以，他们很怕企业不行了。（JWL，W公司党委副书记）

也就是这些历史记忆，成为企业凝聚人心、吸引工人齐心协力的参与到企业生产中来的重要工具。每当企业面临危机的时候，W公司的董事长和各分、子公司的管理层就会借机重提危机时期W公司的艰难处境，以及W公司的发展困境会给工人带来什么问题，而工人自然就会启动历史记忆，与当前的企业现状形成历史互动，并进而决定自我的行动取舍。企业的危机历史记忆已经被管理层很好地建构进了工人的主体意识，并在企业需要凝聚人心、整合力量、消除内部矛盾的时候，被动员、激活、启用，以实现管理控制的目的。

第二，传统的延续。W公司是由传统国有企业演变而来，因此，虽然在产权结构上已经成为民营企业，但为实现其管理目的，对原来国企时期很多组织结构、管理方式，他们都在继续沿用。

在组织结构方面，W公司虽改成了民营企业，但是传统国企的党、政、工、妇、团组织还继续存在。W公司认为，这些虽然都是传统国企的附属组织，但是它们能继续延续工人在企业中的角色，继续发挥原来在国企中组织、团结、协调的职能，这对于改制之后的企业管理是有益的，因而值得继续保留。W公司对于这些部门的设置、职能、人员配备进行了改动。这些部门相对于原来的国企而言，编制上减少、职能上变得更加集中，往往一个部门多种职能。

由于W公司属于股份制民营企业，所以公司治理结构中董事会、监事会、理事会是配套设置的。因此，党、团、工、妇组织除了作为上述建构工人身份认同的中介之外，W 公司还根据法人治理结构的需要，把党政工团的职能与监事会的职能进行了嫁接。这样，在原来国企工会和职代会的监督职能衰落之后，新的民营企业的治理结构又重新赋予了这些老机构以新职能，而且由于股权的分散和多元化，监事会的职能和权力也得到一定的保障。

> 改制后，党、政、工、妇、团各职能部门继续延续其原有的职能，这对于企业的发展有好处，从人员编制上来说虽然减少了，但是职责上增加了。这几个部门共同形成了一个监督小组，每月召开督察例会，对于领导层、各职能部门进行督察监督，并参与到监事会中，与董事会、经理层之间，形成了相互制约的机制。（JWL，W 公司党委副书记）

在传统的国企，工会、妇联、团委、职代会等辅助行政机构的职能除了应对国企的上级主管部门之外，就是组织职工、协调矛盾、处理问题，共同促进企业生产。在改制后的 W 集团，党委、工会、团委、妇联的存在，在很大程度上就是继续担负组织工人的作用。它们根据自身的职能设置，对党员、团员、工会会员、妇女等各种政治身份和性别身份的工人，组织起来，开展各种活动，把工人的活动和企业生产密切联系。从实质上看，这些组织承担了把工人和企业联系起来的中介和桥梁的作用，这样企业进而把身份认同动员起来，并主动参与到生产中去，同时巩固和建构了工人对于自己工人身份的认同。

在 W 公司，由于公司是一个有着几十年历史的老厂，公司虽然改制，但是对于老工人子女的就业安置，让 W 公司再度整合了工人。从市场的角度，当公司用人时，按照成本为上的原则，会在市场上择优录用，但是，民营企业安置职工子女，解除他们的后顾之忧，这除了 W 公司改制前的几十年工厂历史的延续之外，也是 W 公司通过这一行动，来建构工人身份认同的一种方式。

> 在外人看来，按说 W 公司改制后民营化了，经济性质更纯

粹了。但我们不这样认为，既然企业在发展中，一方面能够让既有工人保持了内部稳定，也给他们解决了后顾之忧，安排家属子女换得了人心，工人还能提高工作积极性，这样的事情值得做。（GFM，W公司人力资源部部长）

（二）群际差异的形成

一个企业的改制过程，是一个利益重新分配的过程，也是这个企业内部工人和管理层这两个群体的分化日渐显著、加大的过程，尤其是在国有企业向民营企业改制的过程中，改革的主要目标就是要实现产权明晰，而关于产权的评估、界定与分配，就是改革的核心部位。W公司的股份制改造过程，也充满了国有资产评估缩水、管理层持大股等一系列问题。为了方便论述，笔者在此对于股权配置问题稍作分析。

2003年，W公司改制时，注册资产2800万元，其中内部全员持股68%，这部分的股权配置是这样安排的。根据责任大小、岗位重要程度、管理层级，基本按照全员持股、管理层持大股的基本规则。其中，普通工人人均4000股，班组长16000股，副科级20000股，正科级30000股，然后副处12万股，正处40万股，到了副总和总经理分别是80万和120万股，董事长300万股。

通过以上持股比例，我们看到，在改制之后，从整体上看股权结构多元化，内部全员持股68%，国家控股20%，外部战略投资者控股12%，但是当我们把分析的重点聚焦在其68%的内部持股上看，我们就会发现其分布的差异性和不均衡性。

在分析H集团的时候，我们讨论过国有企业资产的积累方式在计划体制时代采用的是“高积累、低工资、低消费”的策略，但在市场化的过程中，当国企进行改制的时候，多年积累的国有资产却被按照市场化方式进行股权改造，在股权的配置上并没有考虑到这是几代国企工人积累的资产。在W公司的上述股份配制比例中，我们看到无论工龄多少、技能高低，只要是在企业的不同行政等级层级，就按照不同的持股比例进行配置，而且随着级别的增高，股权比例基本呈倍数增长。我们可以估算一下，一个副处级管理层持有的股权比例，相当于一个普通工人的30倍，而董事长相当于处级干部的近8倍，相当于工人的240倍。暂且不论在企业正常生产经营的2003—2009年，W公司的年终股利分红的比例如何在工人和管理群体之间形成的资本市场所固有的“马太效应”，仅就改制时期原初股权的配置而言，就已经在工人和管理层形成了两个群体的明显分化，并呈现鲜明的群际差异。从持股比例上看，我们会发现工人和管理层的区别是明显的，而这也就是工人心目中所识别的非我群体的“当官的”群体出现的最初发源地。由于工人和管理层各自持股的比例悬殊，所以在事关企业发展与权益分配的重大决策时，工人的股东代表在董事会中的影响是微乎其微的，几乎可以忽略不计。而且笔者对于W公司股东代表的成员职位背景的调查显示，所有股东代表中，没有工人，全部是处级以上管理层成员。

行笔至此，我们可以看出，在改制后的W公司，工人和管理群体的群际差异无论从管理层级、地位权限，还是股权持有、利益分配、决策影响力等方面，都是显著而悬殊的，所以，群际差异已经形成。工人的持股并被称为“股东”的身份转换，并不能掩盖工人在整个股权结构中持股比例过低所造成的边缘地位和弱势地位。他们的“股东身份”依然是工人身份，在劳动和资本的持久矛盾中，他们的地位并没有发生明显的改变。过去几年中的股利分红中，由于返还红利的比例对于每一股权来讲是固定的，因此，工人完全可以算出自己的所得和管理群体所得的差距。因为这种差距，工人和管理群体之间的群体差异、群际关系也在日趋紧张，由于工人人数占多数，所以在股权持有比例上是相似相近的，在基本利益上他们是一致性的，所以，股权持有的单一性反而成了他们形成“群体认同”的一个重要促成条件。

股份分配一开始我们还没感觉怎么样，但是后来发现连续几年的分红积累起来看，工人和科室里那些“当官的”差别就大

> 了，一个人稍有点头脑就会算出来，我们辛辛苦苦每年赚的钱，最后因为分红所剩无几，而且差距太大。这个厂子大多数一线工人都是4000股，所以，大家都感觉到不公平。……我们为这个事也集体找过几次，但是没用，你知道，有什么股东会、董事会的，反正据说不是一个人说了算。（WYT，工人）

当我们分析讨论完质朴而充满温情的企业文化对于工人身份认同的定位与建构之后，结合W公司的股权分配结构，我们就会发现对于劳动和资本而言，所有那些温情的文化面纱不过只是一种掩饰和控制。这是国企改制为民营企业后生产政治的本质特征之一。

四　小结

（一）员工、股东、“主人”：变幻中的多元身份认同

企业改制成为民营之后，工人的身份发生了转变。如前所述，工人身份是由工人与股东共同交叉构成的“主人”身份。W公司通过股权配置、企业文化、历史的记忆、传统的延续等策略建构了一个相对稳定的工人身份认同，在表面上实现了名义身份和真实身份的基本一致。无论是从收入来说，还是相比较身边的其他群体而言，改制后的民企工人对于自我的身份认同感是比较显著的，并充满了自豪感。在企业的管理和改革实践中，工人的股东身份为其带来了分红和收益，从基本的基础层面使工人充满了满足感。在企业文化不失时机的意识形态建构中，股东身份、员工身份、主人身份，被融合在一起，使工人对于企业形成了一定的归属感。进而对于自己在W公司当工人感觉的有前途、有奔头、有意义。当身份认同已经形成之后，身份主体就会满意并安于目前的关系结构。也就是说即便当分析家指出在劳资关系的格局中，工人虽然持有一定的股份（这个问题我们后面会分析），然而他们仍然处于劣势、被剥削的境地，但是对于工人而言，这里的核心问题在于，当管理层或者资方把他们的身份定位所包含的

内在应有之义在生产管理的实践中一一表现、落实、赋予，并与他们所宣称的工人身份一一对位，也就是说，实现了名义身份和真实身份的基本一致，那么，身份认同就形成了。如果我们回顾上一章论述国企市场化改革过程中，工人名义身份和真实身份的背离，恰恰相反，导致了工人对自我身份认同的稳定性的丧失、消解和散落。这个过程也是工人和管理层（准资方）之间的群际差异日渐明显、群际关系日益恶化、群际冲突开始出现的过程。

当然，以上所述，并不是一个单独的过程，它会随着企业发展不断地发生变化。但至少到目前为止，由于收入的丰厚性、分红的高回报、相对其他群体的优势等因素，工人的身份认同基本稳定，但这并不意味着工人对劳资不平等关系的认可与满意。可以说，这个阶段的工人的身份认同，由于员工、“真正的主人”、股东这几种身份的混合和修辞的转换，使工人感觉自己的身份是多元但又一致的，多元是称谓的多元，一致是在劳资关系结构中对自我身份定位的明确性。而如前所述，股东这个身份又在一定程度上消解了后者的明确性。

总体上看，工人的身份认同，相对于全面市场化改革阶段的国有企业中工人名义身份与真实身份的背离来说，无论是从资源的获取，还是身份的“股东化”转变、“员工化”修辞，工人的身份认同有一个相对稳定的基础。但是这个基础会随着企业的发展而逐步变化，如我们看到的员工的增多、股权配置结构的分化，致使劳资关系格局日趋明显化。也就是说，虽然相对而言获得了部分资源，但是对于不平等的劳资关系中工人的弱势化处境，工人的自我身份认同也不再稳固。

（二）“混合型”生产政体：不变的劳资结构

笔者认为，从生产政治的角度看，W公司改制后，国家的退场、市场契约关系的形成，使国家对于企业发展的涉入与干预变成另一种间接的方式。改制后工人在劳动过程中的管理控制向制度化、规则化、官僚化、技术化迈进，而且通过强制和“同意”的方式参与到劳动控制中去。但是从改制过程初始就一直存在的关于股权配置的不公平或者差别很大的问题，在另一个路向上导致了工人群体和管理层（资方）群体的群体差异和“内群体”与“外群体”的差别与认同，而在劳资关系中，二者的关系代表了基本的关系。即便在上述身份认同基本稳定的情况下，改制民营企业的生活政治关系的基本结构仍然没有发生变化，这些变化的背后，仍然是不变的劳资关系形态，其中处于强势地位的资本和处于弱势地位的劳动之间的结构性关系一如既往。

所以，总体上看，W 公司改制后的生产政治形态，虽然类似于布洛维所论的“霸权型”，但绝不能对号入座。虽然国家和企业的关系从产权上得以厘清，但是对于劳资关系本身而言，我们看到无论是股权配置、工资构成，还是与工人利益相关政策的变化，工人并没有顺畅的、看似可以获得的参与渠道，所以笔者认为其基本的劳资关系基础之上的生产政体形态，依然可以看作是意识形态、治理政策上的霸权、制度实践上低参与度的混合型政体。但是值得指出的有两点。第一，改制之后，在福利、保障、工资收入、股权股利等方面，工人获得了相比较改制前而言更多的回报，这在一定程度上提高了工人对自我的身份认同感，这份认同感的建构，除了基于物质和自我满足之外，还基于历史记忆、意识形态建构、与他人的比较等多元因素的共同影响。第二，在企业不断推进的市场化改革中，劳动和资本之间的逐渐分化、差别明晰化，工人对于群际差异、群体认同的形成，将可能再度构成对于生产政治的潜在改变力量。

此外，我们需要关注的是，在劳资关系的结构性困境存在前提下，当身份认同基本稳定的情况下，对于企业生产政治框架内的生产政体的内部结构，是无法改变的吗？在工厂领域，对于围绕着身份认同而带来的变化，能否对目前生产政体的内部劳动和资本的控制关系，构成固化或解构的力量，进而改变生产政治关系现状，这是第六章要讨论的议题。

第六章　工人可能成为谁：寻求新认同与生产政治变迁

本研究在前面几章对国企工人的身份认同和生产政治，在企业改革的不同历史阶段所发生的变迁以及二者之间的互动关系和机制进行了分析论述。本章将首先对既往多个阶段中身份修辞的转换和身份认同的变换、群际关系的变化以及劳资关系框架下的身份认同和其中蕴含的生产政治内部紧张关系进行论述；接着通过不同阶段的几个案例，分析在生产政治中，工人是如何通过群体行动来改变自我在生产政治的劳资关系中所处的弱势地位，并重建自己的身份认同；然后分析社会行动主体的多元身份又如何对于工人的行动构成聚合或者分解的力量；最后考察在劳资纷争中，行动目标中的资源及伴随其中的权利，是工人身份认同的充分必要条件，并推动生产政治的变迁。

需要说明的是，本章的相关讨论基于前面几章对于国企变迁不同阶段中身份认同与生产政治之间互动关系的经验分析，因此，涉及相关材料，本章将指引性提及并不再重述。

一　身份修辞的转换与身份认同的散落

通过前面几章的论述，我们看到在不同的国企改革阶段和改制后的民营时期，外部制度、宏观和微观的意识形态、社会交往互动关系中的他人，包括福利等社会保障在内，共同建构了国企工人的身份及其对自我身份的认同。随着改革的推进，以上所述这些分布在企业外部、内部的以物质、制度、意识形态、社会互动的方式存在的宏观或微观的建构因素，不断地发生改变。在这个过程中，工人的身份内涵发生了变化，原来所能够建构、支撑起国企工人从内在主体出发对

“自我身份”形成认同的那些要素，比如收入、待遇、福利、归属、自尊、自我发展等要素都被一一抽离、剥落，那么因这些要素的聚合而形成的自我价值和存在的意义体验也逐渐散落、不复存在。这个过程，也是工人自我身份认同不再稳定，进而发生变化的过程。工人不再认为自己是原来的身份了，原有的身份认同失去、散落。

工人的身份，在不同的历史阶段，被以不同的修辞进行表述。从“职工是国家的主人”“职工是企业的台柱子”“职工是企业的股东”这些在不同改革阶段从国家或者企业层面对于工人身份的表述可以看出，“主人”“台柱子”“股东才是主人”这些修辞，它们共同的所指都是工人，但只是不同阶段的工人而已，随着企业的改革，工人身份内涵发生了变化，这些修辞也随之而变。这些修辞转变的背后，其实质是工人命运的起伏和波折。

在国企的全面计划体制时代，工人被当作“主人”的修辞，其身份内涵是指工人在单位制的体制下，所能拥有的身份内涵的丰富性，尽管此时是国家作为资本一方，和作为劳动者的工人构成关系联结。但是由于政治渊源的一致性，所以，工人被作为企业的“主人”，也获得了这个身份的内涵所包含的一切，这个身份内涵被工人所满意、理解、接受，并形成国企工人身份的自我认同。

但是从改革初期到全面市场化阶段，为了实现改革的目的，整个国家发生了极大改变，无论是外部制度性环境，还是微观意识形态，都在变化。随着这些外部建构力量的变化，工人的身份内涵慢慢发生变化，也就是说构成其身份的内涵的各项要素，在市场化的改革进程中在逐渐消失。福利市场化、社会保障多方共担、相比于社会交往主体中的其他群体（农民和管理群体）而言，自身的地位正在滑落、工人身份的优势不再、国家逐渐赋予管理层更多的权限，他们作为资方代表和工人作为劳动者之间的关系日趋紧张，工人再也无法从身份中获得能够支持自我认同的一致性的东西。但是，在意识形态方面，宏观层面对于工人的定位并没有发生变化，依然是“工人阶级领导”这样的保守定位，在微观层面，当既往意识形态不再奏效的时候，企业组织又通过“企业文化”这种新的意识形态方式对于工人进行身份认同的建构。但是，在企业生产中管理和控制已经日趋严格，劳动和资本之间的矛盾日趋显现。当身份内涵被抽离的只剩下劳动力要素这一市场概念的时候，“台柱子”的理念只能促成工厂生产实践中的真实身份和意识形态中的名义身份的背离。而这种背离的背后，是工人自我身份认同的不稳定化、散落、解体。

随着改制的完成，国企转换为民营之后，“股东才是主人”的修辞浮出水面，对于这个修辞的解释，是对全面计划体制下的“主人”的否定。过去，人人都被称为主人，但是却无法实现主人的权责。民企内部，由于股权的改革和配置，使企业全员持股。工人手中也拿到了相对比例的股份，这样就建构了“股东才是主人”的修辞，但是，改制后的民企，由于股权配置的悬殊性，所以，股东对于企业决策权的影响力，并没有在工人身上得以体现，这个“修辞”的虚假性也就在民企的生产管理中表露无遗。工人在劳动过程中所受到的管理控制，表现得越来越严格，但是，因手中的股权所带来的微利股利分红、企业文化的建构、企业的历史记忆、企业效益与职工收入同步增长的“双赢”策略，使工人对自我的身份认同重新获得了建构，而这份建构的背后，工厂中的劳动和资本的关系，已基本形成。而且随着企业的发展，当股权不能普遍化的时候，劳动和资本之间的关系就正式建立了。

通过以上对在不同阶段的身份“修辞”转换的分析，笔者认为，身份“修辞”的转换，其实就是工人身份内涵发生变化的过程，也是工人身份认同出现游移、逐渐不稳定、散落、不确定的过程，更是制度、意识形态等方面的力量努力掩盖其身份变化，或重构工人身份及其新的认同的过程。但是，不管在哪一个阶段，我们看到随着历史阶段的展开，无论是国家掌控资本和劳动的时代，还是国家委托企业负责人代理掌控资本的时代，抑或是民企的资本明晰化时代，在不同的“修辞”转换的背后，所呈现的是工人和资本之间的关系逐渐呈现、显性化的过程。

二 群际差异和群际冲突

（一）群际差异与劳资关系中的身份认同

1. 群际差异与群际分化

通过前面几章的论述，我们看到在不同的国企改革阶段和改制后的民营时期，外部制度、宏观和微观的意识形态、社会交往互动关系中的其他群体，包括福利等社会保障在内，共同建构了国企工人的身份及其对自我身份的认同。随着市场改革的推进，以上所述这些分布在企业外部、内部的以物质、制度、意识形态、社会互动的方式存在的这些宏观或微观的建构因素，不断地发生改变。

在全面计划体制阶段，国企工人和干部，两类人的身份都被宏观意识形态定位在“工人阶级”范畴。但是无论是在生产实践，还是在管理中，虽然有二者之间的关系是“庇护—依附”型的定位，也有制度外非正式权力关系的论述，但是相对于后面的改革初期和全面市场化阶段的改革中他们之间的关系来说，彼时他们之间的关系可以用“基本融洽”型来概括。但是随着改革的展开，在工人方面，他们已经慢慢失去以“主人”来定位的自我身份的认同，在福利被削减，工资收入、生产中的被管理和支配的程度、劳动合同的条件等多个方面，他们逐渐处于弱势地位，而管理者却日渐拥有对于工厂、资产、管理、人事等各个方面的控制和支配权，在表层的向市场化寻求企业发展活力的改革路向之下，是工人和管理干部两个群体之间，群体差异越来越明显，群际分化越来越严重。工人群体的内群体认同在逐渐增强，而外在的那个以管理干部为主要成员构成的“当官的”群体业逐渐被看作“外群体”。泰弗尔认为，群体认同是在理性选择之外的原初性的行动选择。在我们所论的这些差异的基础上，工人群体和管理群体之间的群体分化和认同，是情感、体验、比较、理性思考和选择的混合产物。

2. 劳资关系中的身份认同

由于二者之间的互动关系主要发生在工厂的生产过程中，所以，管理中的控制与支配，表现为两个群体之间的群体矛盾和冲突。尽管在日常生活中发生的多为个案，但是通过对冲突双方的身份进行分析，我们就会发现工人和管理群体这两种身份结构得以呈现，所以，笔者认为他们之间是群体间的冲突，而非偶尔的个案冲突。通过前面几章沿着历史变迁的脉络所逐渐呈现的劳动和资本之间的关系结构，我们可以将其作为上述群体间的矛盾和冲突的基础。

随着工人对于自我身份认同的散落、解体，以及在全面市场化阶段、民营化时代的身份认同的重建，笔者认为，工人通过与管理群体产生的群体间的矛盾和冲突，用行动来追问自我身份变化和失落的原因，并尝试通过行动重建对自我的身份认同，也就是说，他们不满于自己原有身份的失落，更不满足于在日渐明显的劳资关系中，自己在管理中被控制和支配、在经济分配上的不公平弱势地位，他们要在群体矛盾和冲突的解决途径中，用行动寻找新的自我身份认同。但是这种新的身份认同，已经不同于过往的、被各种外在力量形成各种“修辞”所建构的身份的认同，而是作为工人在目前的劳资关系中，工人可能成为谁、应该在劳动者与资方之间的关系中获得一种怎样的身份定位，这样，在失去以前的身份认同之后，能够使工人作为主体的自我的身份感得以稳定的延续和存在。

这种工人意图寻找、建构的新的身份认同，有两个基础。第一个是工人作为存在的主体由内而外的自我存在的感知和生命意义感的延续。这个基础和第二个基础密切相连，也就是相对于他人而言，工人在社会交往的互动关系中自我身份的定位，这个基于社会关系而来的身份，具备怎样的条件，才能获得自我的认同。此处所论的工人处身其中的社会互动关系，也就是在劳资关系的互动框架中，来界定自我并获得身份认同。笔者认为，在不同阶段发生的工人和管理群体之间的群际矛盾和冲突，同时意味着工人通过行动，在劳资关系的结构框架内，重新定位、建构自我的身份认同。下面，笔者将对全面市场化改革阶段、民营企业阶段发生在工厂内部的群体冲突的几个事件进行论述分析。这几个阶段都是群际分化、群际差异逐渐加深，劳资关系的不平等结构逐渐呈现、显性化的过程。

（二）群际冲突

1. 全面市场化阶段

（1）工资风波

在H集团，为了强化对中层管理者的激励机制，自1998年实行了年薪制，按照风险共担的原则，管理层每年的年薪基数和其所在单位完成的整体经济目标相关联，对于经济任务目标超额完成的单位，对于整个单位而言，无论是中层管理人员还是工人，拥有共同的一部分超额完成奖金。但总体上，无论是每个月的收入，还是年终最后统算的收入，包括管理者、工人在内的整个车间或部门的收入都捆绑在一起，进行奖惩考核。

实行这样的奖惩考核措施，在H集团看来，就是把管理层和工人的单个个体的收入，既要和他们每个人的工作投入相关联，又要和他们所在部门的整体效益相关联，这样就会形成一个个体和部门、工人和管理层之间的利益共同体、风险共同体、命运共同体。

但是当管理者收入和工人收入在一个整体内的时候，存在两种情况。第一种情况，在总体效益增长或者削减的时候，这两个群体之间的收入是同时增减的。第二种情况，无论总体效益状况如何，管理层和工人之间收入并不是均衡的，而是无论总体收入持衡、增长或者削减，这两个群体都是拥有各自利益目标取向的行动者，但是由于在生产过程中双方的管理和控制的权力是一方掌握管理和控制支配权，另一方面是管理、控制、支配的对象，所以，在考核、评定、收入分配等方面，管理层的权限和优势相比工人而言是明显的。

以上这两种情况，会导致管理层在生产过程的管理控制更加严格，考核也更加严格。而这种结果背后的基础是，在生产过程中，劳动和资本的关系结构使然。

由于H集团对管理层实行年薪制，中层管理者的年薪和普通工人的年收入最少相差4倍左右。由以上管理控制和收入构成的生产政治关系，在这两个群体之间形成的群体差异是明显的，群体关系是充满矛盾的。对于工人而言，他们对于收入最直接的反应就是："当官的"管理层的收入是从整个车间的总体中拿的。所以，在正常的情况下，公司给车间的每月费用是核定额度的，而奖金是另外发放的。因此，管理层收入要想增加，或想获得更多的可支配资源，工人的收入就会减少，而平日生产管理中的严格考核、奖惩，在表面上是为了生产管理，但是其实质却是能够为管理层带来收益的管理行为。

在 H 集团，对于工人的工资制度是岗效薪点制，就是根据岗位状况、劳动条件和强度、劳动的可替代性、岗位重要性、班组效益、车间效益最后确定的工人的工资收入。其计算方式非常复杂，通常需要换算成分值点数，进行加权比率的计算。所以，对于很多普通工人来讲，很是头痛关于工资的计算方式。于是他们直接就不管，只要不少于平日里的平均数，工人感觉不是差得太离谱，无论车间里给出怎样的理由进行解释，工人一般都不会有过多意见。

但是，这一切都因为一群技校毕业的年轻工人的"精打细算"而发生了改变。他们工作了一段时间之后，有次一个偶然的机会，与和他们同时进厂工作的其他车间的工人聊天的时候，突然发现自己的收入低得离谱。因为在 H 集团，对于女工的照顾表现在很多劳动轻度的、不是特别"脏、累、差"的岗位，多分配给女工（其表面虽然是一种优待，但是实质上是一种通过性别身份构成区别对待的生产政治策略，此处不论），即便相对这些和他们同时进厂的女工最少的工资待遇，他们也比她们低很多，所以，他们回头就按照岗效薪点制的计算方法仔细地算了一下，结果发现每月少收入 200 多元，于是他们就去车间找，对于这个问题来讲，到公司层找没有多少用处，因为收入分配权是在车间内部的。

起初，车间并不理睬，并用各类更复杂的计算方法搪塞过去。但是对于 H 集团的青年普通工人每月 1200—1300 元的收入来讲，每月少收入的 200 多元已经是不小的比例了。后来他们又找，总之认为是不公平的，工人辛苦地工作，收入却被随意地考核和忽视掉。在这个过程中，由于车间里的年轻工人不多，所以他们五六个人基本没法形成对于管理层的影响力，随后他们又联合了其他车间也存在工资待遇不公的年轻人，向公司层面反映，此事搁置了一年多。在此期间，他们为了寻找更多的盟友，这个车间的年轻工人还对其他已经进厂工作多年的老职工的收入，也进行仔细核算，发现也或多或少存在这样那样的问题。

在工资问题上，我们看到他们动员了不同年龄的工人、不同部门的工人，向管理层争取权益。这件事情最终使公司层面干预，不公正的考核分配、计算的猫腻才被慢慢揭开，而结果也只是补足差额，换掉车间管理的主要负责人。这场工人和管理群体之间的矛盾和冲突，从劳动和资本的关系角度看，并不是某几个工人和某个车间管理者之间的纠纷，而是劳动和资本之间的冲突关系。我们看到这场群际矛盾中虽然工人赢得了主动权，但是劳动和资本的强弱关系结构并没有发生根本性改变。需要指出的是，以劳资关系为主要表现的生产政治内部，国家和市场与企业的关系，总是在劳动和资本的斗争、博弈、协商中发生改变的。在市场化改革阶段发生的此类群体矛盾和冲突意味着，工人的行动不仅仅是维护自己的正当权益，而是在行动中重新建立自己的工人身份，在生产政治关系中，相对于代表资方的管理群体来讲，工人身份是如何被定位的。工人正在逐渐形成对现有关系中的身份的认同，正如他们所说："工人就是干活的，你不争，别人不会主动把工资拿给你。"

（2）住房之争

在1994年初，H集团仍然按照集资建房方式，由职工缴纳成本价的房款，进行建设职工小区公寓楼。1996年，H集团的货币住房改革正在进行中。由于住房建设的周期比较长，为了向完全市场化货币化住房过渡，到了1996年初交房的时候，此时货币化分房在全国已经全面展开。对于H集团来讲，管理层就借货币化改革的机会，向原先缴纳集资房款的工人说，要继续缴纳足额房款，才能交房。由于此事涉及的职工都是H集团内部工人，所以，工人认为公司违背合约，不同意继续补缴房款。双方发生了争执。

在连续半个多月的时间里，这次住房问题涉及的H集团的职工及其家属连同围观者共近 1 万人，每天晚上围绕在 H 集团所有的 13 个小区周围及主要街道进行游行，并打出“拒交房款”“诚信何在?”的标语，由于正值夏季，每晚乘凉的人加上游行的队伍，不可谓不声势浩大。甚至形成了下班参加游行、上班工作之外的主要议题也是关于游行的现象。

由于涉及面广、人数较多，H 集团实行了多管齐下的应对策略。第一，他们在公司中层以上开安心会，要求各单位、部门摸查自己下属的相关情况，凡是涉及这次住房事件的人，要做好思想工作，教育、引导其不要继续参与游行。对于不听劝阻者，以暂停工作三个月为惩罚手段，对于行为严重者予以辞退。而每一个中层管理干部，根据自己的单位和部门情况，分片包干。如果出现什么问题，一票否决。第二，要求凡是管理部门人员，一定要了解自己的亲属、朋友，劝阻他们不要上街。第三，由于社区管委会是 H 集团的一个处级单位，因此，H 集团对于社区管理人员有直接的人事任免权和调配权。H 集团要求社区管委会、居委会、家委会、楼长摸清情况，把稳定工作做到每家每户。

对于工人而言，要求不准在上班期间谈论住房问题，一经发现，转岗分流（1996 年前后的国企内部改革方式，在 H 集团内部，就是从经济效益和工作条件好的下属企业流转到效益差、工作环境恶劣的下属企业）。

但是，由于游行人数太多，而且夏季乘凉散步的人很多，根本无法区分哪些是看热闹、哪些是散步乘凉、哪些是游行的工人。由于此事涉及人数众多，涉及面太广，所以，对 H 集团的日常生产和管理造成了一定的影响，并对地方社会稳定构成了消极影响，一般到附近的其他城市或其他外地人到 H 集团，都会主动谈起此事。这说明，这个住房游行事件已经在地方上广为流传。

最后，在地方政府的干预下，H 集团出台了一个协议性方案，就是缴纳补交款项的 20%，以弥补 H 集团内部房地产公司的成本亏空，在购房之后，按照协议由公司在购房者的工资中在 5 年内分期返还，作为集团对福利分房的住房补贴。到了 1998 年，H 集团全面实行住房公积金改革。

在这个群体事件的案例中，笔者所要关注的并不是其成败，而是要分析其背后所折射的生产政治关系。

第一，即便是在国企工人生活的社区空间，我们依然可以发现工厂生产政治中，作为企业生产组织的管理、控制和支配对于企业型社区生活空间的牵制、侵蚀和殖民化。

第二，在这个过程中，事情并没有一开始向工人有利的方向发展。其中很重要的是，如上所述，公司对于涉及住房而游行的工人群体，利用参与行动的主体身份的多元化，进行了分化，这些身份包括单位身份、血缘身份、邻里身份、亲属身份、地缘身份（老乡关系）。斯特莱克认为，对于多元身份的存在，行动者会对其形成一个身份层级，并对其有一个优先选择和排序的过程，而此时的优选身份，是行动者对于行动情境思考后的策略选择，未必是最优的，也未必是最理性的或者效用最大化的。但在此事件中，据笔者的观察，初期的行动中有两天弱化的走向，这估计应是H公司采用身份分化策略的结果。

> 当时我也跟着大伙一起去了，但是很快我就不去了，因为公司里对中层干部下了最后通牒，我姐夫是公司中层部门的一个小头头，他后来让我姐转告我，不要去了，要不然他在公司里会很难堪。（ZYD，工人）

在这个过程中，群体行动很容易由于多元身份的存在而被分解，也就可能无法形成一致行动。

第三，在劳资关系中，工人和管理层（准资方）之间的矛盾和冲突，是一个通过行动来展开、改变的过程。我们看到，在事件的后期，由于游行对地方的社会稳定构成了负面影响，也影响了地方政府官员的政绩，所以在生产政治中，国家中的地方政府开始出面，干预企业和工人之间的关系，并推动生产政治关系的改变。

第四，工人行动的直接目标是拒绝补缴房款，但是工人的行动以及行动的后果却让他们意识到了面对有权有钱有势的公司管理层来说，工人不只是被动的、任人鱼肉的弱者，团结起来采取行动，就会有改变的可能。工人在行动中所彰显的是相对于管理方的劳动者的身份定位和权利主体，即工人是劳资关系博弈中能动的参与者，工人在这个关系中是有权利参与并通过行动界定和改变互动结果甚至互动规则的。

（3）罢工进央企

2009年10月H集团因面临金融危机，被Z央企控股收购，进入央企。在进入央企之前的过程中，出现了H集团下属国企改制企业Q公司工人罢工争进央企的事件。对于央企而言，一般来说有三个因素让人对其刮目相看。一是其背后的国家直接投资、控股和支持的背景，这是在用一个国家的信用来作为公司的背景支持，因此，公司信度高、实力雄厚。二是央企都是国家在2002年实行国有经济结构的战略重组的时候所选定的关系国计民生的、关键重要的、支柱性、高技术行业和领域。因此，央企所涉足行业一般都会有制度垄断和自然垄断性。这样公司的发展潜能巨大，前景无限。三是2002年起始国家控制中央企业189个，后来通过改制重组，数量不断减少，留下来的都是大浪淘沙后的“铁杆”企业。

H集团下属分、子公司众多，对于相关非主业的、辅助性、营利性企业，H集团早期就对Q公司进行了改制，其中由H集团控股，其他内部职工持股和社会股权各占20%，在内部持股比例上，Q公司的负责人持有大部分股权。

当H集团即将被Z央企收购时，Z央企看好的是H集团与其主导产业相符的那一部分资产，对于H集团的其他辅助性企业，按照其在其他收购案例中的手法，Z央企或在收购前或在收购后，会按照国家关于“主辅分离、辅业改制”的政策，对于离主业较远的辅助公司进行市场化改制、剥离。在Z央企对于H集团收购之初的谈判中，就涉及要剥离Q公司。

从Q公司负责人来说，由于其目前掌握着企业的生产经营权，而且又是内部股份中最大的股权持有人，所以，他很期望借此机会尽快改制，而且按照惯例这样的小型辅助企业，通过资产评估之后，他是完全有能力购买企业的其他股份，在实际上形成管理层收购的。但是，对于Q企业的工人来讲，一方面，他们持有小部分比例的股份，Q企业通过改制完全市场化后，他们自己会被抛到市场化境地独立生存，另一方面，他们眼睁睁地看着自己所归属的H集团的工人进入央企，以上这两种改制路径是不一样的未来和风险。至此，管理层和工人群体出现两种截然不同的选择取向。管理层想进行改制，工人要求进入央企。管理层此时所考虑的是产权的改革所带来的资本收益，而工人此时所考虑的是个体的饭碗与生存。因此，戏剧性的一幕出现，为阻止管理层的改制行动，也为了影响H集团在与Z央企的谈判中不把Q企业作为辅业改制推向市场，Q企业的工人们采取了“罢工”这种极端的方式，来实现他们进入央企的目的。此外，工人们还充分利用了网络空间，作为他们讨论的阵地，他们在H集团的论坛上，发布了公开通告。

告Q公司全体同胞书

同志们：自2000年股改以来，＊贼当权，一言堂。奸臣挡路，害忠良。暗无天日，人民群众生活在水深火热之中。现在Q公司还是集团的下属企业，我们还是集团的在册职工，因为不合理的安排，牛头一句话，职工就得待岗、下岗。试问：独立后，我们的工作岗位有何保障？2007年的股金分红，直到现在才分，整整一年的时间，分红现金挪作何用？不得而知。2008年的分红又已到期，具体什么时候分？不知道。问：独立后，我们的合法收入有何保证？企业一旦独立，被集团剥离推上市场。企业有何实力与个体户竞争？企业机构重叠，人浮于事，领导钩心斗角，溜须拍马，窝里横，不办正事，又有何能力与市场抗衡？Q公司用不了几年，便会走向破产，倒闭。请问：我们的血汗钱，我们的后半生由谁来负责？兄弟姐妹们，我们的命运我们自己主宰，决不能任人践踏。为了捍卫我们的尊严，维护我们的合法权益，为了我们的家庭幸福，为了我们今后之生活计，我们强烈要求（H）集团收购我们的股份。退还我们的股金，清算我们的分红，清退我们的集资款。让我们解放思想，放下包袱，一身轻松，重做（H）集团的正式工人。

这场罢工行动的结果是工人成功，Q企业没有改制，而是随着H集团进入了央企，依然是国家控股。

通过以上这件事情，笔者认为，首先，在目前的国家政治空间许可程度下，工人通过罢工这种极端的方式，来争取进央企。可以看到，进入央企对于作为劳动者的工人而言，是多么的重要，成为央企工人这种身份让他们所产生的认同，和改制后市场化的民营企业中，直接面对强势资本的工人身份，还是有着重大区别。工人所恐惧、担心的是市场化中劳动面对资本时的空无所依。其次，这次行动发生的背景是企业改制，行动的目标是改变改制的方向，冲突的双方是工人和即将改制收购国有资产的企业负责人，虽然改制的决定权不在Q企业的管理层手中，但是由于工人对于未来改制民营化之后，劳动和资本在市场上的矛盾和冲突关系充满了风险性担忧，才采取了罢工行动，来维护自己求得将来看似稳定的就业关系。所以，可以认为工人通过罢工寻求自我身份定位和认同的行动，仍然是发生在劳资关系的结构框架下的。最后，在《告Q公司全体同胞书》中，他们的目标诉求，虽然有具体的要求，但已经不是单纯的物质或资源的再分配问题，而是企业的改制方向、工人的未来命运，究竟谁有权决定的问题。可以进一步说，他们在争取的是制定未来劳动和资本之间的游戏规则的权利，工人或目前的Q企业负责人究竟谁有权利决定企业的未来。因此，通过这个案例我们可以看到，工人在劳资关系的框架中，在与资本一方的互动关系中，来分析、定位自己的未来身份，并通过行动决定、重构自我的身份认同。这就推动了生产政治的变迁。

2. 改制后的民企阶段

2003年，W公司注册资金2800万元进行改制，改制后68%的股份由内部全员持股，在当时共有1250多人，普通工人近900人，每人平均持有4000股。从2003年至2010年，W公司每年都会进行股利分红，分工比例从 20%—100% 不等，至今，当时投入的股本金早已返还，所以每年的分红就是纯粹的资本回报。

从 2003 年改制之后，W 公司的规模不断扩张，截至 2010 年，共有职工 2500 多人，比改制之初翻了一番。所有的后来者，都没有股份。这些后来的进入者绝大多数为公司的普通工人，而此外的管理层人员，W 公司已经对他们实行了股份期权作为激励机制。但是新进的工人，对于股权配置方面，公司并没有相关政策。而每年年终分红的时候，工人中的股东和非股东之间的关系，就形成了两个显著不同的群体，一个群体在每月的工资之外，在年终还可以获得一份几千元不等的红利，而另一群体，在同样的生产岗位，付出同样的生产劳动，却没有收获。

这个时候的感觉，真的就觉着自己的劳动被资本家剥削没了。（JYT，W 公司工人）

所以，随着时间的推移，整个公司的生产政治关系从原来的“准劳动者和资方”的关系，转变为两个维度：一是持有微小比例股份的工人和管理层之间的关系；二是股东和非股东之间的关系。笔者认为，这两个维度的背后，并没有脱离劳动和资本的基本关系结构。这个结构分两个层面。第一个层面是工厂生产政治中，生产过程中存在的劳动和管理层之间的控制与支配关系。第二个层面是更根本的劳动和资本之间的关系，这种关系不随着生产过程而发生变化，只要资本继续存在，就会形成对劳动的支配。也就是说，即便 W 公司的现有所有股东都退休了，这第二种关系仍然存在。

但是对于工人而言，最需要关心的是为什么同样的劳动、同样的工种、同样的岗位，他们有我没有。因此，随着后来新进职工的增多，他们日渐不满这种分配现状。

原来的时候，由于人不多，也不敢找，现在和咱差不多的情况，人越来越多，所以，开会也敢提了，也敢和他们搭伙一起去

找了。（LTY，W 公司工人）

截至 2010 年底，一线工人中有股权和分红的人数与没有的人数基本可以对开分了。那些没有股权的工人，也找过多次，但是并没有多少希望。

公司对此的普遍解释是："人家是出过资的，自然有权利拿分红，这也是符合《公司法》的规定的。要是真有怨言的话，也只能怨自己的运气和机会，没赶上好时候。"

工人认为，企业发展了，资产规模扩大了，也是这些没有股份的人贡献的结果，要求增资扩股。公司对此答复的结果是股东大会不通过。这个答复的背后，是公司借用制度、法规和治理结构来规避企业生产政治中的劳资矛盾。

通过以上分析，笔者认为，第一，工人直接感受到了劳动和资本之间的对立关系。第二，工人自己的"工人"身份虽然是工作、干活，但是他们认为不应该是这种状况，而应该加以改变。第三，工人通过行动来争取在这种关系中的弱势地位的改变和不公正待遇。第四，工人的行动努力遭遇了制度困境，这种表面上中立、合理的制度和法规的背后是超越于作为利益诉求者的工人、超越于 W 公司之外的国家力量，我们可以认为这是工厂生产政治中国家的在场。是国家和以资本为代表的市场逻辑共同建构了 W 公司作为民营企业的内部生产政治关系。更重要的是，第五，工人寻求通过股权重新配置变成股东（哪怕是微小的股份持有）的行为取向是对劳资关系中经济分配公平的诉求，但是这种行为并不能够改变以强势和支配为特征的不平等劳资关系结构，而只是对于目前工人弱势权益的一种弥补。所以值得我们进一步思考的是，工人的这种行为取向，作何理解？客观上，他们是工人作为行动者的自我行为诉求，但是，他们努力把自己的工人身份和股东身份合二为一的行动取向，却分解了工人作为一致行动的群体对抗资本的可能，或者进一步说，分解了工人形成"阶级行动"的可能。

三　工人行动中的多元身份：分解与聚合

（一）个体与群体中的多元身份

在国企的生产空间中，工人身份呈现多元特点，这些身份的类型既包括性别、性取向、种族、肤色等先赋特征所构成的身份和族群、职业、信仰、国籍等后天形成的特征所构成的身份类型，也包括职业、地位、阶层等在内的正式关系所建构而成的身份类型和包括血缘和地缘关系、喜好和品位等在内的非正式关系所建构成的身份类型。以上所述这些身份交叉集中在工人个体身上，因此，可以把行动个体看作一个集中了各种身份的身份簇，当其行动时，个体会携带其各类身份同时参与行动，而面对不同的行动情境，行动者会对自身的多元身份进行先后和层级排序（斯特莱克），进而在行动的时候优先选择或凸显其中一种或几种身份。行动中，当多种身份之间发生冲突的时候，行动者会凸显优选身份以满足行动的需要并实现自己的目标，这种被凸显的身份，可能会对行动形成两种可能，一种是保持行动者对行动的投入和持续，当多种身份形成一致的时候，这就会为行动者保持行动的参与和展开提供统一的合力，并持续促进行动的开展。另一种是形成一种分解的力量，削弱行动的持续性，改变行动者的行动取向。

当社会主体以群体的方式展开行动时，也存在内外两方面的力量。从内在而言，这些行动者之间形成关联并采取一致行动的基础在于，他们在某一方面形成了共同的特征，而这个特征让所有参与行动者认可，并进而形成了基于其上的一致身份，然后形成身份一致的群体。从外在而言，身份源于差异和界限。两个不同的群体之间的形成，与其中一个的内在自我群体的形成直接相关，而无论这个形成的力量来自该群体内的自我界定还是来自外部力量的建构。当以上内外两种力量都存在或具其一的时候，群体差异就形成了。如果他们之间存在某一方面的矛盾和冲突，那就会发生群体冲突。双方各自为群体目标而行动。从身份认同的角度分析，行动者在群体中的行动，有可能因选择了多元身份中的不同于群体一致身份的另一种身份而降低了参与行动的动力，也有可能行动者把其“身份簇”中的多元身份，共同归属到群体身份中，并与之合二为一，这样就会促成行动的可能。

综上所述，无论是在个体还是群体行动中，多元身份的存在会对身份认同形成聚合力或者分解力，这就会对行动的结果构成影响。以下笔者将结合相关案例，对分解与聚合的作用机制进行讨论。

（二）分解与聚合

在前面几章的论述中，我们看到无论是劳动合同的签订、工人工资的差异层次、劳动过程中岗位的安排，还是各分、子公司之间的效益差异与分配，均表现出工人身份被单位、制度设置所分化而呈现多元化，这对工人一致行动的形成构成了分解力量。接下来，笔者将结合本章前一部分所分析的在国企改革的不同阶段，群际之间的分化差异日渐显著、国企生产政治中的劳资关系的控制与支配等所致的群体行动和群际冲突，来分析基于身份认同而形成的合力与分解力对于群体行动的影响。

由于在工厂生产政治关系中，劳动和资本的管理中的不平等的关系结构的存在，因此需要强调的是，工人的多元身份会被双方所动员，一方努力促成聚合力来实现群体行动，另一方通过多元身份的存在来分化群体行动，以降低群际冲突、阻碍群体行动、实现生产政治中的控制与支配，并保持其优势地位。

1. 分解

(1) 多元身份的合力所形成的分解

在H集团工人的工资结构中，在前后两个不同的改革阶段，工资结构与方式是不一样的。在全面计划体制时代和改革初期，工人的工资一般是按等级制进行分配，等级的标准基本是按照工龄、技术等级两条标准进行，而这两条标准均与时间有关。因此，工作年限是工资等级的直接因素，这在企业的工人群体中，老工人和年轻工人之间就会出现分化。一方面由于这种体制的稳定性，会使年轻工人变成老工人。另一方面，在单位制时代，工人之间的工资差距并不大。此外，国家全面控制下的工人和企业之间的劳动关系，相对而言，并没有太多的冲突和矛盾，因此，这种在国企工人群体内部的老工人和年轻工人之间，因工资而形成的不同身份分化的存在，并没有对于当时的生产政治造成明显影响。

随着改革的展开，工资分配方式逐渐出现了前后两种形式的过渡。首先是工资结构包括岗位工资和技能工资两部分，后来逐渐减少技能工资的比例，再后来技能工资所占比重微乎其微，并作为动态部分整体考核后发放。最后到全面市场化阶段后期的岗效薪点制。这种工资方式的特点是简单与复杂并存。简单是指把所有的工资和工人及其单位或部门的总体工效挂钩，也就是干多少活拿多少钱、投入多少就回报多少；复杂是指考核方式的严格细密是前所未有的。

这个工资结构，直接对 H 集团的工人群体中的老工人造成了利益损失。相对原来的计划体制和改革初期，现阶段，他们这个群体相比青年群体而言，工资收入基本没有多少区别，但是他们还要带青年人做徒弟。在工厂的生产过程中技术和经验并存，因此，在生产实践中需要老工人的多年经验和技能的积累，而在工资结构方面，却又只实行同工同酬的原则。

这样的工资安排，在老工人看来是不公平，所以在劳动过程中，他们会认为年轻人应该干更多。但是在年轻工人看来，干一样的活，为什么我们要多付出。

> 按说年轻人刚进厂，有老师傅带着，多干点是应该的。但是老师傅们还是有怨言的，他们干了都快一辈子了，和我们的工资收入差不了一二百块钱。……有很多闲聊的时候，就直接发牢骚。在干活的时候，也就体现出来了，不愿多干。我们年轻人多干点也行，但是要是老这样下去，谁也受不了。所以，我们也有怨言，在工作中也时常和老工人闹矛盾。（YCG，工人）

这两个工人群体内部的不同年龄群体之间，因工资不公平而形成了群体的分化与群际关系之间的隔阂与疏远。笔者在H集团的多个分、子公司及车间调查时，这种问题十分普遍，甚至在改制后的民营企业也存在。

此外，在年龄方面，对于青年工人和老工人而言，都是自然属性所形成的身份差异，但是在调查中，年龄身份差异在两个群体之间的关系间所形成的隔阂或代沟，也参与其中，共同形成合力建构了工人的群体内部分化。（如第五章所述）

这样因工资而导致的工人群体内部的身份的分化，以及因年龄身份导致的代沟所形成的分化，共同在工厂生产政治中分解了劳资关系结构下劳动者这一方对于资本的控制与支配的群体维权行动，因多元身份的存在无法形成一致行动。在前述的H集团的工资纠纷中，之所以问题拖延那么长时间得不到及时解决，据说与其内部老工人在初期的不热心或者不参与、不支持，进而无法形成群体一致的意见和行动，有很大关系。

> 一开始老工人持冷眼旁观的态度，就是到发现他们的工资也有问题的时候，他们还不愿和我们一起找上边，可能他们觉得自己干不了几年了，多一事不如少一事。但我们不行，我们还年轻，要是这个事情的辙压下了，以后其他事情就不好找了。但是不少老工人也是干吆喝、不参与，等着看看再说。（YCG，工人）

工厂生产政治关系决定了资方对于工资结构和形式的控制，工资进而导致工人群体的内部关系划分成以年龄为身份维度的不同群体，这类群体的存在在一定程度上分化了劳资关系中的工人群体一致行动的能力和效果，这会进一步加深工人的弱势地位，并可能形成生产政治中的不平等关系的维续和再生产。

（2）制度建构混合身份形成分解力量

在改制成为民企的W公司内部，工人起初是全部持有股票，因而被称为股东。当这种制度建构的股东身份与工人身份合二为一的时候，作为工人的劳动一方消失了。在工厂生产政治中的劳资关系中制度建构的表层，存在控制和支配的不公正关系的另一方——资方也消失了。工人都持有股票，都成了资方。

随着企业的发展，相对于持有股权的工人而言，没有股权的工人越来越多。作为工人群体中的一部分，这些新工人同时面对着两种“外部”群体，一种群体是在生产政治中对他们实行支配与控制的资方，另一种群体是这些资方和工人群体内部已经持有股权的一部分工人。后者在新工人的认识中，已经被视作每年年终均有股利分红的“食利者群体”。这个群体的身份同时在两个层面混合，一个层面是作为工人，在生产过程中他们被控制和支配，这其中的身份预示着其工人身份的归属；另一个层面，他们作为“食利者群体”和资方一起获得股利，这种身份又使其成为与资方的共谋群体。

以上这种身份混合所造成的影响，对于持股工人而言，造成了自我身份认知和定位归属的混乱，他们一方面感觉到在生产过程中的不公平地位，同时又感觉到自己优势地位的一面。对于无股权工人而言，他们和持股工人是同样的劳动者，在他们之外，有一个共同的管理群体。但是工人内部，却又存在与资方共享一致利益的一部分。总体上，这种制度所建构的混合身份分化了工厂劳资关系中的工人群体身份，这对于未来的群体行动将构成分化力量，并对工人与资本之间的对抗形成消极影响。

这种混合身份是公司治理制度所建构的，也是为资方所力图保持的，这样就可以继续保持他们在对工人的管理和控制方面的强势地位。

2. 聚合

从身份认同角度来分析，国企工人群体内部的多元身份，会对工人群体形成一致行动和积极效应，形成聚合力，进而促进劳资关系的改进和生产政治的变迁。接下来，笔者对多元身份形成的聚合力进行分析。

在H集团的工资事件中，在初始阶段，车间里的青年工人势单力薄的维权没有成功，随后他们联系了其他车间的同时进厂的工人，沟通之后进行了跨部门的联合，这场工资纠纷才有了成功的维权结局。其中，我们发现存在这样几种身份：工资分配中的利益受损对象、青年工人、同时毕业进厂的技校毕业生、居住在同一单身宿舍区的工人这四种身份，叠加重合，共同形成了聚合力，对工人群体维权行动起到了积极的促进作用。

在H集团围绕住房问题维权的过程中，多元身份的混合所形成的聚合力和分解力都在发挥着作用。分解力如我们在案例讨论中所说，公司利用管理等级、血缘亲属、业缘同事、非正式朋友、社区邻里的等多种关系所建构的身份，来影响维权游行的参与者，以分化工人的群体行动。比如，在H集团内部成员之间，基于地缘关系而形成的老乡身份关系，而老乡关系是“资源性企业”建立之初，成员相互之间在正式科层制度之外建立的第一种非正式社会交往关系，这种关系夹杂着利益互助、人际沟通、情感交流等多方面的内容，因此，当参与者面对的劝说者是位居管理层的老乡，这种身份就在一定程度上对这次群体行动形成了分解力，这种行动就被分化了。而在这次群体行动中，工人身份的多元化，也形成了聚合力，反而更加促进了工人群体行动的完成。

这次参与住房问题的工人多为成家前后的年轻工人，而这些工人的背后，是他们的父辈。在1996年的时候，由于需要接受外部破产、分流的工人，H集团在内部实行了提前“内退”，而关于内退的工资待遇，则是发放在岗的基本工资的70%，由于工人的工资总体上就不高，这样按照基本工资的70%的比例发放，就对生活会造成了直接的影响。这样内退工人的意见就比较大。他们此前也闹过几次，由于涉及人数众多、资金额度比较大，工资又具有刚性特征，上去了下不来，所以H集团决策层没有同意内退工人的要求。

这次他们的子女又在住房问题上出现了矛盾，所以，在这次游行中，内退工人认为有天然的理由支持子女的住房问题。

从这次工人群体维权行动的参与者中，我们可以发现存在以下两种身份：共同的利益受损、血缘关系。这二者混合共同形成聚合力，对于工人群体行动直接构成了由双重身份认同而形成的促进力，推动了工人群体行动，进而改变了工厂生产政治中工人的弱势地位。

通过上述对于多元身份在工人行动中所形成的分解和聚合力来看，单一地说工人的阶级行动形成与否、存在与否是缺少坚实基础的，因为在多元身份的处境中，我们看到，行动中不同身份的凸现会对一致行动会形成或推动或分解的不同后果。

四 生产政治变迁与身份认同的双重条件

马克思对于劳资关系的基本判断是：二者之间是对立和不平等关系。法兰克福学派跳出生产领域之外，到文化、消费、生态等市民社会的领域，去考察为什么资本主义对工人的控制虽然以一种貌似中立的、隐性化的方式，但是资本却越来越强势，在劳资对立的关系中工人越来越不能形成抗争，反而自愿地投入资本主义的大众消费和文化的游戏中去。布雷弗曼、弗里德曼、埃德华兹、布洛维等学者重新把"工厂生产带回分析的中心"，来分析为什么生产领域没有发生工人的抗争。无论是马克思，还是后来沿着其分析思路拓展的众多思想家，劳资之间的对立和不平等关系，是他们建构自己的理论时的基本出发点和关键议题。而这个问题也正是传承下来、我们要继续追问的问题，这种不平等的劳资关系结构如果只能继续存在的话，我们需要做的工作是怎样让其变得平等起来，而不是要解构这对二元关系，因为至少到目前为止，历史发展并没有显示出解构的可能和解构之后的超越性发展路径，这个问题依然悬而未决。

面对既往诸多宏富的理论，笔者尝试在这些理论的基础上，基于笔者的田野调查，结合身份认同、劳动和资本的双方关系，对国企历史变迁不同阶段工人身份认同演变中所逐渐呈现的身份认同的充分必要条件，及其对生产政治的变迁所形成的可能影响进行讨论。

（一）生产空间的不平等关系

通过前面几章的论述，我们可以看到，无论是全面市场化阶段还是改制后的民营阶段，在企业的生产政治之中，劳动和资本的基础性结构关系是不变的。这两者的矛盾关系是由两个条件促成的：一是财产权转化为资本，二是劳动者成为只能依靠出卖劳动力获得工资为生的商品。[①]这二者的结合点是建立在市场规则基础上的自由契约的缔结，而阶级分化社会的剥削就潜藏在这种自由缔结的契约之下。[②]

在每一个阶段，我们会发现，当宏观的国家改革政策、不同层面的意识形态建构，相对于其他群体的比较优势这几种宏观、微观、内在、外在的因素进行不同的组合时，工人对于劳资关系之间的矛盾和紧张程度的感知是不一样的。但无论是从工人的访谈、案例的分析，还是改制过程中的权利和资源的分配、劳动过程中的控制与支配，剥离开诸多掩盖在劳资关系之上令人眼花缭乱的影响因素，无可否认的是，劳动和资本的这种结构性紧张关系始终存在，只是在不同的阶段以不同的方式加以表现，且随着国企改革的步步深入乃至民营化，而逐渐走到前台并显性化。

这种充满矛盾和对立的不平等劳资关系的现状，在微观生产领域比比皆是，参与其中的各方主体都在依托这种资源和机会、制度与规则寻求自己的目标和利益。无论是全面市场化阶段，还是改制后的民营企业阶段，如前几章所论，工厂的生产政治中，生产政体的形态是混合型的。可以说，目前日渐凸显化的不平等劳资关系是这种生产政体的核心特征。但是如何看待这种关系？这种不平等关系结构是不可改变的吗？其背后的工人行动中，怎样的身份认同才能构成一种新的出路，并推动生产政治的变迁？

（二）身份认同的充分必要条件：资源与权利

通过前几章对国企工人身份认同在不同历史阶段演变轨迹的梳理，我们会发现在国企改革中，当工资待遇、福利、社会保障等物质性条件变得比较好或者对工人来说认为能过得去的情况下，工人对于

---

① ［英］安东尼·吉登斯：《历史唯物主义的当代批判》，郭忠华译，上海译文出版社2010年版，第119—123页。

② 同上书，第142、184页。

自身的身份认同是比较稳定的，而当物质性福利条件恶化的时候，工人对于自我的身份认同就会降低，并呈现分裂和散落。对于以上这两种情形，我们不应该简单地对待，而要对其进行仔细的分析。

1. 身份认同的充分必要条件：在变迁中生成

通过对不同改革阶段的展开和比较，我们会发现构成工人身份认同最基本的工资福利、劳动合同的稳定性在降低，基本生存安全的风险在加大。从整体物质资源获得、再分配和福利上看，是处于日渐被剥蚀的境地。而与此同时，管理者在资源分配与获取、福利安排等方面逐渐掌握了更大自主权。因此，当社会福利出现削减，工资收入下降之后，工人对于身份的认同逐渐下降、散落，不再认同。同时，由于劳动和资本作为基本结构基础的生产政治关系的存在，工人对于自我弱势与资方群体（代表资方的管理者）之间的显著群际差异有着清醒的认知，进而群内认同、群际差异、群际冲突逐渐形成。在访谈中，工人明显地不再认同他们原有的身份，因为原来的身份已经不能带来让他们可以认可的东西。在群际分化和冲突中，他们又在寻求自我的新的身份认同。在寻求新的身份认同的行动中，他们一方面要获得重建新的身份认同所需要的、与资源相关的基本需求的满足，这些资源是建构身份认同的基本要素，更是劳动力维续和再生产的必要条件。

但是这些与资源相关的条件，只能是身份认同的必要条件，但不充分。

可以说，面对资方，基本的工人维权行动目前来看多基于资源的获取、再分配的不平等而形成。但是工人行动，如何实现从“自在”到“自为”的转变，却不是单纯的资源分配所能解释的。工人为了获取行动目标中的资源，需要形成群体的认同，进而形成群体行动来促使目前劳资之间不平等生产政治关系的变迁。也就是说，资源的目标取向，同时伴随着劳动和资本之间社会互动关系的变动与重新安排。

但是要获得这些资源，如弗雷泽[①]和马歇尔[②]所说，要通过对经济资源的再分配和社会权利的获得，而这些的获得，一方面要通过参与平等才能形成正义的框架，另一方面要通过政治权利的行使才会实现目标。在笔者的调查中，我们会发现，无论是工资之争、住房游行还是罢工进央企和民营化阶段的争取股权配置，除了明确的资源诉求之外，还潜在地提出了权利的诉求，也就是说，在历史的变化中，工人身份认同的基础被剥离，劳资不平等关系逐渐显性化。工人在行动中，一方面要改变这种不公平的资源再分配现状，另一方面，他们在日渐紧张的劳资关系中，感到自己需要在与管理群体或资方的社会互动关系中，来获得相应的权利，改变劳资之间的不平等关系。这种权利，也是他们作为劳动者的工人获得强势的资方承认的身份中应有的要素。

从身份认同的现象学微观路径分析，当个体带着自我欲望和信念，形成意向性行动的选择时，某一身份项对主体而言的意义，就已经被赋予。而“欲望本身，携带着目标寻求和信念导向”[③]。在此，工人对于身份的选择与认同，内在地蕴含着身份本身所携带的能满足工人所寻求的信念与目标。也就是说，当工人为了获得其目标和欲望满足而采取意向性行动取向的时候，他们自我的身份已经构成性地嵌入工人所栖身的生活世界之中，这其中包括与他人的互动关系。如果放在生产场域的生产政治关系中，我们会看到工人在实现其具体资源目标诉求的同时，仅仅目标本身并不能够满足工人的身份认同，与之并行的还有自我在作为个体与他者之间的互动关系中，希望获得一种对自我主体的承认，这是一种平等关系的承认，这种平等关系的获得同样是身份认同的一部分。因此，笔者认为，权利是与资源获得的行

---

① ［美］南茜·弗雷泽：《正义的尺度》，欧阳英译，上海人民出版社2009年版，第16页。

② ［英］T. H. 马歇尔：《公民身份与社会阶级》，载郭忠华、刘训练编《公民身份与社会阶级》，江苏人民出版社2007年版，第22—27页。

③ ［澳］菲利普·佩迪特：《人同此心》，应奇、王华平、张曦译，吉林人民出版社2010年版，第21页。

动并存共生的，是工人身份认同的充分条件，也就是说，资源和权利，是在生产政治的变迁中形成的。这两个作为身份认同的充分必要条件只有同时具备，我们才可以说，工人对自我的身份认同是完整的。

但是也不得不说，在工人通过维权者行动寻求身份认同的时候，他们的目标是重新获得工人应得的回报。但是要想实现这个目标，必须同时完成另一件任务，也就是权利的获得，而这项任务本身经常因为物质利益目标的动机性太强、太明显或日常的琐碎的、紧迫性的其他目标而被掩盖、遮蔽住。而且在我们的调查分析中，我们看到由于其他身份的存在，他们经常对群体行动构成分解的力量，也就是说，工人所要获得身份认同的基础是不稳定的。这也在一定程度上，使权利这一身份认同的充分条件被分解。不可否认的是，工人在寻求构建新的身份认同的时候，对资源的诉求和对权利的诉求是交织混合在一起的，虽然有时候并不容易厘清。

综上所述，从国企历史变迁的角度看，拨开构成分解或聚合力的、纷繁复杂的多元身份，我们会发现，在工人行动中浮现的是工人身份认同的双重条件。笔者将其分为两个方面，一个是作为身份认同必要条件的资源，这个条件为工人的身份认同奠定、提供、积累满足基本需要的物质资源等等，这是身份认同很重要的构成部分，资源能够为行动主体带来一种基础性的认同，但如果只有资源这一条件，这种身份认同并不完整。如前所述，工人的身份认同除了安身之外，还要立命。也就是个体形成身份认同所需要的还有自我归属、自尊、自我实现的价值感、自我存在的意义体验，这些不是单纯的资源所能带来的，而是存在于与他人（生产政治中的资方）的社会互动关系的重新界定中。因此，身份认同的双重条件中的充分条件是权利，这个条件是政治解放意义上的阐释，只有获得这种权利，工人才能更经常、稳定地来获得前一种资源，也才能够形成一种完整意义上的身份认同。

首先，在国企改革的过程中，工人原来稍显稳定的身份认同的基础逐渐散落。一方面，工人的福利、工资、劳动合同都逐渐被剥离、削弱，并纳入市场风险之中，并且他们的身份优势相对于其他群体而言在滑落并边缘化。另一方面，工人和管理群体之间的群际差异和群际分化，不仅仅表现在资源分配的多寡方面，也表现在管理的控制和支配的严格程度，而且工人处理双方关系的权利已剥蚀近无，也无法有效地对国家和市场的联手所导致的管理层变本加厉的控制进行有效的制约，这就导致两个群体之间的关系日趋紧张，劳资之间的不平等结构关系日渐凸显。在这个不平等劳资关系的社会互动框架中，工人的地位逐日下沉，既无法从资源上获得满足和认同，也无法在与他人的互动关系中获得自尊和承认，这就直接影响到了自我存在的意义感。因此，身份认同的散落和背离既体现在资源的日渐剥蚀，又体现在权利的缺失。

其次，如第五章对于罢工进入央企的工人集体行动进行的分析，工人虽然也有明确的目标诉求，但并不直接涉及资源再分配的问题，而是对企业改制后未来不同体制走向的思考，也是对工厂不同体制内部的在国家、市场和企业的影响下劳资关系模式和未来命运的思考。因此，工人在这次行动中所寻求的、履践的是权利。行动显示，在国企的改制中，工人并不总是无声地被动接受改革的命运，而是也有权利发出自己的声音、采取自己的行动、改变自己的未来命运，这样也就通过行动改变了工厂的生产政治形态。在这个过程中，工人就不仅仅是为了获得资源，也隐含了权利的诉求和行使，也就是重构了劳资双方互动关系模式的权利，这种权利表现为参与权，这种参与以协商、抗争、依法行事等各种方式来获得。

至此，笔者认为，在本研究中随着身份认同的散落而寻求新认同的前后分析中，资源和权利作为身份认同的充分必要条件能够对其形成一致性的解释。

2. 共生性：资源与权利

资源和权利作为身份认同的充分必要条件是相辅相成的，二者谁也离不开谁。对于资源而言，它的形成和获得不完全依赖于权利的获得。当劳动力成为商品只能靠出卖来获得工薪收入的时候，资本所有者就把单纯的财产权转化为一种权威性规则，进而表现为自由缔结市场契约的游戏规则，无论工人想不想参与，为了生活都得参与。① 在劳资不平等关系结构下，资源的获得只能按照市场最低成本的基本规则，在工厂内部是尽量地压低工人工资，在国家层面是国家提供最低生活保障来维系整个社会的劳动力再生产的延续，以满足资本的需要。资源的获得有两个来源：国家法规的界定和资方给予的劳动回报。调查中工人经常说，“我们现在也没办法，人家（当官的或资方）给点，我们就吃点，给多少吃多少，但最终自己说了不算”。蔡禾提出工人的利益分为两种类型，底线型权益和增量性权益。② 前者类似于资源，这是劳动力再生产的基础，但是当其向增量性权益转变的时候，也就是说工人需要获得更多的资源时，这就需要权利，也就是说在劳资关系中，要拥有相对于互动关系中的资方的权利，通过这项权利的内涵，来界定、处理、双方之间的关系，包括游戏规则和资源分配，而不是如上所述只凭法律的底线规定和资方的单方面意愿来获得资源。当这种权利获得之后，资源的获得与分配、互动关系中的管理与控制，才有了工人参与制订的规范和制度约束（比如参与权、代表权、谈判权、罢工权等）的保障。因此，同时包含资源和权利这两个条件的身份认同，才是完整的。

此处需要将上述两类身份与马歇尔所论公民身份的三种权利稍作区分。马歇尔提出公民身份③，他认为公民身份包括三个部分：公民权利、政治权利、社会权利。公民权利包括个人自由所必需的一些权利，比如人身自由、言论、思想和信仰自由，拥有财产和订立有效契约的权利和司法权利。政治权利包括公民作为政治权力实体的成员或这个实体的选举者，参与行使政治权力的权利。社会权利包括某种程度的经济福利与安全，教育体制与公共服务体系以及依据社会标准享受文明生活的权利。马歇尔还认为公民权利是底线，社会权利获得的

① ［英］安东尼·吉登斯：《历史唯物主义的当代批判》，郭忠华译，上海译文出版社2010年版，第113页。

② 蔡禾：《从“底线型”利益到“增长型”利益》，《开放时代》2010年第9期。

③ ［英］T. H. 马歇尔：《公民身份与社会阶级》，载郭忠华、刘训练编《公民身份与社会阶级》，江苏人民出版社2007年版，第3—43页。

渠道是政治权利的先行。当论及这三种权利时，它们可以统合到公民身份这一唯一性身份。因此，当我们认为一个公民是否完整意义上的公民时，我们可能要全面考虑这三个方面。当一个人的公民身份残缺或不完整时候，他一定是缺失了某种权利。在生产政治领域，劳动和资本之间的不平等关系，使工人的身份认同突出表现为资源和权利这两个条件。因为无论是（管理群体）资方还是劳动者，它们之间的互动关系相对于外在的宏观国家法规来说，都属于在既有制度框架下工厂微观层面的行动主体，无论马歇尔所说的公民身份中公民权是否获得，至少在工厂领域这个问题是无解的，因为它是一个国家政治层面的宪政问题。因此，劳资关系结构中工人的身份认同，不同于公民的身份内涵，虽然它们存在一定的交集。而身份认同的双重条件中，资源和权利之间的关系，比公民身份的三种权利关系更能直接地解释生产政治中的不平等及其变迁。

五　小结

（一）多元身份与阶级行动的困境

在前面我们分析到在群际关系和群际矛盾、冲突中，多元身份的存在给群体行动带来的困境。从马克思开始，从“自在阶级”向“自为阶级”转变，也就是说阶级的形成关键是要跨越二者之间的距离。在由汤普森开启的通过文化、历史的路径研究阶级形成的思路，使我们可以在更具历史过程和境遇的情况下，来看待阶级的形成过程。而关于中国工人阶级是否已经形成的讨论，目前学术界有两种看法。第一种观点认为，国企工人阶级再形成的中心地带在于生产过程之外的社区生活而非工厂车间生产过程之中。此类观点认为老工人是在国家推动的市场改革的进程中，逐渐脱离了原来的国家社会福利保障体系之后，在下岗、退休、离职的道路上，逐渐形成了结社能力而非结构能力。市场转型时期的国企工人的群体认同和阶级意识并非在生产过程之中产生的，而是在生产过程之外产生的。工人群体认同和阶级意识伴随着既往单位体制下的福利利益的丧失和制度剥夺（包括劳动关系、工资制度、社会保障和福利制度）以及改革过程中对制度赋权的诉求与争取的过程和基础上形成的。第二种观点认为，中国工人阶级形成源于工人行动不能被体制容纳和制度化。

随着中国变成“世界工厂”，马克思意义上的工人阶级形成问题被提到了日程。如果工人的行动被导向体制内，为现存体制所容纳，那么工人阶级就不会形成；如果工人的行动被导向体制外，与现存体制对立，那么工人阶级难免会形成。鉴于目前体制的合理回应能力与动力之不足，工人阶级的形成过程已经被启动。中国工人阶级是迷失的阶级，因此，要在利益组织和维权行动中形成真实的阶级身份。

笔者认为，首先以上论点研究对象是濒临倒闭破产的国企工人，忽略了现有国企中工人身份认同和阶级意识形成的过程、条件和机制。目前在国有企业仍然存续的改革和变迁中，工人仍然会通过自身身份的变化形成群体认同，生产车间也有可能成为他们群体认同和阶级意识形成的中心地带，但是能否形成自己的结社能力和结构能力，还要对身份认同与生产政治的复杂关系进行详细分析（主要表现在微观层面和车间生产政治领域）。如上所述，在不同的国企改革阶段和产权形态下，仍然蓬勃发展的国企组织内部，国企工人仍然可能有行动的机会、能力。

其次，如笔者在前面几个章节所论述的，在不同的国企改革发展阶段，从工人作为行动主体由内而外生发的对自我身份内涵的理解和认同以及这份认同的解体和散落，还有群体差异和群体冲突的表现来看，工人在与管理群体的抗争中，群体行动是存在的，但是如果说在这种抗争中预示着工人已经“阶级”化或者工人阶级正在形成，笔者认为值得商榷。

因为在前面几章的分析中，我们可以发现，如果形成一致的阶级行动的话，在这种行动中，阶级意识的形成是关键，也就是工人对自身这个群体统一归属一个阶级形成明确的身份认同。这个身份认同能够让工人意识到，这个身份群体，必须通过群体行动来在生产领域的劳动和资本之间的关系中，以群体维权的方式来改变不平等的地位。

但是，当我们在国企的生产空间考察工人的群体行动时，我们会发现，很多时候，由于工人作为行动主体的多元身份的存在，工人的一致行动中可能会被其他多元身份所影响、渗透，进而形成分解或聚合的不同路向，这就使阶级行动的可能性受到多种因素的影响而被削弱或改变。

通过对以上的分析，笔者认为，从身份认同的角度看，在目前的情况下，对于中国工人是否已经形成阶级的讨论，可以暂时搁置，因为导致“阶级”是否形成的背后，是群体行动的内在复杂图景。这个群体行动中，多元不同的身份，在群体行动中所形成的分解力和聚合力，直接导致影响了工人“阶级”形成的可能性。因此笔者认为，考察阶级形成背后的微观基础成为我们需要解决的首要议题。身份认同的形成、群体身份认同的形成、群体差异的形成和变迁、群际冲突的形成是阶级形成背后的基础，如前几章所述，在国企改革的历史上，这是一个累积性历史过程，在不同的条件约束下，各类因素或形成合力促成群体冲突的升级，或形成分解力而降低群体冲突的程度，这样阶级冲突就不是唯一的发展路径，而只是多种解决途径中程度较高、较强的一种，而以上的合力或分解力的背后，身份是一个共性因素。

（二）身份认同的双重条件推动生产政治变迁

1. 国家自主性：福利国家与劳资关系

工人满足于物质利益这个问题，对于历史的“左派”思想家一直是一个纠结。对于工人来说，仅仅满足于物质利益上的需求，被认为是一种经济主义的表现。[①] 这种依托于物质利益上的满足而形成的工人身份认同的行为取向，被认为是缺乏一种超越性阶级意识的表现。但是从“自在阶级”到“自为阶级”的转变，不是自动实现的，也不是在头脑中实现的。只有在一致地明确意识到自己利益的群体参与

---

① ［英］安东尼·吉登斯：《历史唯物主义的当代批判》，郭忠华译，上海译文出版社2010年版，第29页。

行动中，这种“阶级意识”才会萌芽。但是在分析中我们发现，当物质利益的条件每每变好的时候，工人的身份认同感总是比较高。笔者认为这无可厚非，工人作为劳动主体总是携带者自我目标取向的信念和欲望来做出行动选择的。因此，对于这类情形，我们可以尝试从福利国家的角度来分析。

布洛维认为，在生产政治中的霸权型生产政体中，虽然国家通过包括养老、医疗、失业等在内的社会福利保障和通过《劳动法》《合同法》《工会法》等法规的规范性保障，将劳资之间的部分矛盾从企业组织内部转移到社会领域，但是由于国家和资本主义的利益的一致性，因此，布洛维认为，这些措施表面上使国家中立化，但是国家并没有在根本上改变充满对立和斗争的劳资不平等结构关系。国家所采取的措施和出台的政策法规，只能在一定程度上弱化这种矛盾冲突，这是对于不平等关系结构的一种纠偏，使劳动力的再生产以一种最低的成本得以在社会上完成，并使其在整个国家的资本主义宏观运行体系运行中得到维系和延续。

笔者认为布洛维的确把握了这种不平等关系的结构性存在的问题本质，正如本研究采用生产政治理论分析框架对国企不同改革阶段的分析得出的结论一样。但是这种批判并不能够让我们更清楚地寻找一种更积极的对于问题的分析思路。从全球社会主义实践角度讲，历史和现实并没有给我们呈现出超越现状的可能路径。从我国的社会发展实践中已可以看到，国家也在通过把社会保障、福利转移到社会领域，来行使公共服务的职能，并彰显国家的中立性。那么这条路径的选择，从其他角度如何看待呢？

波朗查斯依然站在马克思主义的立场上，提出“国家自主性”，它以一种功能主义的方式揭示了国家以一种相对自主的方式超越了资产阶级或者部分利益集团的单方面利益诉求，以一种貌似中立的方式保持了整个资本主义体系的稳定和再生产。[①] 布洛克（Block. Fred）

① ［希］波朗查斯：《政治权力与社会阶级》，叶林等译，中国社会科学出版社 1982 年版。

认为国家管理者站在一个制度性的位置，从组织的行动激励角度出发，采取了超越单一资本主义的整合性国家政策。[①]

基于以上理论，我们就面对了两种解读的思路。一种是国家在劳动和资本的不平等结构关系中，国家站在资本一方，采取措施纠偏、弱化不平等结构带来的矛盾和问题。另外一种就是国家超越资本，保持了自己面对整个社会的自主性。面对围绕劳动和资本的核心矛盾的上述两种解决思路，法兰克福第四代代表人物弗雷泽认为，对于目前社会的批判，仍然是一个以再分配的政治经济结构为主导的，同时包括承认、参与平等在内的理论立场，唯此方可以形成一个实现社会正义的三维批判理论。而霍耐特从承认的理论原点出发，认为获得包括爱、团结、法律在内的承认，就可以形成对于社会的批判。他们之间的争论涉及如何对于当下社会的批判理论的再建与重构问题，其中涉及的理论勾连庞大复杂，本书无意涉及。但是对于和劳资关系相关的问题，我们可以稍作援引讨论。弗雷泽也认识到，目前的福利国家只是对现存的阶级结构性不平等的一种纠偏或弥补，并不能改变这种结构的不平等实质。因此，她提出参与平等的权利主张。而霍耐特认为，自己的承认理论并没有否认这一点，其社会承认关系的结构中就包含了法律这一个理论进路。[②] 那么他们的理论和我们所分析的劳资关系怎样结合呢？在分析之前，我们还需要继续讨论有关福利国家的论题。

就目前的历史进程而言，在全球范围内，福利国家的形象虽然日渐受损，但是并没有国家彻底抛弃其改革的选择路径。针对福利国家，如前所述，马歇尔提出公民身份，他认为公民身份包括三个部分：公民权利、政治权利、社会权利。有不少国家是拥有充分的社会权利，但是公民权利和政治权利是残缺的，比如苏联和东欧国家。比照布洛维所论的霸权型生产政体，其中所论的国家与市场的分离，就

① Block. Fred.，“The Ruling Class Does Not Rule”，In Ferguson and Rogers，eds.，1984，*The Political Economy*，N. Y.：M. E. Shape，1977.

② ［美］南茜·弗雷泽、［德］阿克塞尔·霍耐特：《再分配，还是承认?》，周穗明译，上海人民出版社2009年版，第67—75页。

是指国家在资本主义市场和企业之外，提供了社会福利，以满足公民身份中社会权利的需求。而马歇尔的公民身份中的社会权利，应该就是这方面的体现。二者的观点在此出现交集。他们对国家的定位之所以不同，是各自的理论立场出发点不同。但是在此需要提及马歇尔的两个观点，第一，他认为社会权利不是自上而下被赋予的，社会权利实现的正式途径是政治权力的行使。第二，他认为福利国家也只能是对不平等阶级结构的一种弥补，而非改变。笔者认为，这两个结论的出现，是对于以上无论是吉登斯、弗雷泽、霍耐特，还是波朗查斯、布洛维的相关思想提供了一个交集。也就是说，资源作为工人身份认同的必要条件与劳动力延续和维系的基础要素，福利国家的出现只能是对劳动和资本之间不平等结构关系的一种纠偏，却无法改变这种结构。而权利的获得、赋予和行使，才会进一步改变这种不平等结构的不正义形态，也会使工人的身份认同趋于完整。

综上所述，在劳资关系中，国家的自主性不是天然的。它通过福利国家的形式来实现最低权利的保障，所实施的是不改变劳资关系不平等结构的前提下，在生产政治中对于市场所导致风险的一种弥补和调整。而无论是从社会治理、经济繁荣、劳动就业还是税赋财政的供给等方面，国家和资本的合作与联手有着充足的理由，因此，国家的自主性，包括国家扮演公共角色、提供基本的服务职能等，这是获得政治权力的结果。进而，工厂生产政治中的不平等劳资关系，无法靠福利国家来改变，而只能维持一种不平等的动态均衡。

2. 生产政治的变迁：行动争取权利

在本研究中，我们可以发现，工人所形成零星的、散落状的群体维权行动，在表层看来好似只是触及了资源，但是权利其实在以一种潜在的、隐性的方式存在于工人寻求身份认同的维权行动中，比如访谈中工人经常谈及凭什么他们“当官的”就应该获得资源再分配的优先权和支配权？在民营企业的股权配置中，工人经常会追问“为什么那些当官的就能给自己分那么多股，凭什么？这个企业早先也不是他们家的，是国家的”。也就是说，这不仅仅是资源分配多寡的问题，而是什么样的权利来决定资源的分配。

马歇尔认为政治权利的重要成就就是对“集体谈判权”的承认。[①] 而在我们所讨论的“混合型”生产政体中，这份集体谈判权是缺失的。因为这份权利的缺失，工人对于很多与自身利益相关的决策、劳动合同的签订等都没有发言权、参与权。即便在全面市场化阶段，在工厂中的职工代表大会中，当所有的代表都是公司管理层的处级以上企业负责人的时候，工人也没有能力改变这种现状，更无从实现真正意义上的参与和发出自己的声音与诉求。这样只能进一步加重工人面对资本的不平等弱势地位。但笔者认为仅有这种权利是不够的，这份权利的界定与执行有两个方面的条件，一是需要《工会法》《劳动法》《劳动合同法》等相关法律法规的明文界定和赋予权利。二是当法律得不到执行的时候，或者国家自上而下地强制执行，或者工人通过采取相关行动的协商或对抗性执行。前者涉及规制和约束、界定劳资关系的相关法规的参与权、制定权的问题，这就需要让我们的讨论上升到国家政治和公民权利的层面，也就是关于参与如何制定规则的制定权，具体来讲，就会涉及比如关于《工会法》的制定，如何体现工人的参与、诉求、意旨，并形成协商性结果。这超出了本研究的范围，但却是必须提及的。后者是权利获得问题。倘若国家在法规的制定和执行上具有自主性，也就是说要摆脱资本对于国家治理的介入与干预，那么工人的劳资不平等关系结构的失衡或许会得到弥补和纠正。倘若国家无法保持自主性和中立位置，为资本所俘获，那就意味着国家和资本的联手，会进一步加剧目前劳资不平等关系结构的失衡。在这种情况下，如何获得权利，是工人和资本之间展开抗争与博弈、用行动推动工厂生产政治变迁的过程。

在社会发展的历史上，权利的获得有两种途径：自上而下和自下而上。[②] 吉登斯认为，劳动和资本之间的关系是一种依赖与冲突并存

---

① ［英］T. H. 马歇尔：《公民身份与社会阶级》，载郭忠华、刘训练编《公民身份与社会阶级》，江苏人民出版社 2007 年版，第 19—23 页。

② ［美］布赖恩·特纳：《公民身份理论概要》，载郭忠华、刘训练编《公民身份与社会阶级》，江苏人民出版社 2007 年版，第 219 页。

的关系，因此，对于自下而上通过行动改变目前看似无法变动的结构现状，是其“结构二重性”的动力所在。即便是发生在国企领域的这些星星点点的工人群体行动，也未尝不是在为未来的生产政治变迁进行准备。正如图海纳所言：社会生活并非由各种自然规律和历史法则所决定，而是由行动者的行动打拼出来的。规则不会在行动之前出现，它们同时被每个行动生产、修正和挑战，因为所有的社会关系都包括权力关系。①

① ［法］阿兰·图海纳：《行动者的归来》，舒诗伟等译，商务印书馆2008年版，第37、61、71页。

第七章　结论、贡献与未来研究

布洛维认为，在资本主义的生产劳动过程中，工人在外部力量的建构下，以“同意”方式主动参与了生产政治关系的再生产，进而解释了工人为什么没有出现普遍抗争的问题。本研究同样把研究的焦点集中在生产政治领域。本书从身份认同的分析角度切入，对国有企业在不同历史阶段的变迁过程进行分析。本研究认为，生产政治框架内，国家、市场与企业之间关系的变化，一方面对于工人身份认同进行了建构与改变，另一方面也影响了劳动力的再生产和劳动过程中的管理控制，使生产政治中生产政体的形态也在不断发生变化。而身份认同的建构、散落与重构，群际分化和群体认同的形成，能够在一定程度上推动工厂生产政治关系的变迁。在行动的过程中，多元身份又潜在地构成聚合或分解的力量，对于工人的维权行动形成支持或分解的力量，因此，对于生产政治的变迁来讲，身份认同既能构成积极的推动力量，又能形成消极的分解力量。在工人身份认同的变迁过程中，我们会发现完整意义上的身份认同的充分必要条件，即资源和权利。当资源缺失而不再被认同的时候，工人会出现行动的取向，但是这一条件一旦获得或被满足，就会形成比较稳定的身份认同。而权利，是生产政治中劳资关系中所隐含的一种关系性条件，它关系着劳动和资本之间界定互动关系的规则制定权，这个条件的获得，也能推动生产政治的重构。本章将首先对本研究的结论进行总结；然后对本研究在目前生产政治领域现有文献的基础上有可能做出的潜在贡献稍做阐述；最后将对本研究过程中的困惑以及未来继续研究的思路进行分析和展望。

一 结论与讨论

（一）“混合型”生产政体与劳资关系：生产政治中的变与不变

布洛维通过对不同地域、不同时代、不同国家、不同体制的分析，根据劳动过程、劳动力的再生产、国家与企业、市场与企业的关系等四种生产政治的影响要素，提出了生产政体的四种类型：市场专制型、霸权型、官僚专制型、集体合作型。本研究采用布洛维的生产政治分析框架，对国有企业在变迁中的生产政治及生产政体形态进行了考察。在几十年的国企发展和变革过程中，由于国家和市场在与企业组织关系中，或者全面控制，或者隐而不退，或者此消彼长，因此，不同的阶段所表现出的生产政体的形态也是存在差异的。在改革之前的全面计划体制阶段，国企生产政治领域中，国家全面控制企业和资本，包括人事和资源，如果从工人和企业之间存在华尔德的“庇护—依附”关系①来看，我们可能会发现这一阶段的生产政体类似于布洛维的“官僚专制型”，但是根据本研究从身份认同角度进行的分析，我们认为，在“依附—庇护”之外，同时存在满足与认同，而且只有从认同的角度进行解释，我们才能理解为什么全面计划体制时期工人对工作的热情和投入，也才能更全面地理解当时的生产政体形态。“官僚专制型”和“庇护—依赖”模式解释了工人在生产政治中是如何被控制而处于弱势的。但是，身份认同却在很大程度上影响着生产政治关系，并在一定程度上缓解了工人被支配与控制的不平等程度。这两种分析的侧重点在不同历史阶段的此消彼长，改变、重塑着国企的生产政治关系。这样就可以解释因为工人对于自我身份的相对高度认同的存在导致了生产政治中干群关系的基本融洽。

随着改革初期和全面市场化阶段的来临，国企生产政体的形态发

---

① ［美］华尔德：《共产党社会的新传统主义》，龚小夏译，（香港）牛津大学出版社1996年版，第15—22页。

生了巨大的变化。对于工人来讲，劳动合同契约化、福利剥离、管理控制和支配日渐严格；对于企业而言，组织在向全面市场化迈进，治理结构和产权关系逐渐发生质的变化，并全面向管理群体倾斜。对于管理群体而言，这个群体作为国家资本的委托代理人，日渐掌控了企业的控制和支配权，无论是从资源分配、所有权改革取向、人事处置权等方面，都被工人视为一个截然不同于自己的“当官的”群体。自此，在国企生产政治领域，工人与被视为“准资方”的管理群体之间的群际分化、群际差异、“内群体”和“外群体”认同、群际冲突日渐深化，这两个群体之间的关系日渐疏远并变得针锋相对。这个过程伴随的是意识形态的定位和解释并无变化，而微观层面的企业文化正在以一种新的意识形态重新建构工人的身份认同，并力图消弭改革中生产政治关系的紧张和不公平，但是改革实践已经与意识形态发生背离。

通过以上几个阶段的论述，笔者认为，这是一种无法用布洛维的任何一种生产政体类型来定位、概括的新形态，它总体上表现为意识形态、治理策略上的霸权和制度实践上的低参与度，因此，这种生产政体是一种“混合型”。在随后的改制后民营企业阶段，本研究同样发现这种生产政体的存在。为更清晰地对这种“混合型”生产政体进行分析，笔者尝试分以下几点展开讨论。

第一，意识形态层面。这个层面的霸权我们需要分国家宏观和工厂内部微观两个层面进行分析，但是在微观层面，国家宏观意识形态有着直接的影响和体现。

首先，从前面几个章节的历史变迁纵向地来看，国家在改革之前和改革之后有一个明确的意识形态话语范式转换。也就是整个国家从以阶级斗争为中心转向以经济建设为中心。相对于国家的发展、“文革”中社会秩序的混乱，经济建设为中心这个话语很快以国家主流话语标准树立了其在意识形态上的合法性。而国企工厂作为中国经济社会改革的最基层单位，国家“以经济建设为中心”战略定位下所实施的每一项改革，都不可避免地反映到工厂改革中。这些改革从宏观上看先后经历了计划经济为主、市场经济为辅；有计划的商品经济；

全面建设社会主义市场经济等几个阶段。正如本书前几章所述，拨改贷、利改税、承包合同制、劳动合同化、打破铁饭碗、建立现代企业制度、企业股份化、集团化、抓大放小、改制民营化、下岗分流、破产重组等具体的改革措施，其背后都有宏观的意识形态话语的合法性。改革中谋发展、竞争中求生存的意识形态合法性，成为国家对于国企改革采取市场化取向的合理依据。笔者认为，这是一种霸权。现在改革已经进行几十年了，我们回头看整个国家的政策话语的转变，会发现虽然仍沿着经济建设的主方向，但是构建和谐社会的总思路，其实是对既往“以经济建设为中心”的意识形态的一种纠偏和弥补。不可否认的是，过去几十年的意识形态的霸权是客观存在的。此外，在国家意识形态层面，笔者还需要提及的是改革前后的60多年，国家在宪法层面，对于工人阶级的定位始终未变，这就从意识形态上对工人阶级的地位进行了界定并建构了合法性，而这种合法性并未考虑改革之后工人阶级成分的分化和外延的改变。

其次，意识形态在工厂内部的微观层面，有着集中体现。一方面，笔者对H集团1995—2009年的公司报纸进行资料整理的过程中发现，几乎所有的重要改革措施的出台、开展、实施，首先第一段一定是关于国家宏观层面的大政方针和改革宗旨的论述，这表面是中国特色的公文写作风格使然，其背后是国家宏观意识形态的影响，以及企业借国家意识形态之定位来树立工厂改革的合法性。另一方面，传统的宣传、新型的企业文化，作为一种工厂生产政治领域的文化建构，在继续发挥着意识形态的作用。无论是把工人在修辞上称为“员工”“主人”还是“股东”，其最终目的是力图使工人形成对企业的向心力、忠诚，并自觉地投入到生产劳动中去，同时也降低了工厂的监督成本。这些企业文化的意识形态功能客观上欲图遮蔽、消弭市场化进程的企业内部劳动和资本之间日渐明晰的不平等关系结构。这无论是在国企，还是改制后的民企，同时存在。因此，无论是工人身份修辞的转换，还是传统和新型企业文化的建构，共同表现了工厂生产政治中意识形态的霸权。

第二，制度层面。在这一层面，笔者认为制度在宏观层面的霸权是和工厂内部改革具体政策实施的低参与度并行的。

首先，如前所述，国家宏观改革的“以经济建设为中心”“全面市场化取向”的意识形态话语的合法性建立之后，国家在宏观层面的每一项改革措施和政策的制定、出台、实施也都拥有了天然的合法性。而且我国的改革是政府主导型的，在全国范围的改革是各级政府自上而下推动的。因此，在官员的考核与任命、政府的管理和运作等分方面，也是同样的自上而下的思路。这其中是合法性的霸权、行政科层等级制的运作、政府主导多方因素共同形成的一种模式。

其次，在企业微观层面，我们同样可以看到国家宏观话语合法性霸权对制度实践影响渗透的表现。除此之外，通过前几章的分析，我们看到无论是改革初期的“厂长经理负责制”“承包责任制”，还是全面市场化阶段建立现代企业制度所要求的产权明晰、权责分明，乃至建立健全企业法人治理结构的董事会、监事会和理事会的逐渐形成，其背后都是国家宏观制度的路径取向所决定的。但是在工厂内部的改革中，我们会发现，国有企业的产权所有人是虚位的，既然要建立法人治理结构，就需要形成委托代理人来掌控、处理、经营国有资产的保值增值；既然要产权明晰，就要股份化、产权明晰化、多元化并形成流转；既然国有企业需要三年脱困，就要按照市场化的路径，将国有资产改制，然后放进市场竞争中去，根据各自的竞争能力，抓大放小、关停并转、破产重组。既然面对市场竞争，国企包袱太重，就要削减福利、破“铁饭碗”、签订劳动合同、多方共担社会福利保险。自此，企业负责人和管理群体成为企业实质意义上的掌控者，工人成为纯粹的生产过程中的劳动力要素。在这个改革过程中，工厂内部改革制度的酝酿、制定、实施的各个环节，并没有工人的参与，而劳资关系却日渐显性化。即便是国有资产的变更、国企的改制，都需要提交职工代表大会讨论审议，如笔者在H集团的调查发现，当所有的职工代表都是副处级以上管理人员时，这种审议毫无意义。也就是说对于改革实践、制度变革、法规保护，总体上并没有工人参与和发挥作用的渠道。在改革过程中，工人的权益受到侵害，也不能够在与“准资方”的管理群体的互动关系中有力地通过制度化的途径维护自己的权益。而集体谈判权、罢工权的缺失，更使工人面对资本的强势，无法通过获得参与制定互动规则的权利来获得保护。至此，笔者认为，在微观层面的工厂生产政治中，工人对国家、市场和企业所发生的变革中涉及的与自己切身利益密切相关的制度，存在很低的参与度，或者说，国企生产政治领域的制度实践对工人是近似封闭和隔离的。

第三，治理技术。笔者认为，在每一个阶段的生产劳动过程中，企业对于工人的治理策略林林总总、各不相同。但是这些治理策略的选择，总体目标指向却是一致的，即面对日渐显著的劳资之间的不平等结构下出现的矛盾和冲突，想办法消解工人的集体维权行动、加大工人的劳动投入、强化管理过程中的控制与支配。但是如前所述，随着企业的发展，这些治理技术日益微观化、隐蔽化、间接化、中立化。

首先，市场化的合法话语是第一基础。竞争中求生存。所以，从劳动报酬上实行同岗同酬，这既忽视不同工人对于技术和经验的积累在劳动中所作的潜在贡献，又使不同技术和年龄的工人之间出现裂隙和矛盾，并导致在面对劳资矛盾的行动中无法形成一致行动。从劳动过程的控制上来看，把市场成本核算以倒退硬逼的办法，分解到每一个岗位，使每一个工人“人人肩上有指标”，并宣称是市场的压力而非管理层和工人过不去。再就是劳动过程的技术化和自动化，使每个工人变为多面手。这就把管理上对工人的控制与支配中立化，同时加大了工人的劳动投入和劳动强度。

其次，从劳动合同的签订上来看，对于不同学历、不同年龄、不同编制、不同技术等级的工人实行区别对待，来进一步分解工人的一致身份。从劳动过程的工人参与管理，使工人形成多面手，熟悉并认可管理者的思维，来使工人的劳动投入更主动、自觉。工资结构的内部分化、工资计算方式的复杂化，这就进一步使管理控制隐形化。

最后，利用多元身份，分化和打压劳资矛盾和冲突中工人的一致行动。如前所述，在住房纠纷中，利用血缘、亲缘、业缘、地缘，外加转岗分流或者下岗的威吓，对工人的游行进行瓦解、打压。

总之，工厂生产政治中的治理策略和治理术，进一步隐微、内化，比较难以发现和觉察，而且伴随着工厂资方的威权式恐吓与压制。因此，笔者认为，这些治理策略和治理术总体上表现为霸权。

综上所述，笔者认为，目前的国企领域生产政体的形态是一种意识形态和治理术上的霸权与制度实践上的低参与度所形成的“混合型”政体。

在国企的不同历史变迁阶段，我们发现生产政体的形态在发生变化，但是有一种稳定的关系结构却在日渐凸显，这就是劳动和资本之间的关系，在改革路径取向上逐渐显性化并变为现实。虽然国家多数仍然以资本终极所有者的方式现身，但是在劳动过程、劳动力再生产、资本的管理和控制中，我们看到，无论是改革初期、全面市场化阶段，还是民营阶段，生产政治中的国家、市场、企业、劳动过程中的管理控制都在发生变化，而生产政治中劳动和资本的不平等关系结构是不变并日渐凸显的。笔者认为这就是生产政治中的变与不变，变的是生产政体的形态，不变的是日渐显性化的劳动和资本的不平等关系结构。

（二）多元身份认同与阶级的困境：分解与聚合

面对中国的社会结构分化现状，“回到马克思”“把工人阶级带回分析中心”“重返阶级分析”的呼声四起。但是对于中国工人阶级的形成与否，学界观点各异：吴清军提出身份政治概念①，认为身份的差异以及随身份而来的资源、地位、关系的差异，造成了群体行动的差异，但这并不否定群体认同和阶级意识形成的可能，只是这种可能形成于生产领域之外。另一类观点主张不能形成集体意识和群体行动。认为工人的身份被组织依附型的“权威”制度文化中的关系所分割，被市场和制度所选择和分割，被不同性质的单位体制所分割。这在一定程度上阻碍了工人阶级的凝结一致的行动。本研究通过身份认同的角度切入国企生产政治领域，分析国企内部工人群体维权行

① 吴清军：《国企改制与传统产业工人的转型》，博士学位论文，清华大学，2007 年。

动，发现以上观点的争论焦点在于双方对作为行动主体的工人身份的多元化产生了分歧，他们的观点都是立足于某一种身份。本研究认为，工人是多元身份的载体，并形成了一个身份簇。在国企生产政治领域，当工人采取行动的时候，面对不同的行动情景和具体的条件，工人对于自我身份中多元身份的哪一维的凸显是特定的、动态变化的。换言之，相对于既往身份认同的变化和散落，工人通过行动寻求新的身份认同，但是在行动过程中，其他身份会对行动产生聚合或分解的影响，进而影响到工人能否形成一致行动，这就会进一步影响到生产政治中劳资关系的变迁。具体来说，在研究中我们发现，当某一种或几种身份能够在一定的条件下与工人行动身份形成合力的时候，就会形成推动工人行动；但是当他们之间构成分解力量的时候，比如分析案例中地缘（老乡关系）和血缘关系身份介入的时候，反而分解了工人的一致行动。而生产领域的管理与控制中，管理群体（资方）所采取的各种治理策略和治理术，更以隐蔽的、微观化的方式深入到工人主体认知层面的、中立化的方式，对围绕着劳资关系的矛盾和冲突而出现的工人行动的一致性进行分化和打压。

基于以上所述，本研究认为，当我们讨论阶级形成的时候，重要的是要回答如何从“自在阶级”向“自为阶级”转变，而阶级意识总是在认识到共同利益并采取一致行动来维护自身利益的过中生成的①，那么，当国企领域的工人维权行动，随时因工人行动主体的多元身份而被分解的时候，我们无法认定工人行动能够构成阶级形成的可能性基础。也就是说，工人阶级是否正在形成，不能只通过收入的差距、阶层地位的分化等方面来认定，更不能抛开工人主体来言说。寻求新的身份认同构成了行动的动力和基础，但是多元身份的存在使工人在行动中具体能够凸显哪种身份，又在一定程度上形成合力或分解力，促进或削弱工人行动。这也在一定意义上解释了上述争论的背后，多元身份的认同与凸显，是一个需要关注的因素。

---

① ［英］汤普森：《英国工人阶级的形成》（上），钱乘旦、杨豫、潘兴明、何高藻译，译林出版社 2001 年版。

（三）身份认同的双重条件与生产政治的重构

弗雷泽认为，当代资本主义的社会结构形态仍然是不平等关系结构，因此，斗争的焦点仍然是以再分配的斗争为基础的。[①] 但是她认为考虑到后现代的性别、性取向、种族等文化身份的存在，他们的目标是获得承认，因此，当代的社会批判需要包括再分配、承认和参与平等三个维度共存的正义框架。在本研究的国企生产政治领域，在国企的改革变迁过程中，国家、市场、企业的关系形态不断变化游移，劳资不平等关系结构日渐凸显，劳资之争日渐激烈。

通过对全面市场化阶段、民企阶段的分析，本研究认为，工人的群体维权行动呈现出日渐加深和增强的趋势。工人寻求新的身份认同是群体动力基础之一。而身份认同对于工人来说，既有物质上的满足，又有社会互动关系中群体的归属、自尊的获得，自我价值的实现和意义的体验。但是在改革的不同阶段，我们看到他们原有的身份认同正在散落，地位正在下降、权益受到侵害，在国企生产政治关系中处于意识形态、治理术上的霸权、制度实践上的无法参与和介入、劳动过程中的被控制和支配的境地，因此，工人通过行动寻求身份认同的过程既是在寻求分配方面的满足，更是要在看似无法改变的生产政治的劳资关系中，重新获得在社会互动关系中，相对于“当官的”管理群体或资方（改制后民企）的自尊和权益，也就是在劳资关系的社会互动中工人身份要获得资方基于公平交往规则的承认和尊重，而非单纯的无权无势、被支配和控制的劳动力要素，而这是一种权利。因此，本研究认为，工人的身份认同存在双重条件——资源和权利，前者是身份认同的必要条件，后者是身份认同的充分条件。二者共存于工人的身份认同之中。尽管在工人的行动中，无论是从行动目标的设定，还是行动策略的选择，我们更多看到可能是与资源密切相关。但是随着国企的变革，工人群体和管理层这两个群体之间的群体

① ［美］南茜·弗雷泽：《正义的尺度》，欧阳英译，上海人民出版社2009年版，第16页。

差异、群际分化、群际冲突日渐显著、加深，工人在与代表资方的“管理层群体”的维权行动中，他们以资源为目标取向的行动，同时也在争取权利的获得，以重构工人的身份认同的完整性。

倘若只满足于资源的获得，那么面对现有生产政治中不变的劳资之间的不平等结构关系，工人群体就只能在不改变现有不平等结构的前提下，获得资源或经济上的满足，但是当身份认同中同样包括权利时，也就是意味着要实现弗雷泽意义上的参与权，即要寻求平等的参与权，这样就可以对生产政治形成推动力量，并促使生产政体形态发生变迁，进而使生产政治得以重构。

权利的形成既可以由上而下也可以由下而上来获得，对于我国国企工人阶级的再形成来讲，有观点认为工人行动如果被体制所吸纳和制度化，就不会形成，反之则会形成。笔者认为可以进一步探讨。如果权利（工人相对于资本的权利）被自上而下地赋予，也就是说，国家在一定程度上超越于资本之外，以一种中立的立场通过制度安排的方式（比如集体谈判权、工会地位、罢工权等等），为劳动和资本之间基于市场雇佣和交换基础上形成的社会互动关系设置一种为双方所认可的、稳定的制度框架，使双方的利益安排、权利保障、行为取向均在这个制度框架内得到有效的规范，并形成稳定的预期。那么可以认为劳资关系中的工人阶级行动就未必以一种激烈的、重组社会秩序的方式表现，但是这种权利的赋予并不能取消工人阶级存在的基础，反之更吊诡的是，在当前的中国社会，这种权利部分要靠自下而上的行动来争取。在此我们可以看到，工人阶级的形成过程中，国家的作用凸显，如果权利自上而下建构，则工人行动在有效的范围内表现为与资方的谈判与协商，社会秩序就可以在一种稳定的、有序的框架内得到维系和整合；如果权利自下而上地通过工人行动和阶级抗争来获取，也就是说不能被制度所吸纳，那么社会秩序的整合就会是另一幅图景。

（四）身份认同是生产政治稳定与变迁的主体性基础

国家和市场对于工厂生产政治的影响，导致了身份认同的稳定与解体。身份认同是个体满足、群际关系协调的基础，群际关系的分化、对立和冲突的集中表现就是群体行动和阶级行动，以及阶级的形成，而群体和阶级行动又是劳资矛盾的焦点，劳资矛盾是工厂生产政治的核心结构关系，至此结合前几章的国企不同变迁阶段的分析，我们可以看到从微观的身份认同、行动取向，到生产政治的宏观外部力量的关系互动机制基本形成。因此笔者认为，身份认同是生产政治稳定与变迁的主体性基础。

对于工人来讲，自我的身份认同，是建立在一定条件和基础之上的。当工人这样一种社会身份被界定，并从物质、福利、社会互动关系等方面充实身份的内涵时，对工人这个身份主体，就会形成自我的归属、自尊，自我存在的意义和价值感，进而形成稳定的身份认同。当这些条件发生变化的时候，工人身份认同就会发生游移、散落与背离，并且会通过自我的行动选择重新建构新的身份认同。因此，工人对于自我的身份认同，在历史的变迁中是存在变化的，也就是说，工人的身份认同呈现动态消长。布洛维所主张的工人“同意”，只是表现了在生产劳动过程中工人积极、主动投入生产中的一种表现形态，而没有从主体出发，解释工人为什么形成“同意”，这其中既有外部力量的建构，也有工人主体的自我认知和意义赋予。而身份认同这一研究角度的切入，恰能在一定程度上，将外部建构和主体意义认知结合起来，并表现为主体的行动选择。

将身份认同的考察，放在国企在不同发展阶段的历史变迁轨迹中来分析，就能够呈现出一幅丰富、多样的变迁画面。随着外部建构因素的变化，工人主体的身份认同也在从稳定向游移、背离、重构变化。在全面计划体制阶段，工人的身份被宏观和微观层面一致的意识形态加以界定，并从工资、永久劳动合同、全方位福利等其他方面加以保障。同时，相对于社会上农民等其他群体而言，工人的群体优势是显著的；相对生产空间中的干部群体而言，干群之间的群际分化并不明显。对于自我身份归属群体的内认同，更强化了对自我的身份认同，因此，工人的身份认同此时呈现稳定状态，或者可以说是工人对“主人翁”身份的稳定认同。随着改革的初步展开和全面市场化改革阶段的来临，相对于农民群体、商人群体、管理群体（国家资本的委托代理人）来讲，工人群体与它们之间的群际差异、群际分化开始出现，并与生产领域的管理群体形成群际矛盾和冲突。同时，由于国家和市场在工资、合同、产权改革、福利保障、劳动关系（包括工会和职代会）等领域的干预方式、介入程度的此消彼长的变化，当宏观意识形态的定位、微观文化的意识形态建构与生产领域的实践发生背离，以上多种因素共同建构了工人身份认同的散落和背离，至此工人对自我身份不再认同，因为身份认同的基础已经丧失。因此，可以说这个阶段工人的“主人翁”身份被逐渐悬置、解构而发生变迁，并逐渐成为雇佣工人的身份。而国企改制后的民营企业，则通过股东身份的重新建构、“职工是企业的主人”的重现阐释，重构了工人新的身份认同。但是不可忽视的是，国企改制及民营企业阶段，工人的身份多元纷呈，或是员工，或是工人，或是股东，或是三者合一。这样多元的身份，也为工人无法形成一个统一的阶级提供了可能。

纵观上述身份认同在历史中的变迁，当工人身份认同逐渐散落、解体，也就是工人主体不再认同的时候，他们需要在变化的历史场景和社会互动关系中，重新建构自我身份认同。基于群体分化、群际差异的日渐明显，工人逐渐形成群体认同，这是对自我身份的群体认同的形成，同时在工人“内群体”之外，还有一个“准资方”的“当官的”管理群体的存在。伴随着资源的再分配、管理的支配与控制等方面，工人也通过行动来争取新的身份认同的基础，并且在日渐显性化的劳资关系中重构身份认同。

通过以上分析，我们可以看到，身份认同是变化的。随着历史的变迁、外在建构力量的变化，富有工人主体性特征的身份认同，在内外共同力量的作用下，呈现或稳定或变迁的不同形态。因为认同，所以稳定；因为散落，所以需要工人主体通过行动寻求新的身份认同，并通过在行动中寻求共同包含资源和权利在内的双重条件的完整身份认同，这就为国企生产政治变迁提供了基础动力。

二　潜在的贡献

（一）为生产政治理论提供新的分析视角

对于工厂生产领域的考察，在马克思之后，布雷弗曼揭示了在资本主义生产过程中资本怎样穷尽其极地把对劳动的剥削渗透到每一个环节。爱德华斯和弗里德曼分别从简单控制和结构控制、直接控制和责任自治两方面考察了资本面对工人的抗争，怎样动态适应性地改变对于劳动的控制和支配。布洛维认为，要想解释工人为什么没有形成抗争，需要从主体角度来看，工人主动地以被生产政治建构成的"同意"方式参与了劳动生产，在当代资本主义的霸权型生产政体中，工人投身劳动中，再生产了资本主义的生产关系。本研究从身份认同的角度切入对于生产政治的考察，认为仅仅"同意"并不能充分揭示工厂生产政治中工人的参与，也就是说，被生产政治领域中的霸权所建构的"同意"只表示了工人的主体投入的状态，也只解释工人为什么没有发生群体维权，而没有解释工人为何有主体投入，更没有揭示主体行动的基础。而稳定的身份认同，能说明生产政治的存在形态；原有的身份认同散落、解体后，工人寻求新的身份认同的过程，同时能够推动生产政体形态发生改变。因为工人重构身份认同的双重条件中，既包括资源，也包括权利。因此，身份认同既能从工人主体性角度阐释生产政治的稳定性，又能在重构中推动生产政治的变迁，而非再生产。

此外，工人主体因为多元身份的存在，会构成对于生产政治中群体维权行动的聚合力或分解力，这会进一步影响工人能否形成一致行动、能否发展为共同的阶级行动。

（二）拓展了国企生产政治的多阶段历史比较分析

中国当代的社会转型中，国有企业的改革远未结束。对于国企领域生产政治的分析，既往学者多有研究，并呈现出多样化的观点。周雪光认为，改革初期国有企业工人总体表现为集体懈怠①；李静君认为改制之后市场支配力量的急速进入却形成了工厂场域的“无序专制主义”；平萍认为转型期国企车间政治的模式既不是华尔德的“庇护—依附”关系，也不是李静君的“失序专制主义”，而是一种“对抗式联盟”关系；刘爱玉认为李静君对国企改革初期的“集体懈怠”（集体无行动）的解读已经不适合目前的改制阶段，她提出，面对制度的正负面的规制（正式制度和非正式制度）和市场力量的选择，工人的行动出现分化，分别表现出退出、服从与吁请的选择，总体表现为无集体行动。通观以上各类主张，之所以得出不同的结论，是由于关注不同改革阶段的生产政治关系形态所致，但是前后各个观点之间的背后应是几十年间国企改革过程中生产政治关系的一个不断变化的连续统。为了对生产政治和生产政体的形态作出更具有理论涵括性的判断，笔者认为有必要拉长分析时段并进行多阶段的比较分析。此外，很多学者的调查对象，有不少在调查完或者调查还没有结束，就破产倒闭了，而企业的生存和发展的活力，对于国企内部生产政治关系的研究极其重要，因为我们知道，市场对于工厂生产政治形态是一个重要的影响变量。因此，国企领域的生产政治的研究，需要将仍然在繁荣、蓬勃发展之中的企业作为调查对象的研究。

笔者的考察对象是一个有着几十年历史的国企。笔者把这个国企的变迁分为全面计划体制时代、改革初期、全面市场化阶段、改制后民企阶段。笔者从历史的变迁角度，分别考察了随着国家、市场、企业的变化，工厂生产政治关系与生产政体形态所发生的变迁，并对各个阶段中生产政治的变与不变进行了考察。

（三）在国企变迁史中考察布洛维“生产政治”理论的解释力

近年来，随着我国整个社会经济改革向市场化方向的迈进，在工厂领域中的生产政治关系日渐成为关注的焦点。布洛维的“生产政

① Zhou Xueguang，“Unorganized Interests and Collective Action in Communist China”，*American Sociological Review*，Vol. 58（Feb.），1993.

治”分析框架，成为一个有效的分析工具。布洛维的生产政治框架包括劳动过程、劳动力的再生产、国家与工厂的关系、市场与工厂的关系这四个影响因素，并且通过在不同地域、体制、国别、历史阶段的考察，形成了生产政体的四个类型：市场专制型、官僚专制型、霸权型、集体合作型。但是对于国企来讲，这四种类型是否适用呢?

首先，笔者认为我国当下的工厂政体类型是一种独特的混合形态。通过在国企的不同变迁阶段应用上述生产政治理论框架进行分析，笔者认为，在全面计划体制阶段，布洛维的“官僚专制型”有些类似，但是当我们从身份认同的角度考察时，会发现在“官僚专制”之外，由于身份认同的存在，工人和干部的关系呈现出“基本融洽”的关系形态。进入改革阶段之后，包括全面市场化、改制后的民营企业阶段，工厂的生产政治关系中国家和市场对于工厂的影响发生了变化，进而影响到劳动力再生产、劳动过程、管理的控制与支配、劳动和管理层（资本委托代理人）之间的分化、紧张、对立、冲突。因此，生产政治的要素组合相对于全面计划体制阶段发生了变化，国企生产政治领域呈现出意识形态和治理术上的霸权、制度实践上的低参与度，因此，笔者认为这是布洛维的生产政体的四个类型所无法概括的新的生产政体——混合型。

其次，生产政治中的国家因素可以进一步细分为中央政府和地方政府分别考察。在布洛维的生产政治理论框架中，国家作为一个重要的变量，参与了不同生产政体的类型建构。但是布洛维并没有仔细区分国家的影响力在中央政府和地方政府两个层面是否存在差异。本研究通过对国企不同历史阶段的分析，认为通过不同阶段的“利改税”“分税制”等改革，由于财政分成、地方 GDP 增长指标、官员政绩考核等方面的因素，中央政府和地方政府之间并不总是存在一致的行动选择。也就是说，两级政府在国企改革过程中对于企业的干预、对于市场的主张和替代，都是不一致的。这在一定程度上影响了工人身份认同和国企生产政治的互动关系和建构机制。

最后，意识形态方面的霸权是一把双刃剑。布洛维的霸权型生产政体是西方资本主义国家在福利国家充分发展之后的产物，是国家将劳动力的再生产从工厂转移到社会上，并为其提供社会福利和保障的过程。但是我国国企市场化的改革，是为了解决国家全面提供福利保障和平均化的产物。而且企业从传统计划体制向市场转变乃至改制后民营企业的过程，无论是宏观层面对于工人的意识形态定位还是微观层面企业文化对于工人身份认同的建构，都在力图稳定目前生产政治中的紧张关系，遮蔽劳资关系日渐显性化的不平等结构，这是其双刃的一面。另一面，在企业市场化的过程中，国家先是在所有权领域隐而不退，并且以地方政府的利益诉求重新干预企业；而改制后民企的所有权在地方政府的参与或默许之下，股权分配的层级悬殊，直接形成了劳动和资本的关系。在劳动合同的签订、工会的维权、职代会的边缘化、劳资集体协商制度的虚设、集体谈判权和罢工权的缺失等制度实践方面，工人并没有参与制定规则、表达自我诉求的渠道、机制和空间，因此，当前述意识形态的霸权和制度实践上的低参与度发生背离的时候，工人会通过对于“我（们）是谁”的追问，重新寻求新的身份认同，这就会推动生产政治的变迁。这是意识形态霸权作为双刃剑的另一面。

三 未来研究思路

任何一项研究总是行走在寻求答案的路上。一路风景变换、问题丛生。本项研究与其说解答了什么问题，不如说在前辈学者的研究基础上，尝试思考国企生产政治领域中新的分析思路和视角。在条分缕析的研究过程背后，更多的是对既有问题的反思、研究中的困惑、未来的探索和打算。

第一，身份认同的历史构成问题。由于本研究是考察身份认同和生产政治的关系，而身份认同与工人主体密切相关。我们如何探究和解释在劳动和资本的关系中，工人面对控制和支配之外，依然存在认同的问题。在调查中，笔者所采用的是无结构式和半结构式访谈。尤其是对于全面计划体制阶段和改革初期，既往的历史变迁中主体的感受和认知都只能通过访谈对象的主体叙事来理解，但是当涉及工人身份认同的问题时，调查对象是在当下的时空和具体情境中，或者说是基于当下的认知，来对于过去的认同与否作出判断。因此，关于过去历史阶段的认同表述是与当下发生勾连之后形成的。由于主体认知是一个时间连续体，回忆一定是基于现在。所以，笔者只能对于这类研究困境保持随时的醒觉与反思，并通过其他的历史事件、他人的话语表述、相关文献资料的印证，以追问的方式，强化对于访谈对象的追问。而这个困境，在日后的质性研究中，需要加以重视并寻求更有效的解决思路。

第二，工人行动与身份认同的凸显层级。由于本研究考察的是国企不同历史变迁阶段的工人身认同与生产政治的互动关系。而工人身份认同的微观基础，是由物质、福利保障、劳动合同、群体关系、意识形态等多方面力量建构的，并呈现为物质的满足、自我归属、自尊、自我实现的价值和存在的意义感等方面。因此，当企业改革过程中某一或某些建构因素发生改变的时候，工人的身份认同发生变化，不再稳定或散落。那么他们重构身份认同的行动过程中，由于多元的身份存在对于能否形成一致行动构成聚合或者分解力。也就是说工人在行动中一定会凸显某一身份层级，在什么样的条件下，究竟什么样的身份会成为被认同并加以凸显的层级，这需要后续的研究加以关注，这将有利于对工人一致行动或阶级可能性的回答。

第三，面对劳资关系的不平等结构，研究者何去何从？在研究的过程中，笔者认为随着改革的展开，国企生产政治领域的劳资之间不平等关系结构是始终存在的，只是逐渐走到前台、日渐显著。面对不平等的劳资结构，我们认为需要改变，但是我们目前还无法想象一个劳动和资本的对立关系解除之后的景象。那是一个乌托邦的未来吗？马克思对于资本主义生产关系分析后，曾设想以无产阶级对抗资产阶级的斗争最终胜利来换得一个新世界。但是这个问题迄今历史和现实都没有给我们一个答案。劳资不平等关系的改变，需要从两个方面来认识，一方面是面对不平等结构现状，通过工人形成行动主体，来对抗、抗争这种失衡的不平等结构，使双方之间的关系在博弈中保持一种动态的均衡。另一方面是国家在承认、不改变劳资关系不平等的结构框架下，通过福利政策、社会保障等措施来修补二者之间因不平等而导致的矛盾和冲突。这两方面在社会变革中交叉并存，但是对于后一方面来说，当国家无法保持中立的位置，当国家和市场、资本联手的时候，势必会使劳动和资本的关系呈现恶化的趋势，这又会进一步使问题的解决倾向于采用前一方面的群体维权抗争路线来解决，这将会进一步关系到社会秩序问题。这是一连串的事件，其中的核心在于国家，也就是在生产政治分析框架中，国家自主性的问题，这可能会成为未来工厂生产政治研究中的另一条研究思路。

参考文献

1. [法] 阿兰·图海纳:《行动者的归来》，舒诗伟等译，商务印书馆2008年版。
2. [美] 安娜·玛丽·史密斯:《拉克劳与墨菲》，付琼译，江苏人民出版社2011年版。
3. [德] 阿克塞尔·霍耐特:《为承认而斗争》，胡继华译，上海人民出版社2005年版。
4. [英] 安东尼·吉登斯:《历史唯物主义的当代批判》，郭忠华译，上海译文出版社2010年版。
5. [英] 安东尼·吉登斯:《现代性与自我认同》，赵旭东、方文、王铭铭译，三联书店1998年版。
6. 边燕杰:《市场转型与社会分层: 美国社会学者论中国》，三联书店2002年版。
7. [美] 彼得·埃文斯、迪特里希·鲁施迈耶、西达·斯考克波:《找回国家》，方力维、莫宜端、黄琪轩等译，三联书店2009年版。
8. [美] 彼得·伯格、托马斯·卢克曼:《现实的社会构建》，汪涌译，北京大学出版社2009年版。
9. [希] 波朗查斯:《政治权力与社会阶级》，叶林等译，中国社会科学出版社1982年版。
10. [美] 布赖恩·特纳:《公民身份理论概要》，载郭忠华、刘训练编《公民身份与社会阶级》，江苏人民出版社2007年版。
11. [美] 布雷弗曼:《劳动与垄断资本》，商务印书馆1973年版。
12. [美] 布洛维:《公共社会学》，沈原译，社会科学文献出版社2007年版。

13. ［美］布洛维：《制造同意》，李荣荣译，商务印书馆 2008 年版。
14. 蔡禾：《从“底线型”利益到“增长型”利益》，《开放时代》2010 年第 9 期。
15. ［美］查尔斯·蒂利：《欧洲的抗争与民主（1650—2000）》，陈周旺、李辉、熊易寒译，上海人民出版社 2008 年版。
16. ［加］查尔斯·泰勒：《承认的政治》，载汪晖、陈燕谷编《文化与公共性》，三联书店 1998 年版。
17. ［加］查尔斯·泰勒：《自我的根源：现代认同的形成》，韩震、王成兵、乔春夏、李伟、彭立群译，译林出版社 2001 年版。
18. 陈峰：《生存危机、管理者腐败与中国的劳工抗议：两岸社会运动分析》，新自然主义股份有限公司 2003 年版。
19. 方文：《学科制度和社会认同》，中国人民大学出版社 2008 年版。
20. ［澳］菲利普·佩迪特：《人同此心》，应奇、王华平、张曦译，吉林人民出版社 2010 年版。
21. 冯仕政：《重返阶级分析》，《社会学研究》2008 年第 5 期。
22. 冯仕政：《单位分割与集体抗争》，《社会学研究》2006 年第 2 期。
23. 冯同庆：《中国工人的命运》，社会科学文献出版社 2002 年版。
24. 冯同庆：《企业改革中工人的自尊》，《当代世界与社会主义》2001 年第 3 期。
25. 冯同庆：《工人阶级内部阶层的社会分化》，《中国研究》1997 年第 3 期。
26. ［美］高柏：《中国经济发展模式转型与经济社会学制度学派》，《社会学研究》2008 年第 4 期。
27. ［美］赫根汉：《人格心理学导论》，海南人民出版社 1986 年版。
28. 胡荣、张义祯：《阶层归属与地位认定问题》，《东南学术》2005 年第 6 期。
29. 胡伟、李汉林：《单位作为一种制度》，《江苏社会科学》2003 年第 3 期。
30. ［美］华尔德：《共产党社会的新传统主义》，龚小夏译，（香港）

牛津大学出版社 1996 年版。

31. 黄新华:《当代西方新政治经济学》,上海人民出版社 2008 年版。

32. 黄岩:《国有企业改制中的工人集体行动的解释框架》,《公共管理学报》2005 年第 11 期。

33. 揭爱花:《单位:一种特殊的社会生活空间》,《浙江大学学报》2000 年第 5 期。

34. [韩] 具海根:《韩国工人—阶级形成的文化与政治》,梁光严译,社会科学文献出版社 2004 年版。

35. 转引自 [美] 凯斯·E. 福格森:《阶级意识与马克思主义辩证法:一个艰难的综合》,1980. http://www. wyzxsx. com/Article/Class17/200803/33987. html。

36. [美] 库利:《人类本性与社会秩序》,包凡一译,华夏出版社 1989 年版。

37. [美] 赖特:《后工业社会中的阶级》,陈心想译,辽宁教育出版社 2004 年版。

38. 李春玲:《断裂与碎片》,社会科学文献出版社 2005 年版。

39. 李春玲、吕鹏:《社会分层理论》,中国社会科学出版社 2008 年版。

40. 李汉林:《中国单位社会》,上海人民出版社 2004 年版。

41. 李路路、李汉林、王奋宇:《中国单位现象与体制改革》,《中国社会科学季刊》(香港)1994 年总第 6 期。

42. 李猛、周飞舟、李康:《单位:制度化组织的内部机制》,《中国社会科学季刊》(香港)1996 年总第 3 卷。

43. 李培林:《社会冲突与阶级意识:当代中国社会矛盾研究》,《社会》2005 年第 1 期。

44. 李琪:《改革与修复》,中国劳动社会保障出版社 2003 年版。

45. 李强:《社会分层十讲》,社会科学文献出版社 2008 年版。

46. 李新春:《单位化企业的经济性质》,《经济研究》2001 年第 7 期。

47. 李瑶:《找回“面子”:下岗失业工人的自尊维持》,硕士学位论文，北京大学，2007 年。

48. 连雪君：《中国企业组织制度形态变迁 1949 - 2009》（未刊稿）。
49. 列宁：《怎么办》，见《列宁全集》，第六卷，人民出版社 1986 年版。
50. 林毅夫、蔡昉、李周：《充分信息和国有企业改革》，上海三联书店 1997 年版。
51. 林毅夫、蔡昉、李周：《国有企业产生的逻辑》，载《天则经济论丛（从计划经济到市场经济）》，中国财政经济出版社 1998 年版。
52. 刘爱玉：《制度变革过程中工人阶级的内部分化与认同差异》，《福建省委党校学报》2004 年第 1 期。
53. 刘爱玉：《选择：国企变革与工人生存行动》，社会科学文献出版社 2005 年版。
54. 刘建军：《单位中国：社会调控体系中的个人与国家》，天津人民出版社 2000 年版。
55. 刘欣：《相对剥夺地位与阶层认知》，《社会学研究》2002 年第 6 期。
56. 路风：《中国单位体制的形成和起源》，《中国社会科学季刊》1993 年第 4 期。
57. 路风：《单位：一种特殊的社会组织形式》，《中国社会科学》1989 年第 1 期。
58. 路风：《国有企业转变的三个命题》，《中国社会科学》2000 年第 5 期。
59. ［匈］卢卡奇：《历史与阶级意识》，张西平译，重庆出版社 1989 年版。
60. 马建堂、刘海泉：《中国有企业改革回顾与展望》，首都经济贸易大学出版社 2000 年版。
61. 马克思：《哲学的贫困》，人民出版社 1962 年版。
62. 马克思：《资本论》第一卷，人民出版社 1972 年版。
63. ［英］T. H. 马歇尔：《公民身份与社会阶级》，载郭忠华、刘训练编《公民身份与社会阶级》，江苏人民出版社 2007 年版。

64. ［美］曼纽尔·卡斯特：《认同的力量》，曹荣湘译，社会科学文献出版社 2006 年版。

65. ［美］米尔斯：《白领——美国的中产阶级》，杨小东等译，浙江人民出版社 1987 年版。

66. ［美］米尔斯、霍布曼：《质性资料的分析：方法与实践》，张芬芬译，重庆出版社 2008 年版。

67. 宓小雄：《构建新的认同》，社会科学文献出版社 2007 年版。

68. ［美］南茜·弗雷泽：《正义的尺度》，欧阳英译，上海人民出版社 2009 年版。

69. ［美］南茜·弗雷泽、［德］阿克塞尔·霍耐特：《再分配，还是承认?》，周穗明译，上海人民出版社 2009 年版。

70. ［美］欧文·戈夫曼：《日常生活中自我呈现》，冯刚译，北京大学出版社 2008 年版。

71. 潘建雷：《身份认同政治：研究回顾与思考》，载张静主编《身份认同研究》，上海人民出版社 2006 年版。

72. 潘毅：《中国女工——新兴打工阶级的呼唤》，明报出版社有限公司 2007 年版。

73. ［美］裴宜理：《上海罢工：中国工人政治研究》，江苏人民出版社 2001 年版。

74. 彭恒军：《重返阶级："世界工厂"的必然逻辑》，《兰州学刊》2008 年第 6 期。

75. 平萍：《制度转型中的国有企业：产权形式的变化与车间政治的转变——关于国有企业研究的社会学述评》，《社会学研究》1999 年第 3 期。

76. ［美］乔治·H. 米德：《心灵、自我与社会》，赵月瑟译，上海译文出版社 1992 年版。

77. ［美］青木昌彦：《转轨经济中的公司治理结构》，中国经济出版社 1995 年版。

78. 仇立平：《回到马克思：对中国社会分层研究的反思》，《社会》2006 年第 4 期。

79. 仇立平：《阶级分析：对中国社会分层的另一种解读》，《上海大学学报》（社会科学版）2007 年第 2 期。
80. 仇立平、顾辉：《社会结构与阶级的生产》，《社会》2007 年第 2 期。
81. 任焰、潘毅：《跨国劳动过程的空间政治》，《社会学研究》2006 年第 4 期。
82. 沈天鹰：《国有企业治理结构畸形化及其矫正对策研究》，人民出版社 2004 年版。
83. 沈原：《社会转型与工人阶级的再形成》，《社会学研究》2006 年第 2 期。
84. 沈原：《市场、阶级与社会》，社会科学文献出版社 2007 年版。
85. 孙立平：《断裂》，社会科学文献出版社 2003 年版。
86. ［英］汤普森：《英国工人阶级的形成》（上），钱乘旦、杨豫、潘兴明、何高藻译，译林出版社 2001 年版。
87. 童根兴：《北镇家户工：宏观政治经济学逻辑与日常实践逻辑》，硕士学位论文，清华大学，2005 年。
88. 佟新：《社会变迁与工人社会身份的重构》，《社会学研究》2002 年第 6 期；《延续的社会主义文化传统》，《社会学研究》2006 年第 1 期；《劳工政策和劳工研究的四种理论视角》，《云南民族大学学报》2008 年第 5 期。
89. ［美］泰弗尔：《群际行为的社会认同论》，《社会心理研究》2004 年第 2 期。
90. 王沪宁：《从单位到社会：社会调控体系的再造》，《公共行政与人力资源》1995 年第 1 期。
91. 王俊、胡蓉、苏春燕等：《国有企业工人的阶层地位自我认知研究》，《理论月刊》2003 年第 5 期。
92. 王小章、巫微涟：《认知与认同之间》，《浙江学刊》2009 年第 1 期。
93. 王星：《从分配政治到生产政治》，博士学位论文，吉林大学，2008 年。

94. ［美］威廉·大内：《Z 理论》，孙耀君、王祖融译，中国社会科学出版社 1984 年版。
95. ［英］威廉·詹姆斯：《心理学原理》，田平译，中国城市出版社 2003 年版。
96. 吴清军：《西方工人阶级形成理论述评》，《社会学研究》2006 年第 2 期。
97. 吴清军：《国企改制与传统产业工人的转型》，博士学位论文，清华大学，2007 年。
98. 吴清军：《市场转型时期国企工人的群体认同与阶级意识》，《社会学研究》2008 年第 6 期。
99. 巫微涟：《单位制解体背景下的国企工人自我身份认知》，硕士学位论文，浙江大学，2008 年。
100.《现代快报》，http：//news. sina. com. cn/c/2005 - 04 - 15/01535652687s. shtml。
101. 许叶萍：《全球化背景下的劳资关系》，北京邮电大学出版社 2007 年版。
102. 许叶萍、石秀印：《工人阶级形成：体制内与体制外的转换》，《学海》2006 年第 4 期。
103. 杨丽萍：《从非单位到单位》，博士学位论文，华东师范大学，2006 年。
104. 游正林：《也谈国有企业工人的行动选择》，《社会学研究》2005 年第 4 期。
105. 游正林：《西厂劳工》，中国社会科学出版社 2007 年版。
106. 于建嵘：《中国工人阶级状况》，明镜出版社 2006 年版。
107. 赵炜：《工厂制度重建中的工人》，社会科学文献出版社 2010 年版。
108. 章迪城：《中国国有企业改革编年史（1978—2005）》，中国工人出版社 2006 年版。
109. 张曙光：《从计划合约走向市场合约——对国有企业改革的进一步思考》，《管理世界》2005 年第 1 期。

110. 张静:《利益组织化单位》,中国社会科学出版社 2001 年版。

111. 张伟:《中国工人阶级 60 年》,《瞭望新闻周刊》2009 年第 18 期。

112. 张西平:《历史哲学的重建》,三联书店 1997 年版。

113. 张莹瑞,佐斌:《社会认同理论及其发展》,《心理科学进展》2006 年第 3 期。

114. 郑晨:《阶层归属意识及其成因分析》,《浙江学刊》2001 年第 3 期。

115. 周晓虹:《认同理论:社会学与心理学的分析路径》,《社会科学》2008 年第 4 期。

116. 赵志裕等:《社会认同的基本心理历程》,《社会学研究》2005 年第 5 期。

117. [美] 朱蒂斯·A. 霍华德:《关于认同的心理学》,载周宪主编《文学与认同:跨学科的反思》,中华书局 2008 年版。

118. Bernd Simon, *Identity in Modern Society: A Social Psychological*, Blackwell Publishers, 2003.

119. Block, Fred., "The Ruling Class Does Not Rule", In Ferguson and Rogers, eds., 1984, *The Political Economy*, N. Y.: M. E. Shape, 1977.

120. Bray, David, *Social space and governance in urban China*, Stanford University Press, 2005.

121. Borowski, "Identity and Personal Identity", *Mind*, New Series, Vol. 85, No. 340, 481 - 502, 1976.

122. Michael Burawoy, *The Politics of Production: Factory Regimes under Capitalism and Socialism* , London: Verso, 1985.

123. Charles G. Levine; James E. Cote, *Identity*, *Formation*, *Agency*, *and Culture: A Social Psychological Synthesis*, Publisher: Psychology Press, USA, 2002.

124. Deaux, Kay, Reconstructing Social Identity, *Personality and Social Psychology Bulletin*, Vol. 19, No. 1, 4 - 12, 1993.

125. Dominic Abrams and Michael A. Hogg (ed.), *Social Identity Theory: Constructive and Critical Advances*, New York: Harvester Wheat sheaf, 1990.

126. Edwards, R., *Contested Terrain*, NewYork: Basic Books, Inc, 1979.

127. Ernesto Laclau, *New Reflections on the Revolution of Our Time*, London - New York: Verso, 1990.

128. Erik. H. Erikson, *Identity and Life Cycle*, p. 108, W. W. norton&company, 1980.

129. Sheldon Stryker, *Symbolic Interactionism: A Social Structural* Version, Baker & Taylor Books, 1980.

130. Freud, *Group psychology and analysis of ego*, london: institute of psycho - analysis, 1959.

131. Friedman, A. L., *Industry and Labour*, London: The Macmillan Press Ltd, 1977.

132. Gary Taylor, Spencer Steve, *Social Identities: Multidisciplinary Approach*, esby, Routledge, 2004.

133. Gergen, K. J., *The Saturated Self: Dilemmas of Identity in Contemporary Life*, Ameriea: Basie Books, 1991.

134. Gideon Kunda, *Engineering Culture: Control and Commitment in a High - Tech Corporation*, Temple University Press, 2006.

135. Gleason, "Identifying Identity: A Semantic History", *The Journal of American History*, Vol. 69, No. 4 910 - 931.

136. G. P. McCal & J. L. Simmons, *Identity and Interaction*, New York: Basic Books, 1960.

137. Hall, Stuart, Professor, and Du Gay, Paul, Dr. *Questions of Cultural Identity*, Sage Publications, 1996.

138. Heise, David R, *Understanding Events: Affect and The Construction of Social Action*, Cambridge University Press, 1979.

139. Hobsbawm Eric, *Workers: Worlds of labor*, New York: Pantheon

Books, 1984.

140. Jean – Claude Deschamps and Thierry Devos, "Regarding the relationship Between social Identity and Personal Identity", In Stephen Worchel, J. Francisco Morales, Dario Paez and Jean – Claude Deschamps (eds), *social Identity*, London: SAGE Publications, 1998.

141. Katznelson, Ira Aristide (eds.), *Working – Class Formation: Nineteen – Century Patterns in West Europe and the United States*, Princeton: Princeton University Press, 1986.

142. Korostelina Karina V., *Social Identity and Conflict*, Palgrave macmillan, 2007.

143. Lee, Ching Kwan, "From Organized Dependence to Disorganized Despotism: Changing Labor Regimes in Chinese Factories", *The China Quarterly* 157. No. 3, 1999; *Gender and the South China Miracle*, University of California Press, 1998.

144. Linda Fuller, Vicki Smith, *Consumers' Reports: Management by Customers in a Changing Economy*, *Work*, *Empolyment and Society*, 5, 1 –6, 1991.

145. Lockwood D., *The Blackcoated Worker: A Study in Class Consciousness Oxford*, Clarendon Press, 1989.

146. Lu, Duanfang, *Remaking Chinese urban form*, Routledge, 2006.

147. Marek Korczynski, Randy Hodson, and Paul K. Edwards, *Social Theory at Work*, Oxford University Press, USA, 2006.

148. Michael Burawoy and Theda Skocpol, eds., Marxist Inquiries: Studies of Labor, Class, and States, Chicago: University of Chicago Press, 1982.

149. Mike Savage, *Class Analysis and Social Transformation*, Open University Press, 2000.

150. Moscovici, S., The phenomenon of social representations. In R. M. Farr & S. Moscovici (eds.) *Social Representations*, 1984.

151. Patrice Rosenthal, Stephen Hill, Riccardo Peccei, Checking Out Service: Evaluating Excellence, HRM and TQM in Retailing, *Work, Empolyment and Society*, 11, 481 - 503, 1997.

152. Peter J. Burke, *Advances in Identity Theory and Research*, Springer - Verlag New York, LLC, 2003.

153. Robert Thomas, *Citizenship and Gender in Work Organization: Some Considerations for Theories of the Labor Process*, 1982.

154. Spohn, Willfried, Toward a Historical Sociology of Working - Class Formation Critical Sociology, Vol. 17.

155. Tajfel H., Turner J. C. "The Social Identity Theory of Intergroup Behavor", In: Worchel, Austin W (eds), *Psychology of Intergroup Relations*, Chicago: Nelson Hall, 1986.

156. Tajfel H., "Social Psychology of Intergroup Relation", *Annual Review of Psychology*, 1982.

157. J. C. (1985). Social categorization and the self - concept: A social cognitive theory of group behavior. In E. J. Lawler (Ed.), *Advances in group processes: Theory and research* (Vol. 2, pp. 77 - 121). Greenwich, CT: JAI Press.

158. Zhanglu, Globalization, Market Reform and Changing Labour Relational in China, 1980 - 2006: A Case Study of The Chinese of Automibile Industy, *Foueteen GEPRISA International Colloquium*, Paris, France, 2006.

159. Zhou, Xueguang, "Unorganized Interests and Collective Action in Communist China", *American Sociological Review*, Vol. 58 (Feb.), 1993.

后　　记

本书是基于我的博士学位论文修改而成的，几年来从渤海之滨到江南岭北，家庭的迁徙、生活的变动非常大，但是自己对于社会现实的关怀和学术追求一如既往、不改初衷。

博士学位论文的出版，是一场结束，也是一场开始。回首往事，工作多年后，重返校园的这段时光是美好的。有着相比原来繁忙工作的休闲与惬意，好似人生路上的一段新旅程，也有着理想的追求和学术的激情，让我徜徉在其中。选择国企工人的身份认同与生产政治这个研究主题，是过往的生活积累所沉淀出的问题，对于这个问题的思考和探索，实际上与怎样看待自己的过去、如何寻求自己的定位息息相关。在思考工人身份认同的背后，临窗无眠的深夜、冥思苦想的日子、行笔如水的欣然、条分缕析的思辨，又何尝不是在凝注自我的身份认同，路在何方？

从工作到学生，然后从学生再转换为高校教师，使我对人生的旅程拥有了更多的体悟和感慨。回首过去、放眼未来，期待的是一路的风景变换，难舍的是求学路上给予我温暖、关爱与帮助的诸多师友的情谊。

首先要对我的导师仇立平教授致以深深的敬意与谢意。记得博士入学伊始，导师便对我的生活给予了不少物质上和精神上的帮助，而这些帮助又似无痕的春雨，让人难以觉察。导师敦厚的仁心与关爱，让我温暖三年。在学业上，导师谦和的态度和严格的要求并重。从起初的思考意向、选题的确定、调查的展开、开题报告的准备，到最后博士论文的撰写与修改，一次次的学术讨论和交流，使我的思考锤炼得更深厚、风格变得更宽和、视野拓得更开阔。而导师的点拨，学问与人生兼备，细节与思路并重。所以，三年的博士生涯，在一定意义上是一次自我的重塑，或者说是寻求自我新的身份认同的过程。求学期间，洪大用教授、李友梅教授、沈关宝教授、张文宏教授、刘玉照教授、张佩国教授、张江华教授、巫达教授、陆小聪教授、张敦福教授、董国礼教授、肖瑛教授、耿敬教授、马丹丹老师、聂林媛老师、陈小红老师等诸多老师，在博士三年的时间里，无论是课业的教授、论文的指导、学术论坛的问辩与砥砺，还是学业的行政事务方面，都给予了很大帮助，在此一并致谢。

行走的路上，更是少不了醇厚的友情相伴。我的同窗好友孙远泰、林少真、张军、肖日葵、刘博、李耀峰、郭荣茂、栗志强、王海明、杨文硕、王天鹏、李朋等诸位博士，在博士三年期间朝夕相伴的日子里，一起旅游、喝酒、打球、买书、聊天、讨论，让我的生活再泛青春的光泽。感谢左根永、吴强、赵琼、周鸣之对我的支持与帮助。王强、陈丽华在我们认识的这十几年间，对我全力以赴的支持，是我无以言表的。

博士学位论文的顺利完成，离不开调查点诸多朋友的多方协助，还有那些朴实、直率而又能干的工人朋友们，没有他们的协调与沟通，我的调查是无法深入到公司高层和生产一线的。我在此处虽无法一一提及他们的名字，但要致以真诚的谢意！

如果求学的路上，博士是一个梦想。那么这个梦想实现的背后，最大的支持动力来自我的亲人。我的父母倾尽其所能，扶持我成家之后，又鼓励我外出求学。我的妻子高秀红女士，在我攻读硕博、连续六年春来秋去的日子里，自己带着孩子既要工作，又要操持家务。我的妹妹也不断地从海边传递兄妹的关心与温情。尤为感到歉疚的是对我的女儿文馨，在她成长的初期，父爱在远方蓄积却无法倾注，假期里少有的相伴嬉戏让我倍加珍惜。对于家人的爱与付出，我想此处可能无法用致谢表达，只能待日后点滴的生活里用爱、用心去做。

博士学位论文的顺利出版，得益于赣南师范学院社会学专业作为江西省高水平学科的资助，更要感谢赣南师范学院历史文化与旅游学院院长林晓平教授几年来对我的工作生活的扶持、提携与关照，使远离故土的我，能安心扎根红土地，怀抱学术理想和激情，毅然前行！同时还要感谢中国社会科学出版社的宫京蕾女士，围绕书稿出版事宜多次的沟通讨论，她的耐心敬业与辛勤细致的工作，使拙著增色良多。

论文初成出版，学术的道路才刚刚开始。期待自己带着人文的关怀，有希望、不放弃、不沉沦而有所担当，这是指引未来的路标。

郑庆杰2011年5月写于沪

2014年10月改于赣